MICHAEL JACKSON

MALT WHISKY

COLLECTION
ROLF HEYNE

ESTD 1892
SINGLE MALT
Distilled at
THE BALVENIE
Distillery, Banffshire
SCOTLAND
DOUBLEWOOD
MATURED IN TWO WOODS
AGED 12 YEARS
FIRST CASK
SECOND CASK
Traditional Whisky Oak
Original Sherry Oak
MALT SCOTCH WHISKY
70cle
40% vol
PRODUCT OF SCOTLAND
RARE M
SELE
61.30
CIGAR
750 ml 52.6% alc./vol.
007

MICHAEL JACKSON

MALT WHISKY

COLLECTION ROLF HEYNE • MÜNCHEN

A DORLING KINDERSLEY BOOK
www.dk.com

Titel der englischen Originalausgabe:
MICHAEL JACKSON'S MALT WHISKY COMPANION,
4TH FULLY REVISED EDITION

Ins Deutsche übertragen von Susanne und Jürgen Deibel

5. Auflage 2002

Recherche: Owen Barstow
Übersetzung: Susanne und Jürgen Deibel
Fachredaktion: Jürgen Deibel
Umschlaggestaltung: Hauptmann und Kampa
Werbeagentur, CH-Zug
Herstellung: Karlheinz Rau, München
Satz: Media and more GmbH, München
Druck und Bindung: Toppan Printing Company, China

Printed in China

ISBN 3-89910-007-7

INHALT

Vor dem Dinner oder doch lieber erst danach? Mit Kaffee, Schokolade oder einer Zigarre? Dies sind nur einige Gelegenheiten, um einen Malt zu genießen.

Einführung des Autors

ENTDECKEN UND GENIESSEN

Mein erster Malt Whisky, ein Single, war 12 Jahre alt. Ich war damals 18. Ein guter Freund machte uns in einem ansonsten eher unbedeutenden Pub in Edinburgh miteinander bekannt. Bis dahin war ich der Meinung, Whisky sei etwas, das ich nicht mochte. Heute kann ich mir nicht mehr vorstellen, wie ich jemals zu dieser Auffassung kommen konnte.

Der sinnliche Genuss eines Malt Whiskys war jahrzehntelang nahezu ein Geheimnis. In Schottland gab es mehr als 100 Malt-Whisky-Brennereien. Fast ihre gesamte Produktion wurde jedoch zur Herstellung von Blended Scotch Whisky, einem Verschnitt aus Malt und Grain Whisky, verwendet. Die Hand voll Brennereien, die ihren Malt Whisky direkt auf Flaschen abfüllten, wurden als Sonderlinge betrachtet.

Bücher von Autoren wie Alfred Barnard, Robert Bruce Lockhart, David Daiches, Neil Gunn und Andrew McDowell haben mir das nötige Wissen über den Prozess der Whiskyherstellung, seine Mythen, Geschichten und seine Produktionsgebiete vermittelt. Doch in all diesen Beschreibungen war wenig über den Geschmack des Whiskys zu lesen, der mich von Anfang an am meisten interessiert hatte. Mitte der 80er Jahre habe ich mich dann entschlossen, meine Verkostungsnotizen zum ersten Mal zu veröffentlichen und damit Malt Whisky und andere Whiskys zu kategorisieren. Bis dahin hatte kein anderer Autor versucht, die individuellen Geschmacksnoten der einzelnen Whiskys so ausführlich zu beschreiben, oder das umstrittene Vorgehen gewagt, sie zu benoten.

Die erstaunliche Anzahl heute erhältlicher Single Malts mit ihren unterschiedlichen Jahrgangsstufen, Alkoholanteilen und Abfüllungen haben dazu geführt, dass während der letzten Jahre die Neuausgabe des vorliegenden Buches komplett überarbeitet und ergänzt wurde. In den vergangenen zehn Jahren habe ich einen wahren Marathon an Verkostungen zurückgelegt und unzählige Notizen gemacht. Ich meine, diese nun vollständig revidierte und ergänzte Ausgabe von *Michael Jackson's Malt Whisky Companion* ist ein Grund zum Feiern, und ich kann nur hoffen, Sie finden eine Beschreibung, die Sie besonders zum Probieren reizt, und genießen zu diesem Jubiläum ein Glas mit mir.

Michael Jackson

Neu in dieser Ausgabe

DIE VERÄNDERTE WELT DER MALT WHISKYS

Neue Abfüllungen von Malt Whiskys erscheinen in regelmäßigen Abständen. Einige davon stammen sogar aus neu erbauten Destillerien, wie Isle of Arran aus der neuen Brennerei auf der gleichnamigen Insel. Andere Neulinge der letzten Jahre kommen aus Destillerien, deren Whiskys niemals zuvor als Single Malt abgefüllt wurden. Manche sind die ersten Abfüllungen des Lagerbestandes von längst nicht mehr produzierenden Destillerien, so zum Beispiel Glen Flagler. Viele sind limitierte Abfüllungen, wurden aber für die Enthusiasten aufgenommen, die die eine oder andere Abfüllung, vielleicht zu einem sehr hohen Preis, entdecken und sich fragen, ob sie wohl ihrem Geschmack entspricht.

Neue Trends, die in diese Ausgabe aufgenommen wurden:

Fassstärkenabfüllungen (Cask Strength Malts)

Seit einigen Jahren sind Fassstärkenabfüllungen in erheblich größerem Umfang erhältlich. Der Alkoholgehalt des Whiskys nach seiner Reifung im Fass ist bedingt durch den in dieser Zeit erfolgten Grad der Verdunstung. Je nach Reifezeit liegt der Alkoholgehalt bei Fassstärkenabfüllungen zwischen Werten von über 43 bis über 60 Vol%. Aber fast immer wird er höher sein als bei den Standardabfüllungen von 40 oder 43 Vol%, die man durch »Reduzierung« (d.h. Verdünnung mit Wasser) erhält.

Fassstärkenabfüllungen sind zudem oft nicht so gründlich gefiltert wie herkömmliche Malts und enthalten noch wichtige Aromaelemente, wie zum Beispiel Fettsäuren.

Jahrgangsabfüllungen (Vintage Edition)

Eine Jahrgangsabfüllung enthält den Whisky nur eines, auf dem Etikett der Flasche angegebenen Jahrgangs. Herkömmliche Abfüllungen beinhalten mehrere Jahrgänge des gleichen Whiskys, damit eine Gleichmäßigkeit in Aroma und Qualität erreicht wird. Das auf dem Etikett ausgewiesene Alter des Whiskys muss, laut Gesetz, das Alter des jüngsten der verwendeten Whiskys angeben.

Holzlagerung (Wood Finish)

Das sind Malts, die nach ihrer herkömmlichen Reifezeit (fünf bis fünfzehn Jahre oder mehr) in einem Holzfass (normalerweise ehemalige Bourbon- oder Sherryfässer) noch für einen Zeitraum von 6 Monaten bis 2 Jahren in einem anderen Holzfass gelagert werden. Diese Fässer können zuvor Wein enthalten haben, wie z.B. Portwein oder Madeira. Hier erhält der Whisky eine zusätzliche Geschmacks- und Aromanote und eine zusätzliche Abrundung.

DIE URSPRÜNGE DES MALT WHISKY

DIE KUNST DER DESTILLATION war schon unter phönizischen Seefahrern bekannt, die auf diese Art ihr Trinkwasser genießbar machten. Alchemisten und Parfümhersteller nutzten die Destillation zur Herstellung von medizinischem Alkohol und Trinkalkohol. Destillation bedeutet, Wasser, Wein oder Bier zu erhitzen, den aufsteigenden Dampf aufzufangen und wieder zu einer Flüssigkeit zu kondensieren. Durch diesen Vorgang werden einige Substanzen (z. B. Salz aus dem Wasser) entfernt und andere (z. B. Alkohol in Wein und Bier) konzentriert.

Man vermutet, dass die Destillation über die Straße von Gibraltar nach Europa kam. Es gibt deutliche Anzeichen dafür, dass diese feurige Kunst schon zu Beginn des letzten Jahrtausends in Irland bekannt war. In Schottland stammt der erste gesicherte Hinweis aus dem Jahre 1494.

Wein oder Bier wurde erhitzt, um Dampf zu erzeugen, der geistergleich aus dem Gefäß aufgestiegen sein muss, wie die Begriffe *spirit* im Englischen oder Geist im Deutschen erahnen lassen. Die anschließende Kondensation an kühlen Flächen bringt dieses Destillat dann wieder zurück in das Leben, weshalb die so entstandene Flüssigkeit in Schottland *water of life* genannt wird. (Wodka ist eine Verkleinerungsform in den slawischen Ländern, Aquavit heißt er in unterschiedlichsten Schreibweisen in nordischen Ländern, Eau de Vie in Frankreich oder Usquebaugh im Gälischen. Letzterer Name wurde zu Usky, dem Vorläufer des heutigen Whisky im Englischen. All diese verschiedenen Ausdrücke und Schreibweisen bezeichnen zunächst nur ein Destillat, das aus den vor Ort erhältlichen Produkten hergestellt wurde.

Genauso wie die originalen Wodkas (die man ebenfalls aus Getreide herstellt) wurden auch die schottischen und irischen Gerstenmalz-Destillate anfänglich mit Kräutern, Gewürzen und Ähnlichem aromatisiert. Noch bis in die Mitte des 17. Jahrhunderts wurde in Schottland zwischen »aromatisiertem« und »klarem« *spirit* unterschieden.

»The Highland Whisky Still«, um 1820 von Landseer gemalt, gibt die Atmosphäre einer frühen Schwarzbrennerei wider.

Charakterisierung von Whisky

Single

Dieser Ausdruck bezeichnet Whisky, der nur aus einer einzigen (d.h. Single) Brennerei stammt. Mit Single Single wird manchmal angezeigt, dass der Whisky in der Flasche aus einem Fass stammt. Allerdings wird dies häufiger mit dem Begriff Single Cask (Balvenie verwendet Single Barrel) kenntlich gemacht. Die meisten Single-Malt-Abfüllungen beinhalten Whisky aus verschiedenen Fässern und Füllungen. Die Kombination aus hochwertigen Malts verschiedener Fässer wird als Vatting (Mischung) bezeichnet. Unter Umständen werden diese Mischungen für einen gewissen Zeitraum zur »Verheiratung« in Holzfässern gelagert. Die Bezeichnung Single Malt gilt auch dann. Voraussetzung ist, dass der Whisky aus nur einer Destillerie stammt.

Malt Whisky wird in einem Chargenprozess, in Kesseln oder großen kochtopfartigen Behältern, die die Form einer Brennblase haben, hergestellt. Diese so genannten Pot-Stills produzieren Whisky mit einem höheren Anteil an Aromastoffen als die modernen, kontinuierlich produzierenden, säulenförmigen Brennblasen (*patent stills* oder *continuous stills*), die zur Herstellung von Grain Whisky verwendet werden.

Malt

Als Malz (Malt) wird das Getreide bezeichnet, das zur besseren Löslichkeit in Wasser eingeweicht wird – wo es dann auskeimt. Wenn die Keimung ein Optimum erreicht hat, wird sie durch Trocknung in einer Malzdarre (Kiln) gestoppt. In Schottland und Irland wird zur Herstellung von Malz immer Gerste verwendet. Dies trifft auch auf die meisten anderen Länder zu, in denen man Malt Whisky herstellt. Gemälzte Gerste wird zur Herstellung von Bier verwendet, ist zudem ein Inhaltsstoff, der in fast allen Whiskysorten vorkommt, und ist in Milchdrinks, Backwaren und Sirup-Extrakten enthalten. Das Malz, das zur Herstellung von Scotch Whisky diente, wurde bevorzugt über Torf, einem lokalen Brennstoff, getrocknet. Daher stammt die typische Rauchigkeit im Whisky. Der Ort, an dem dieses Verfahren vor sich geht, ist die Mälzerei (Malting). Malt Whiskys werden deshalb oft nur als Malts bezeichnet.

Scotch

Diesen Ausdruck hat Schottland international schützen lassen. Ein Whisky darf nicht als Scotch bezeichnet oder prämiert werden, wenn er nicht in diesem Land hergestellt wurde. Die besten Scotch Whiskys schmecken nach Heidekraut, Torf und Seetang. Sie schmecken nach Schottland, mehr noch als Cognac nach der berühmten Region in Frankreich.

Whisky

ist ein auf Gerstenbasis hergestelltes Destillat, das in Schottland und Irland, aber auch in anderen Ländern der Erde produziert wird. In Nordamerika wird vornehmlich Mais und Roggen zur Herstellung des Destillats verwendet. Das vorherrschende Charakteristikum in allen Whiskys ist das Aroma. Viele andere Getränke, wie Wodka und Schnaps, werden ebenfalls auf Getreidebasis hergestellt; aber man destilliert sie fast bis zum neutralen Geschmack.

Blended Scotch

Die ersten Brennmeister in Schottland waren Mönche, später auch Farmer; sie verwendeten Gerstenmalz als Basis und eine Brennblase zur Destillation. Vom 16. bis zum Anfang des 19. Jahrhunderts war die Alkoholproduktion gering und unregelmäßig.

Früher wurde Malt Whisky an Lebensmittel- und Weinhändler verkauft, die ihn aus dem Fass weiterverkauften, zu einer Zeit, als die Glasindustrie noch weit davon entfernt war, in Serie gefertigte Flaschen zur Verfügung stellen zu können. Heutige Abfüllungen von lizenzierten Händlern wie Gordon & MacPhail mit ihrem kleinen Laden in Elgin, Schottland, und großen Weinhändlern wie Berry Brothers & Rudd in St. James's in London zeugen immer noch von diesen Tagen.

Einer dieser kleinen Händler war Johnnie Walker, ein anderer George Ballantine; die Gebrüder Chivas führten gemeinsam einen solchen Laden. Wegen der schwankenden Verfügbarkeit und Menge der einzelnen Whiskys kreierten diese Händler ihre eigenen Hausmischungen, aus denen später die ersten eigenständigen Marken entstanden. John Dewar, der im Jahre 1806 in das Geschäft einstieg, war der Erste, der eine eigene Marke, in Flaschen abgefüllt, auf den Markt brachte. Wurden anfangs nur zwei oder drei Highland Malts mit einem Spritzer Islay Malt und ein Lowland Malt als Zusatz zu einem Blend gemischt, findet man heute vielfach 20, manchmal sogar 30 oder 40 verschiedene Malts in einem Blend.

Die Schotten, mit ihrer gebirgigen Landschaft und der langen Küstenlinie, sind ein Volk von Seefahrern. Sie haben Blended Scotch zu einer der international bekanntesten und beliebtesten Spirituosen der Welt gemacht.

Die Produzenten der Blends haben jahrzehntelang durch die Aufkäufe einzelner Destillerien ihren Nachschub an Malt Whisky gesichert. Da die Hand voll übrig gebliebener unabhängiger Produzenten von Malt Whiskys, insbesondere Glenfiddich, fürchteten, in die Isolation zu geraten, begannen sie ihre Single Malts in den späten 60ern und Anfang der 70er Jahre direkt zu vermarkten. Was lange Zeit wenig vielversprechend aussah, wurde zur Inspiration für andere. Heute dominiert Blended Scotch noch immer den Markt, aber Single Malts haben bei den Verkaufszahlen stark zugelegt und erzielen im Verkauf deutlich höhere Preise.

Die Aromen und ihr Ursprung

Schnee

Das Wasser, das die Reservoirs der Mälzereien und Destillerien füllt, stammt von dem Schnee, der die Bergspitzen Schottlands bedeckt. Dort schmilzt es und versickert durch Spalten und Risse im Gestein, um an anderer Stelle als Gebirgsbach wieder an der Oberfläche zu erscheinen. In den meisten Whiskyflaschen befindet sich geschmolzener Schnee Schottlands.

Die Hersteller der unterschiedlichsten Getränke betonen immer wieder, wie wichtig gutes Wasser ist. Nirgendwo ist dies zutreffender als bei den Single Malts. Das verwendete Wasser ist normalerweise nicht behandelt, und jede Destilleriequelle hat, bedingt durch die lokale Gesteinsart und die sie umgebende Vegetation, ihren eigenen Charakter.

Gestein

Von einigen Wassern nimmt man an, dass sie mehrere hundert Jahre durch das Gestein fließen, bevor sie wieder an die Oberfläche treten. Im Jahre 1990 haben die Geologen Stephen Cribb und Julie Davison eine Studie über Gesteinsformationen in schottischen Whiskyregionen durchgeführt und ihre Erkenntnisse mit den Verkostungsnotizen in verschiedenen Büchern verglichen. Die Ergebnisse legen nahe, dass Ähnlichkeiten im Geschmack von Whiskys benachbarter Destillerien teilweise darauf zurückzuführen sind, dass das verwendete Wasser derselben Gesteinsart entspringt. So zum Beispiel in den Lowlands, wo der klare und trockene Glenkinchie und auch der Rosebank mit Wasser aus derselben karbonhaltigen

Schottland in Reinkultur: Der Schnee in den Bergen schmilzt, sickert durch das Gestein und erreicht das Gerstetal. Hier die Dalwhinnie-Destillerie.

Gesteinsschicht hergestellt werden. Die älteste Gesteinsart findet man auf der westlichen Hebrideninsel Islay, aus dem Bowmore und Bruichladdich ihr Wasser beziehen; es entstand vor 600–800 Jahren und dürfte, dem Geschmack der Whiskys nach, eisenhaltig sein.

Wasser

Der Charakter des Wassers ist nicht nur abhängig von der Gesteinsart, der es entspringt, sondern auch von der Oberflächenbeschaffenheit des Landes, über das es zur Destillerie gelangt. Wasser aus einem Gebirgsbach wird auf seinem Weg über das Gestein Mineralien aufnehmen, die zur Festigkeit und Klarheit des Whiskys beitragen. Einige Destillerien verwenden Wasser, das über Torf, Moos, Schilf, Farngräser oder, wie in den meisten Fällen, Moorland mit Heidekraut fließt. Dies kann grasige Noten oder Kräuteraromen verleihen. Heidekraut schlägt sich durch blumige und honigtönige Noten im Whisky nieder.

Einige Gewässer fließen ausschließlich über Torf, und die Whiskys erhalten ihre Torfnote von dort; andere Whiskys erhalten ihre Torfnote aus dem über Torffeuer getrockneten Malz, wieder andere aus beiden Quellen.

Wasser spielt im Prozess der Whiskyherstellung an vielen Stellen eine Rolle. Es wird beim Einweichen des Getreides in einer Hand voll Destillerien, die noch ihre eigenen Mälzereien betreiben, verwendet und dann wiederum beim Vorbereiten der Gärung und der Destillation. Es tritt auch bei der Reduzierung der Alkoholstärke nach der Destillation in Erscheinung. Brennereien, die noch über eine eigene Abfüllanlage verfügen, verwenden auch das lokale Wasser zur Alkoholreduzierung auf Trinkstärke, bevor das Getränk auf Flaschen abgefüllt wird. Wird eine neue Brennerei geplant, so ist eine zuverlässige Quelle mit gutem Wasser immer ein Hauptkriterium bei der Auswahl des Standorts.

Erde und Torf

Die Zusammensetzung der Erde beeinflusst nicht nur das Wasser, sondern auch den Charakter des Torfs. Noch heute verwenden Destillerien, die selber mälzen, heimischen Torf zur Trocknung in den Malzdarren. Das Alter des Torfs und der darin enthaltenen Ablagerungen, sein Anteil an Graswurzeln oder Heidekraut hat einen speziellen Einfluss auf den Whisky.

Gerste

In Schottland wachsen einige der besten Gerstensorten zum Mälzen. Die Anbaugebiete liegen großenteils in den whiskyproduzierenden Regionen, speziell in den Lowlands und den Gebieten, wo der Spey über flaches, fruchtbares Land zum Moray Firth fließt. In dieser Küstenregion gibt es erstaunlich lange Sommertage, aber auch kühle Brisen vom Meer, die am Ende des Sommers in den Tagen der Ernte oftmals bedrohlich auffrischen.

Über viele Jahre wurde die Sorte Golden Promise von Mälzern und Brennmeistern bevorzugt. Ihr kurzer Halm hält dem Wind stand, sie reift früh (im August) und bringt nussartige, kräftige Aromen hervor. Mit der wachsenden Industrialisierung haben sich auch die Farmer immer mehr den Getreidesorten zugewandt, die einen größeren Hektarertrag versprechen. Auch die Brennmeister nehmen heute Sorten, die mehr gärfähigen Zucker enthalten. Oftmals haben diese aber den Nachteil, dass sie nicht denselben Reichtum an Aromen hervorbringen wie die älteren Sorten. Macallan hat Versuche mit unterschiedlichen, hochergiebigen Sorten im Vergleich zu Golden Promise durchgeführt und dabei festgestellt, dass die Differenzen erstaunlich sind. Die hochergiebigen Sorten brachten einen eindeutig dünneren, »staubigen« und fast metallischen Whisky hervor.

Mikroklima

Obwohl in der gesamten Malz verarbeitenden Industrie ähnliche Hefen (hauptsächlich Brauhefen) Verwendung finden, bildet jeder Gärraum (»tun room«) seine eigenen Charakteristika aus, insbesondere fruchtige und würzige Aromen. Die Materialauswahl der Gärbehälter (Holz, wo jede Art eine eigene Mikroflora beherbergt, oder Edelstahl, der weniger dazu beitragen kann), aber auch das

Manchmal überprüft der Brennmeister oder Mälzer noch selbst die Gerste vor der Ernte. Hier: Golden Promise, auf einem Feld in der Nähe von Banff.

gesamte Klima im Umfeld der Destillerie üben einen Einfluss auf diese Aromen aus.

Form der Brennblasen

Die Form der Brennblasen ist von erheblicher Bedeutung. Brennblasen in alten Farmdestillerien hatten Formen, die denen der Häuser und der begrenzten Platzverhältnisse angepasst waren. Manchmal haben alle Destillerien in einem Tal Brennblasen in der gleichen Form (wie auf manchen Eisenbahnlinien alle Bahnhöfe die gleiche Architektur aufweisen). Dies ist offenbar durch die Arbeit des lokalen Kupferschmieds bedingt, der seine eigene Form wählte. Heute achten Brennmeister beim Austausch von Teilen oder ganzen Brennblasen, oder bei der Erweiterung ihrer Destillerie, sorgfältig darauf, dass die alten Formen und Größen, Gerüchten zufolge sogar die alten Beulen, nachgebaut werden.

In langen, schmalen Brennblasen wird ein Großteil des aufsteigenden Dampfes kondensiert, bevor er entweichen kann. Das Kondensat läuft zurück und wird erneut destilliert. Diesen Vorgang bezeichnet man als Rückfluss. Das Ergebnis ist eine sorgfältigere Destillation mit einem reineren, leichteren Endprodukt. Da in einer kurzen, gedrungenen Brennblase weniger Rückfluss stattfinden kann, wird das Produkt einen öligeren, schwereren und reicheren Geschmack besitzen. Dies ist nur ein einfaches Beispiel, wie die Form der Brennblase den Charakter des Whiskys beeinflusst. Brennblasen variieren sehr stark in Größe und Form. Das Verhältnis von Oberfläche und Wärme, Flüssigkeitsmenge, Dampf und Kondensat hat einen vielfältigen Einfluss auf das fertige Produkt, den man auch heute immer noch nicht vollständig versteht.

Links: Die Pot-Stills von Glenmorangie, die höchsten Schottlands.
Rechts: Bei Macallan findet man die kleinsten Brennblasen in Speyside.

Klima und Temperatur

An einem kalten Standort wird die Temperatur des Quellwassers niedrig sein. Wenn die Spiralen, in denen die Alkoholdämpfe kondensieren, mit sehr kaltem Wasser gekühlt werden und zudem die Umgebungstemperatur nicht hoch ist, erhält man einen besonders reichhaltigen und reinen Whisky. Einige Destillerien in schattigen Hanglagen sind für dieses Charakteristikum bekannt.

Boote werden zwar nicht direkt in das Stillhouse der Destillerie Caol Ila segeln, aber das Bild verdeutlicht, wie küstennah Whisky sein kann. Hier erreicht die Seeluft jeden Winkel in der Brennerei.

Luft

Luft ist ein weiterer sehr wichtiger Faktor während der Reifezeit des Whiskys. Da die Fässer »atmen«, nehmen sie die Atmosphäre des Lagerhauses in sich auf. Die traditionellen Fasslager haben alle einen Lehmboden und oftmals eine hohe Luftfeuchtigkeit. Dieser Einfluss wird besonders in Destillerien spürbar, die direkt an der Küste liegen. Oftmals werden deren Lagerhäuser bei Flut von der See umspült. Einige der Single Malts, besonders die von felsigen Küsten, haben einen ausgeprägten Salz- oder Seetang-Charakter.

Die klassischen Regionen

Wie Wein und viele andere Getränke werden die Single Malt Whiskys Schottlands ihren Herkunftsregionen zugeordnet. Die traditionellen Regionen – Lowlands, Highlands, Campbeltown und die Insel Islay – waren ursprünglich durch die regional unterschiedlichen Lizenz- und Zollvorschriften begründet. Sie weisen aber auch bestimmte typische Eigenschaften ihrer Region in Geschmack, Aroma und Körper auf.

Die Lowlands

Die Region der Lowlands zieht sich von der Clyde-Bucht bis zum Fluß Tay. Geographisch verläuft sie in etwa nördlich von Dumbarton und Glasgow bis nach Perth und Dundee.

Es gab nie sehr viele Lowland Whiskys, und ihre Zahl hat in den letzten Jahren noch abgenommen. Auchentoshan und Glenkinchie florieren prächtig, aber Bladnoch findet man immer seltener und Littlemill und Rosebank hoffen darauf, wieder in Betrieb genommen zu werden. Wie der ganzen Region fehlt den Lowland Whiskys der windumtoste Glamour der anderen Destillerien Schottlands; nichtsdestotrotz haben sie eine weiche, grasige Note, die sie von den anderen abhebt. Die besten Whiskys haben einen Beigeschmack von Limonengras und Malz.

Die Highlands

Sie sind bei weitem die größte Whiskyregion Schottlands, die daher zwangsläufig auch große Unterschiede aufweist. Im westlichen Teil, zumindest auf dem Festland, gibt es nur wenige, weit verstreut liegende Destillerien. Ihre vielleicht einzige Gemeinsamkeit ist ein runder, fester und trockener Charakter mit einem Schuss Salz und Torfigkeit. Hierfür ist der Whisky von Oban das beste Beispiel.
Im hohen Norden der Highlands gibt es mehrere Whiskys mit einem bemerkenswerten Heidekraut- und Gewürzton, der wahrscheinlich von dem hier vorherrschenden Sandstein und der Küstenlage dieser Destillerien herrührt. Ein typisches Beispiel dafür ist der Whisky von Glenmorangie.

Die geschützteren östlichen Highlands um Aberdeen und die Midlands um Perth, die manchmal auch als South Highlands bezeichnet werden, liefern eine Reihe bemerkenswert fruchtiger Whiskys. Aberfeldy ist ein typisches Beispiel.

Speyside: Diese Landschaft zwischen Inverness und Aberdeen reicht vom Granitgebirge bis hinunter in fruchtbares Getreideland und gilt als Kernland der Whiskyherstellung. Eine Flusslandschaft mit dem Spey als Hauptfluss. Auch wenn es sich nicht präzise abgrenzen lässt, so umfasst Speyside, nach vorherrschender Meinung, zumindest das Gebiet zwischen den Flüssen Findhorn und Deveron.

SCHOTTLAND
Im Wesentlichen wird zwischen den Destillerien in den Lowlands, den Highlands und auf den Inseln unterschieden. Innerhalb der Highlands sind die Täler des Livet und die benachbarten Täler eine eigenständige Region. Im Südwesten liegt die Halbinsel Campbeltown. Unter den Inseln genießt Islay einen speziellen Status.

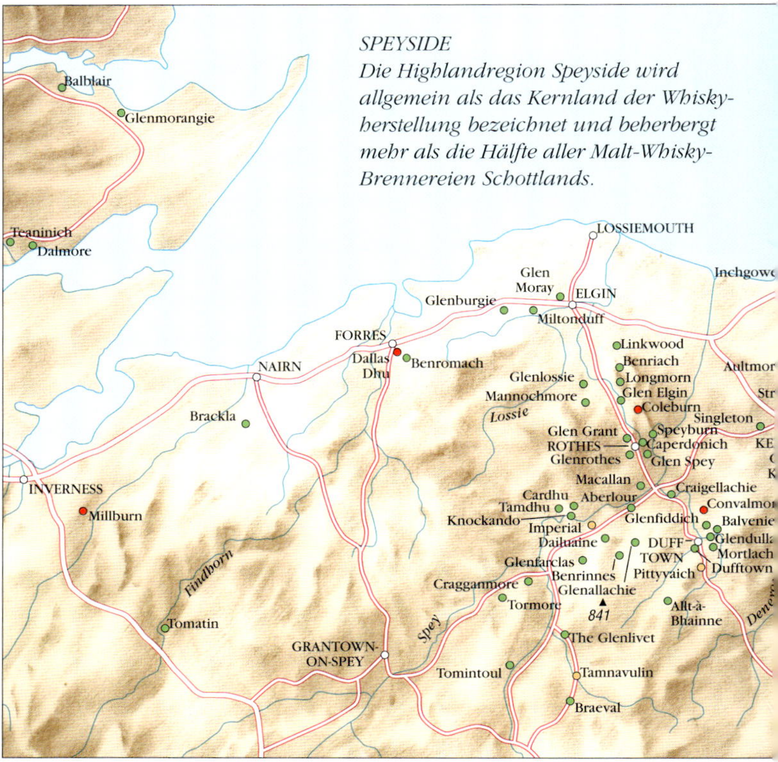

SPEYSIDE
Die Highlandregion Speyside wird allgemein als das Kernland der Whiskyherstellung bezeichnet und beherbergt mehr als die Hälfte aller Malt-Whisky-Brennereien Schottlands.

Die Granitgebirge liefern weiches Wasser, das oftmals noch über heidekrautüberzogene Moorflächen fließt. Die Destillerien mit den Lagerhäusern sind meist in kühlen Landstrichen angesiedelt. Speyside Single Malts sind allgemein bekannt für ihre Eleganz; ihre Blumigkeit und ihre leichten Heidehonignoten werden zuweilen durch ein verhalten rauchiges Aroma ergänzt.

Daneben gibt es hier zwei Extreme: den voluminösen Sherry-Typ, repräsentiert durch The Macallan, Glenfarclas und Aberlour, und einen leichteren subtileren Stil, wie ihn Knockando, Glen Grant oder The Glenlivet verkörpern.

Das Tal des Livet: Der Name des Speyside-Flusses Livet ist so berühmt, dass er von manchen Whiskys entliehen wird, die aus einem ganz anderen Tal stammen. Nur einer darf sich jedoch The Glenlivet nennen; darüber hinaus werden lediglich Braes of Glenlivet und Tamnavulin im Livet-Tal produziert. Alle Whiskys aus dem Tal des Livet sind delikate Malts, deren Charakter von der hier meist herrschenden Kälte beeinflusst ist. Die niedrige Temperatur führt zu einer schnelleren Kondensation der aufsteigenden Dämpfe in der Brennblase.

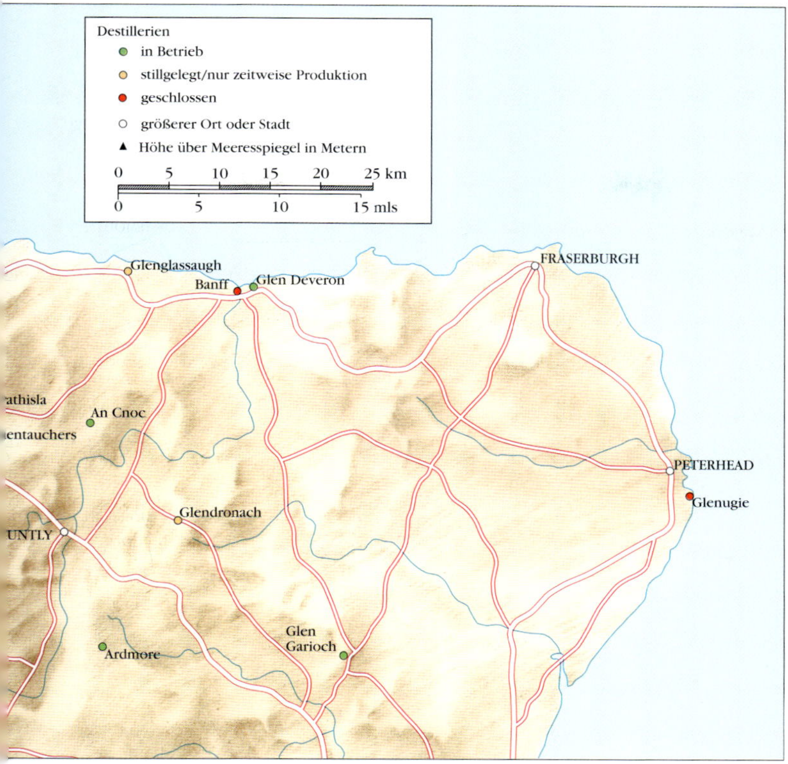

Andere Täler: Man kann durchaus darüber diskutieren, ob auch Malts aus anderen Speyside-Tälern, wie Fiddish und Lossie, Gemeinsamkeiten aufweisen. Aber nicht nur darum, auch als geographische Hilfe nennt dieser Band die Täler (Glen oder Strath), in denen die einzelnen Destillerien stehen.

Die Inseln

Traditionell zählen zu der Highlandregion alle Inseln, mit Ausnahme der Islay. Der Inselcharakter ist am stärksten dort ausgeprägt, wo lokaler Torf zur Herstellung des Malt Verwendung findet. Dies findet man nur noch auf der Insel Islay, in Campbeltown und auf der Insel Orkney. Der Torf dieser windgepeitschten Inseln hat durch die See und den Wind einen ganz eigenen Charakter erhalten; er ist vornehmlich salzig auf Orkney und hat auf Islay einen würzigen Geschmack nach Seetang.

Islay (sprich: »Ei-la«) ist bekannt und berühmt für solche Malts wie Ardbeg, Lagavulin, Laphroaig und Bowmore und die große Anzahl der Destillerien auf diesem kleinen Eiland. Auf der nur

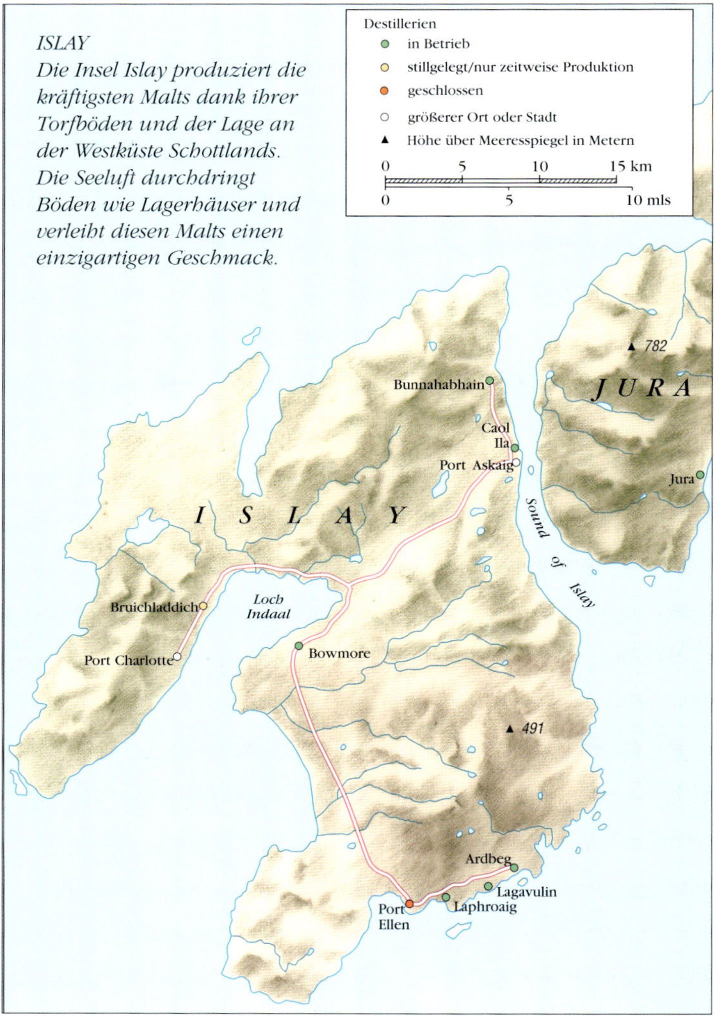

40 Kilometer langen Insel gibt es nicht weniger als sieben Destillerien, von denen zur Zeit sechs in Betrieb sind, eine siebte arbeitet sporadisch.

Campbeltown: Die Halbinsel Mull of Kintyre ist schmal und dem Meer ungeschützt ausgesetzt. Daher produzieren die Destillerien in Campbeltown Malts mit einer salzigen Note. In Campbeltown gab es früher 30 Destillerien. Eine Zeitlang war nur noch eine in Betrieb, Springbank, die neben ihrem berühmten Malt auch noch den torfigeren Longrow und neuerdings Hazelburn produziert. Glen Scotia, die zweite Destillerie, ist vor kurzem erst wieder in Betrieb genommen worden.

Die Reife

Whisky reift nur im Fass, nicht in der Flasche. In Schottland wie auch in Irland muss das Destillat drei Jahre lang im Fass gelagert werden, bevor es sich Whisky nennen darf. Neue Destillerien haben angenehme, trinkbare Whiskys dieser Altersstufe auf den Markt gebracht, doch die Mehrzahl der Whiskys darf acht Jahre, manche sogar die doppelte oder dreifache Zeit lagern.

Selbst innerhalb einer Destillerie variiert das von der Brennblase kommende Destillat von einem Brenndurchgang zum anderen, und das Wetter spielt ebenfalls eine große Rolle. Die Reifung hängt auch noch von anderen Faktoren, wie zum Beispiel dem Holz des Fasses, seiner Vorgeschichte und seiner Behandlung, ab. Die meisten Destillerien haben mehrere Lagerhäuser, und jedes hat eine andere Auswirkung auf das Endprodukt. Selbst die Lagerstelle im Lagerhaus ist für den Reifeprozess von Bedeutung.

Leichtere Whiskys können bei zu langer Lagerung ihre Frische durch den Einfluss von Sherry oder Holz verlieren. Kräftigere, reichhaltigere Whiskys gewinnen vielleicht an Komplexität während einer langen Lagerzeit. Hin und wieder werden sogar 50-jährige Whiskys von Destillerien herausgebracht. Bei diesen Abfüllungen kann man sicher sein, dass nur exzellente Fässer Verwendung gefunden haben, die Reifekonditionen hervorragend waren und der Whisky in regelmäßigen Abständen überwacht und zur Blüte seiner Reifung in Flaschen gefüllt worden ist.

Ursprünglich wurden Holzfässer nur für frisch gebrannte Destillate genutzt. Bis in das späte 19. Jahrhundert wurde Whisky nicht systematisch in den Brennereien gelagert. Erst in den letzten Jahren haben die Brennmeister durch die Naturwissenschaft gelernt, den Vorgang der Reifung zu verstehen.

Links: Eichenhölzer werden mit Dampf in Form gebracht. Rechts: Neue Fässer werden vor der endgültigen manuellen Fertigstellung kurz ausgebrannt.

Sherry und Bourbon

Unter den verwendeten Holzarten zur Lagerung von alkoholischen Getränken ist Eiche die bei weitem bevorzugte. Eiche ist stark, aber biegsam und ergibt exzellente Fässer. Theoretisch wird der gesamte schottische Whisky in Eichenfässern gelagert. In der Praxis findet man in den Destillerien auch immer wieder Fässer aus Mahagoni oder Kastanie. Die meisten Destillerien verfügen heute über mehrere tausend Fässer, einige davon sind mehr als 50 oder 60 Jahre alt.

Schottland ist ein gebirgiges Land mit viel Nadelwald, aber wenigen Eichen. Daher wurde anfangs hauptsächlich Holz aus England verwendet, bis auch dort die Vorräte zur Neige gingen. Dann begannen die Schotten, sich die Vorliebe der Engländer für Sherry zunutze zu machen. In der Blütezeit dieser Mode stapelten sich massenweise leere Fässer im Hafen von Bristol, wo Händler den eingetroffenen Sherry in Fässer umfüllten. Solche Fässer waren nicht nur preiswert, sie verliehen dem Whisky zudem eine delikate Vollmundigkeit und Rundheit. Diese Quelle für Fässer sprudelte allerdings immer spärlicher, als Englands Durst auf Sherry nachließ, und die Spanier begannen, den Sherry im eigenen Land abzufüllen.

Als Sherryfässer immer schwerer zu erhalten waren, gingen viele Destillerien dazu über, Bourbonfässer zu verwenden. Der Definition nach muss Bourbon Whiskey in neuen Fässern reifen; als robuster, süßer Whiskey auf Mais-Basis bezieht der Bourbon einen Teil seines typischen Charakters aus den Karamelltönen, Vanillearomen und Tanninen des Holzes. Nach einer Bourbon-Füllung bleiben dennoch genügend Aromastoffe für einen Single Malt Whisky im Fass.

Die Abfüllung eines Single Malt kann eine ganze Palette von Whiskys aus first-fill (Erstfüllung)- und re-fill (wieder befüllten)-Sherryfässern (Butts, ca. 500 l, oder Hogsheads, ca. 300 l Inhalt), first- und second-fill (erst- und zweitgefüllten)- Bourbonfässern sowie »plain wood«-Fässern enthalten. Alle werden fein aufeinander abgestimmt, um das gewünschte Endresultat zu erhalten.

Andere Holzarten

Hin und wieder finden Rumfässer oder Portweinfässer ihren Weg in die Lagerhäuser für Whisky. Springbank hat einmal einige Fässer eines süßen, würzigen und minzigen Malts abgefüllt, der in Rumfässern seine Reife erlangt hatte. 1993 brachten Gordon & MacPhail einen aromatischen, eichentönigen und nach Ingwer schmeckenden Malt auf den Markt, der in einem Brandyfass ausgereift wurde, darüber hinaus einen karamelltönigen Malt aus dem Portweinfass. Beide waren in den 60er Jahren eingelagert worden. Als Glenmorangie 1994 seinen im Portweinfass schlussgereiften Whisky vorstellte, wurden auch experimentelle Versionen aus Limousin-Eiche (Cognacfass) und dem Madeirafass verkostet, jedoch nicht auf den

Markt gebracht. Nicht jedes Holz ist zur Lagerung und Reifung von Malt Whisky geeignet.

Einflüsse des Holzes auf die Reife

In der Reifezeit finden mehrere Veränderungen statt. Der rauhe, »spritige« Geschmack des jungen Destillats verliert sich durch die Verdunstung. Durch Ausdehnung und Zusammenziehen des Holzes bei Temperaturschwankungen verflüchtigen sich alkoholische Geschmackselemente, während natürliche Aromen aus der Umgebung der Brennerei aufgenommen werden: Anklänge an Nadelwald, Seetang oder ein Hauch von Seeluft. Auch das Fass selbst gibt Geschmacksstoffe an den Whisky ab: Ein Sherryfass kann ihm nussige Aromen verleihen, ein Bourbonfass Karamelltöne, Vanille oder Tannine.

Amerikanische Eiche wird nicht nur zur Herstellung sämtlicher Bourbonfässer verwendet, sondern, neben spanischer Eiche, zum Teil auch für Sherryfässer. Eichenholz aus Amerika ist feiner gemasert, härter und lässt Whisky langsamer reifen.

Die Bedeutung der Oxidation für die Reife

Die Oxidation (Reaktion mit Sauerstoff) übt womöglich den wichtigsten Einfluss auf den Geschmack eines Whiskys aus. Obwohl

Der Produktionsleiter von The Macallan verkostet Sherry in einer Bodega. Fässer für The Macallan sind mit »MG« gekennzeichnet.

Bierbrauer und Winzer Sauerstoff als »Feind« betrachten, da er zu einem »schalen« Geschmack führen kann, sind seine Auswirkungen bei anderen Getränken, wie etwa beim Madeira, durchaus förderlich. Welche Bedeutung die Oxidation bei der Reifung des Whiskys hat, wurde in den letzten Jahren von Dr. Jim Swan in seinem eigenen Institut untersucht.

Dr. Swan fand heraus, dass Oxidation die Komplexität und Intensität angenehmer Aromen im Whisky fördert, insbesondere die zarten, fruchtigen, gewürztönigen und minzigen Noten. Wie bei jedem alkoholischen Getränk entstehen die Geschmacksstoffe aus einer komplexen Folge chemischer Reaktionen. Winzige Spuren von Kupfer aus den Brennblasen dienen bei diesen Prozessen als Katalysator. Sie wandeln Sauerstoff in Wasserstoffperoxid um, das dann aus dem Holz Vanillin freisetzt. Dies wiederum fördert die Oxidation und verbindet die vorhandenen Aromaelemente. Vorgänge dieser Art variieren je nach Herkunftsregion des Holzes und seiner individuellen Eigenschaften.

Brennmeister unterscheiden daher nicht mehr nur zwischen Sherry- und Bourbonfässern und dem Herkunftsland der jeweils verwendeten Hölzer, sie machen sich auch Gedanken über die Ursprungsregion. In Spanien stammt ein Großteil der Eichen aus dem bergigen Galicien – Holz aus hoch gelegenen Regionen ist harzhaltiger. Die größten Eichenwälder der USA liegen in Ohio, Kentucky, Illinois, Missouri und Arkansas. Der westliche Teil des Waldgürtels hat die schlechtesten Böden und das trockenste Klima – dies fördert das Wachstum der Bäume im Frühjahr und sorgt damit für eine Porosität des Holzes, die einen Vorteil bei der Reifung der Whiskys mit sich bringt.

Alkoholgehalt

Volumenalkohol ist die Maßeinheit, die am leichtesten verständlich und heute Standard in ganz Europa ist. 40 Prozent Volumenalkohol entsprechen 70 Proof in dem komplizierten britischen System, das früher überall in Großbritannien Anwendung fand und entsprechen 80 Proof nach amerikanischer Lesart.

Das junge Destillat fließt durchschnittlich mit 60 bis 75 Volumenprozent aus den Brennblasen. Die gehaltvolleren Destillate können mit ein wenig Wasser im Alkoholgehalt herabgesetzt werden, bevor sie ins Fass kommen. Durch Verdunstung verliert das Destillat während der Reifung jährlich bis zu 2,5 Prozent seines Alkoholgehaltes. Ausgereift hat es in der Regel immer noch um die 60 Volumenprozent (»Fassstärke«), je nach Lagerdauer und Lagerplatz, und wird daher üblicherweise vor der Abfüllung mit Wasser auf Trinkstärke reduziert.

40 oder 43 Volumenprozent haben sich als akzeptable Verdünnungen für viele Spirituosen erwiesen. Für Scotch Whisky ist 40 Volumenprozent die niedrigste erlaubte Alkoholkonzentration.

A BIS Z DER SINGLE MALTS

Die folgenden 294 Seiten geben einen alphabetischen Überblick über jede schottische Malt-Whisky-Brennerei, deren Whisky jemals auf Flaschen abgefüllt worden ist. Dies sind keine »Marken«, obwohl die Namen registriert sein mögen, sondern tatsächliche Destillerien – Orte, an den aus Malz Whisky hergestellt wird. Von den heute bekannten Destillerien ist nur die relativ neue Kininvie-Destillerie, die einen cremigen, delikaten Whisky hervorbringt, noch nicht als Flaschenabfüllung erhältlich. Einige der aufgelisteten Destillerien sind schon lange geschlossen, aber Flaschen aus ihrem Bestand werden immer noch abgefüllt oder sind weiterhin im Handel auf dem einen oder anderen Regal zu finden.

Namen der Destillerien: Einige Destillerien sind im Laufe der Jahre unter verschiedenen Namen bekannt geworden. Sie sind hier unter dem zuletzt bekannten Namen auf dem Etikett der Abfüllung gelistet. Referenzen zu älteren Namen finden sich im Text. Wenn Sie einen Whisky gekauft haben oder in nächster Zeit beabsichtigen, einen Whisky zu kaufen, der nicht im Buch aufgelistet ist, überprüfen Sie bitte das Register. Wenn er auch dort nicht erscheint, handelt es sich nicht um das Produkt einer Destillerie. Importeure, Großhändler und Supermarktketten kaufen oftmals Whisky, um ihn unter erfundenen Namen (Glen Bagpipe, Loch Sporran oder ähnliche) in den Handel zu bringen. Diese Produkte wurden von mir nicht berücksichtigt. Solche Flaschen beinhalten wahrschein-

Über 400 Malts, vorwiegend von Destillerien der Insel Islay, stehen Seite an Seite in der Bar des Lochside Hotel in Bowmore.

lich den Produktionsüberschuss des Whiskys eines renommierten und bekannten Herstellers.

Die Hersteller: Die Muttergesellschaft jeder Destillerie zum Zeitpunkt der Destillation und Abfüllung ist oberhalb des Destillerieeintrages aufgelistet. Jede Muttergesellschaft hat eine oder mehrere zentrale Abfüllanlagen, die von der ganzen Gruppe der zugehörigen Destillerien genutzt werden. Die einzigen Destillerien mit eigener Abfüllung sind Glenfiddich und Springbank. Diese beiden reduzieren also ihre Produkte vor der Abfüllung mit dem auch zur Produktion verwendeten Wasser. Alle anderen verwenden demineralisiertes Wasser zur Reduktion auf Trinkstärke.

Die Industrie wird von mehreren internationalen Konzernen dominiert. Der erste Konzern, die Distillers' Company Limited, kurz DCL, ließ oftmals unter dem Namen ihrer unzähligen Tochtergesellschaften abfüllen. Einige Brennereien, die in den frühen 80er Jahren noch im Besitz von DCL waren, haben schon unter dem Nachfolger abfüllen lassen. Dieser Nachfolgekonzern, entstanden aus der Fusion von DCL und Bell's von Guinness, hieß United Distillers (UD) und hat in den 90er Jahren einige exzellente Abfüllungen auf den Markt gebracht. Dieses Unternehmen fusionierte in den späten 90er Jahren mit International Distillers and Vintners zu Diageo.

Andere internationale Konzerne sind Allied, ursprünglich aus einer Brauereigruppe (Carlsberg-Tetley) durch Fusion mit Long John/Whitbread entstanden; Chivas (Teil von Seagram); Highland (zusammen mit Rémy-Cointreau); JBB (Jim Beam Brands, entstanden aus dem Aufkauf von Invergordon und Whyte & Mackay durch die in Kentucky beheimatete Gruppe von Jim Beam); Dewar's (Bacardi) und House of Campbell (Pernod Ricard).

Informationen, Alter und Alkoholstärken: Einige Whiskys werden ohne Altersangaben abgefüllt. Im folgenden Teil werden sie mit dem Hinweis »ohne Altersangabe« kenntlich gemacht. Sind solche Abfüllungen günstig im Preis, kann man annehmen, dass ein paar der verwendeten Malts jünger als 8 Jahre sind. Sehr gute Abfüllungen gleichen die Lebhaftigkeit der jüngeren Whiskys mit der Ausgewogenheit der älteren aus. Wenn die zweite Zeile eines Eintrags »enthält Whisky im Alter zwischen 8 und 16 Jahren« lautet, so basiert dies auf Informationen aus zuverlässigen Quellen, wurde aber nicht unbedingt durch den Hersteller bestätigt. Schreibt der Hersteller eine Altersangabe auf das Etikett, so muss er laut Gesetz das Alter des jüngsten Whiskys angeben.

Der Umfang der zusätzlichen Informationen (zum Beispiel der Typ und die Nummer des Fasses, das Datum der Flaschenabfüllung und alle weiteren Informationen) entstammen den Angaben auf dem Etikett der verkosteten Flasche und sind hier weit gehend im Originaltext wiedergegeben. Whiskys, die mir von Destillerien zur Vorabverkostung eingereicht werden, sind ohne Wertung und mit dem Hinweis »Vorverkostet« versehen.

Eigenabfüllungen der Konzerne

Zu dem Zeitpunkt der Fusion zwischen DCL und Bell's zu UD wurde der gesamte Malt Whisky ausschließlich zur Herstellung von Blended Whisky verwendet. Der neue Konzern entschloss sich damals, sechs Whiskys aus den unterschiedlichen Regionen Schottlands als eigenständige Gruppe unter dem Namen The Classic Malts zu vermarkten. Vor kurzem wurde eine Erweiterung dieser Reihe mit zusätzlichen ungewöhnlichen Fassreifungen als The Distillers Edition in den Handel gebracht. Obwohl jeder dieser unterschiedlichen Malts sein eigenes Etikett trägt, ist das graphische Gesamtdesign der Reihe ähnlich. Einige der Destillerien hatten schon Besucherzentren oder waren in beliebten Ausflugsgebieten beheimatet. Deshalb wurde eine Reihe von Abfüllungen kreiert, die mit Abbildungen der lokalen Flora und Fauna auf dem Etikett (Edition Flora und Fauna), zuerst nur im regionalen Umfeld der Brennerei veröffentlicht wurden. Innerhalb kurzer Zeit waren diese Abfüllungen auch einem größeren Publikum bekannt. Daraufhin beschloss UD, auch Abfüllungen von längst geschlossenen oder abgebauten Destillerien, die sich in ihrem Besitz befanden, als selbstständige Abfüllungen auf den Markt zu bringen. Diese werden als Rare Malts zu einem Preis, der ihrer Seltenheit Rechnung trägt, vermarktet. Als die Bestände hierfür zur Neige gingen, begann man auch seltenere Abfüllungen noch in Betrieb befindlicher Destillerien zu integrieren. Das zeigt sich in der Erweiterung dieser Reihe zu den so genannten Cask Strength Limited Editions (Fassstärken-Editionen).

Ähnliche Abfüllungen von älteren Jahrgängen werden auch von anderen Konzernen angeboten, so zum Beispiel die Stillman's-Dram-Abfüllungen von JBB oder die Reihe Family Silver von Highland Distillers.

Unabhängige Abfüller

Einige Hersteller, die sich nur auf die Lieferung ihrer Whiskys für Blends spezialisiert haben, überlassen das Abfüllen und manchmal sogar das Marketing als Single Malt anderen Firmen. Damit überlebt die Tradition der Weinhändler und lizenzierten Großhändler, die ihre eigenen Abfüllungen anbieten.

Ein berühmtes Beispiel ist Gordon & MacPhail (G&M). Dieses Unternehmen in Elgin befindet sich immer noch in Familienbesitz und besteht seit 1895. Während G&M auf der einen Seite für Destillerien deren Whiskys als Single Malts abfüllt, vermarkten sie auf der anderen Seite ihre eigenen über Jahrzehnte angesammelten und in Lagerhäusern gereiften Whiskys. Aus diesem Grund haben die Abfüllungen bestimmter Whiskys von Gordon & MacPhail eine gleich bleibende Qualität, oftmals mit einem typischen Sherrycharakter.

In der Blütezeit des Blended Scotch, als die Industrie die Single Malts noch weit gehend ignorierte, waren die Produkte einzelner Destillerien nur bei Gordon & MacPhail in ihrer Reihe Connoisseurs Choice zu erhalten. Eine zweite Quelle war der in Campbeltown beheimatete unabhängige Abfüller Cadenhead, der auch Läden in Edinburgh und heute in London unterhält. Cadenhead kauft gerne auch kleinere Mengen von Whisky, sodass es zumeist nur wenige Flaschen einer Abfüllung gibt, aber gleichzeitig viele Variationen in Alter und Stärke. Cadenhead legt zudem Wert darauf, dass Abfüllungen nicht kältefiltriert sind.

Eine zentrale Figur im Whiskygeschäft ist der Broker, der Malts in größeren Quantitäten aufkauft, um diese an Blending-Firmen zu verkaufen. Manchmal verkaufen diese Broker auch an unabhängige Abfüller, die dann den Whisky unter dem Namen der herstellenden Destillerie und ihrem eigenen Etikett verkaufen.

Mit steigendem Interesse an Malts haben auch einige bekannte Namen in der Whiskyindustrie ihre eigenen Abfüllungen auf den Markt gebracht, zum Beispiel Signatory und James MacArthur. Neuere Namen sind Adelphi, Hart Brothers, Master of Malt, Murray McDavid, Scot's und Whisky Castle.

Hinweise zu den Verkostungsnotizen

ABERFELDY 15-year-old, 43 Vol%, Flora und Fauna
Farbe Bernsteinfarben.
Duft Öl, Weihrauch, Heidekraut, leicht nach Kiefern und Torf (besonders nach dem Zufügen von Wasser).
Körper Mittelschwer, sehr fest.
Geschmack Sehr vollmundig, leicht nach Torf und Gerste, frische, reine Orangennoten, abgerundet.
Abgang Entwicklung von Süße zu Frucht, dann zu Trockenheit.
77 PUNKTE

Eine Verkostungsnotiz ist nie definitiv, kann aber eine brauchbare Leitlinie zu bestimmten Grundcharakteren sein, etwa wenn man einen leichten trockenen Malt sucht, oder eher einen voluminösen Sherry-Typ. Um ein möglichst vollständiges Bild zu vermitteln, finden Sie bei jeder Destillerie eine kurze Angabe zum Stil des Hauses, die den allgemeinen Charakter der Whiskys dieser Destillerie umschreibt. Anschließend folgen die einzelnen Beispiele, jeweils mit Notizen zu Farbe, Duft, Körper, Geschmack und Abgang. Zusätzlich wird jeder Malt mit einer Punktzahl aus maximal 100 Punkten bewertet.

Ab Seite 31 finden Sie, soweit möglich, Verkostungsnotizen für jeden erhältlichen Malt.

Stilrichtung

Neben einer Umschreibung für den individuellen Stil einer Destillerie schlage ich hier auch Situationen vor, in denen ich den jeweiligen Malt als passend empfinde. Verstehen Sie sie bitte als eine Anregung – diese Hinweise sollten nicht mit übertriebener Ernsthaftigkeit befolgt werden.

Farbe

Ein sehr blasses Gelb ist die natürliche Farbe eines Malt, der in einem unbehandelten Holzfass gereift ist. Sherryholz kann ihm dunklere Schattierungen von Bernstein über Rubinrot bis hin zu tiefem Braun verleihen. Einige Destillerien benutzen Fässer, die mit Sherrykonzentrat behandelt wurden, was sich in Erscheinungsbild und Geschmack als Karamellnote zeigen kann. Ich stehe nicht auf dem Standpunkt, ein bestimmter Farbton sei »besser« als ein anderer, eine gewisse subtil-tiefgründige Schattierung kann allerdings den Genuss eines feinen Malt noch steigern.

Duft

Manche Wein- und Spirituosenliebhaber meinen, Single Malt habe ein ungewöhnlich »ehrliches« Aroma, da es ihren Geschmack akkurat abbildet. Dem kann ich mich nicht anschließen. Meiner Empfindung nach können Charakteristika im Duft beim Geschmackserlebnis in den Hintergrund treten, um dann im Abgang wieder aufzuleben.

Körper

Leichtigkeit oder Fülle mögen zu unterschiedlichen Gelegenheiten angemessen sein, doch Körper und Struktur sind in jedem Fall prägnante Züge für den Gesamtcharakter eines Malt.

Geschmack

Beim Genuss eines komplexen Getränks löst jeder Schluck neue Geschmacksempfindungen aus. Ja, schon das erste Schlückchen entfaltet nach und nach eine ganze Palette geschmacklicher Eigenschaften an verschiedenen Stellen im Mund. Das gilt ganz besonders bei Single Malts. Manche zeigen eine sehr ausgeprägte Geschmacksentwicklung. Ein Verkoster, der sich an einen unbekannten Malt herantastet, tut das über einen Zeitraum von mehreren Tagen, um den vollen Charakter erfassen zu können.

Abgang

Bei allen alkoholischen Getränken gehört auch der »Abgang« zum Geschmackserlebnis. Bei manchen Getränken, zu denen auch die meisten Single Malts zählen, bedeutet das mehr als nur »Nachgeschmack«. Es ist vielmehr ein Crescendo, gefolgt von einer Serie von Echos – nichts ist schöner als diese Melodie!

Bewertung

Das Bewertungssystem, das ich entwickelt habe und im folgenden Kapitel anwende, soll den Rang des jeweiligen Malt andeuten. Jeder Verkostungsnotiz folgt eine Bewertung mit maximal 100 Punkten. In diesem System bedeutet eine Punktzahl in den 50ern, dass der Malt in meinen Augen Ausgewogenheit oder Charakter vermissen lässt und – höchstwahrscheinlich – wohl auch nie dazu gedacht war, als Single Malt abgefüllt zu werden. Punkte in den 60ern deuten auf einen genießbaren, jedoch nicht herausragenden Malt hin. Jeder oberhalb von 70 Punkten, besonders ab 75, ist es Wert, gekostet zu werden. Die 80er sind alle charakteristisch und herausragend, Whiskys mit 90 oder mehr Punkten sind die wirklich großen Malts.

ABERFELDY

Hersteller Dewar's (Bacardi)
Region Highlands **Distrikt** Midlands

Adresse Aberfeldy, Perthshire, PH15 2EB **Tel** 00 44 / 18 87 - 82 03 30
Besucherzentrum Seit April 2000

LIEBHABER DER BLENDS VON DEWAR'S werden diesen charakteristischen Malt wieder erkennen. Das harte Wasser entspringt aus mit Gold und Eisen durchsetztem Basaltstein und fließt durch Mischwald und die Ruinen von Pitilie, einer früheren Brennerei, die 1867 schloss. Die jetzige Destillerie, 1896 erbaut und in den 60er und 70er Jahren erweitert, liegt im Marktflecken Aberfeldy, einem Höhenkurort in den Grampian Mountains, und überblickt das mit Himbeersträuchern überwachsene Tal des Flusses Tay. Die Destillerie wurde zusammen mit Aultmore, Craigellachie und Royal Brackla 1998 von United Distillers an Bacardi verkauft. Die bis dahin erhältlichen Abfüllungen haben sich nicht geändert.

Stilrichtung Fest, ölig, fruchtig, kräftig. Als Digestif zu einem guten Buch vor dem Schlafengehen.

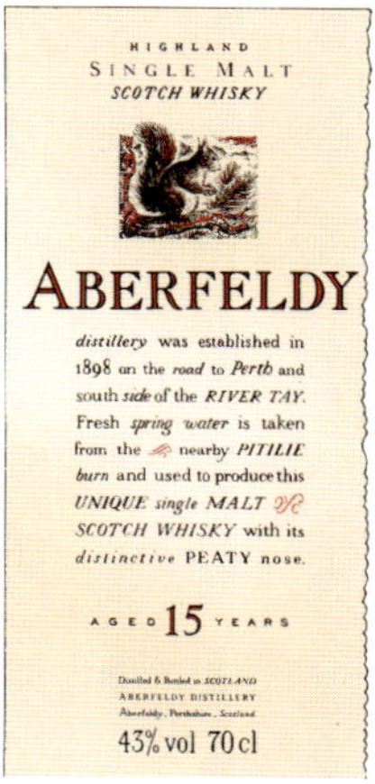

ABERFELDY 15-year-old, 43 Vol%, Flora und Fauna

Farbe Bernsteinfarben.

Duft Öl, Weihrauch, Heidekraut, leicht nach Kiefern und Torf (besonders nach dem Zufügen von Wasser).

Körper Mittelschwer, sehr fest.

Geschmack Sehr vollmundig, leicht nach Torf und Gerste, frische, reine Orangennoten, abgerundet.

Abgang Entwicklung von Süße zu Frucht, dann zu Trockenheit.

77 PUNKTE

ABERFELDY 14-year-old (1997 abgefüllt), 59,5 Vol%, Adelphi

Farbe Helles, grünliches Gold.

Duft Öliges Karamell, kandierte Angelika, süß. Orangen in Kisten.

Körper Mittelschwer.

Geschmack Auch ein Jahr jünger von delikater Frische und Süße. Klares Karamell, Angelika, Entwicklung zu öligem Parfüm.

Abgang Trocken, frisch, klar, fruchtig, schwarzer Pfeffer.

77 PUNKTE

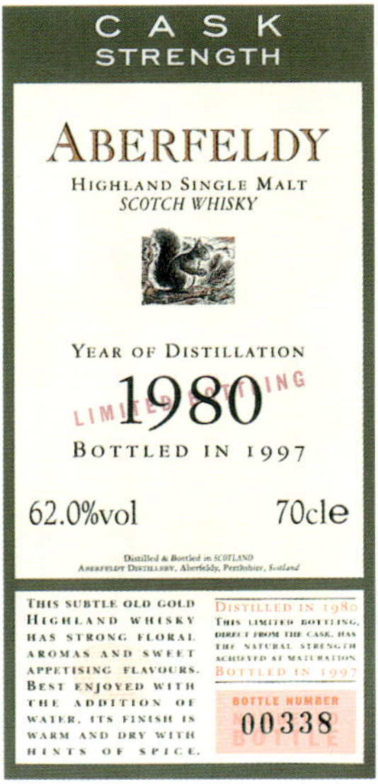

ABERFELDY (1997 abgefüllt), 62 Vol%, Fassstärke, Limitierte Abfüllung

Farbe Blassgolden.

Duft Zurückhaltend duftend nach Kiefern und Heidekraut, trockener.

Körper Mittelschwer, weich und deutlich ölig.

Geschmack Sahniger, nussiger. Hauch von Orangenkaramell, noch immer lebhaft, aber komplexere Aromen.

Abgang Nussig, später Kiefer. Pfeffrige Trockenheit.

77 PUNKTE

Andere Versionen von Aberfeldy

Eine Abfüllung von Scott's Selection von 1978 mit 59,3 Vol% war kraftvoll fruchtig mit einem bitterem Abgang. 75 PUNKTE. Gordon & MacPhails Connoisseurs-Choice-Versionen zeigen teilweise weniger Destilleriecharakter, dafür aber mehr Sherry. Der 1970er wurde durch den malzigeren 1974er abgelöst und dieser dann vom delikaten 1975er, der sich reichhaltiger und runder darstellt. 76 PUNKTE.

ABERLOUR

Hersteller Campbell Distillers (Pernod Ricard)
Region Highlands **Distrikt** Speyside

Adresse Aberlour, Banffshire, AB3 9PJ
Internet www.aberlour.co.uk

Aus dieser Destillerie ist seit vier bis fünf Jahren eine stark erweiterte Auswahl von Abfüllungen auf dem Markt erhältlich. Nach anfänglich unnötiger Zurückhaltung stoßen sie inzwischen unter den Malt-Liebhabern auf wachsende Anerkennung. Der Ort Aberlour liegt im Herzen von Speyside. Die Destillerie nutzt das weiche Wasser, das aus dem Granit des Ben Rinnes entspringt. Aberlour ist mindestens seit 1826 bekannt und wurde 1879 und 1898 umgebaut. 1945 wurde die Brennerei, nach der Übernahme durch Campbell Distillers, die inzwischen zu Pernod Ricard gehören, erweitert. Aberlour war Pionier des Verkaufs von frischen Destillaten, und in Zusammenarbeit mit dem österreichischen Glashersteller Georg Riedel wurde ein spezielles Single-Malt-Glas entwickelt.

Stilrichtung Weich, mittel- bis vollaromatisch, nussig, würzig (Muskat), sherrytönig. Abhängig von seiner Reifezeit als Malt zum Dessert oder als Digestif.

ABERLOUR 10-year-old, 40 Vol%

Standardabfüllung.

Farbe Bernsteinfarben.

Duft Malzig, würzig, Minz-Toffee.

Körper Bemerkenswert mild und sanft, mittelschwer bis voll.

Geschmack Besonders intensiv mit lang anhaltender Geschmacksentfaltung, süß und würzig, pfeffrige Trockenheit, Muskat und Beerenfrüchte.

Abgang Lang anhaltend, weich, aromatisch und rein.

83 PUNKTE

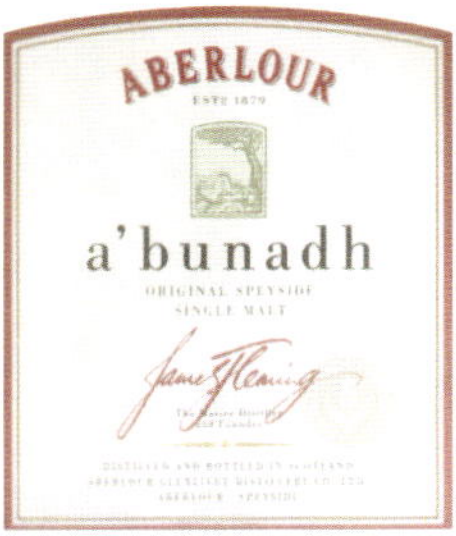

ABERLOUR Antique, keine Altersangabe, 43 Vol%
Enthält Whiskys im Alter zwischen 10 und 25 Jahren.

Farbe Bernsteinfarben.

Duft Tiefer, mehr Sherry, Sirup, Rosinen.

Körper Fester.

Geschmack Mehr Trockenheit, keksartige Malznoten und Würze.

Abgang Komplexer und würziger mit einem Hauch von Torf. Digestif.

84 PUNKTE

ABERLOUR 100 Proof, keine Altersangabe (ca. 10 Jahre), 57,1 Vol%

Farbe Helles orangefarbenes Bernstein.

Duft Frische Eiche gibt leichte Nusstöne und Sherry.

Körper Fester, lebhaft.

Geschmack Trockene Öligkeit, weich, fruchtig (Aprikose?, Kirsche?), wesentlich würziger, etwas Karamell, Toffee, robust und komplex (schmeckt recht jung).

Abgang Mächtig, fest, trocken. Zum Aufwärmen im Winter.

84 PUNKTE

ABERLOUR a'bunadh (»The Origin«), keine Altersangabe, 59,6 Vol% (Ein Vatted Single Malt, der Whiskys von Aberlour im Alter von 10 bis über 15 Jahren enthält.)
In Sherry gealtert. Keine Kältefiltration.

Farbe Dunkelorange.

Duft Sherry, Minze, Praline, luxuriös, mächtig.

Körper Schwere, sahnige Struktur.

Geschmack Reichhaltig, luxuriös und sahnig, mit einem Hauch von Minze und Kirsche im Hintergrund.

Abgang Nougat, Kirsch-Brandy, Ingwer, schwach rauchig. Auf jeden Fall als Digestif geeignet.

86 PUNKTE

ABERLOUR 12-year-old, in Sherry gereift (Erstfüllung trockener Oloroso), 43 Vol%

Farbe Kräftiges Bernstein.

Duft Nussig, appetitlich, relativ frisch mit Sherryaroma.

Körper Mittelschwer und weich.

Geschmack Frisch, weich, malzig, weiche Lakritze, Anis, ein Hauch von schwarzer Johannisbeere.

Abgang Seidig, umhüllend, beruhigend.

84 PUNKTE

ABERLOUR Cuvée Marie d'Ecosse, 15-year-old, 43 Vol%

Eine Vermählung von in Bourbon und Sherry gereiftem Aberlour. Für den französischen Markt abgefüllt.

Farbe Bernsteinfarben.

Duft Malzig und nach Toffee, Entwicklung zu blühender Korinthe.

Körper Mittelschwer bis schwer, seidig weich.

Geschmack Toffee, Lakritze, Anis, Crème brûlée.

Abgang Späte Würze und Ingwer, lang anhaltend und beruhigend.

83 PUNKTE

ABERLOUR 15-year-old, Sherry Wood Finish, 40 Vol%

Eine Vermählung aus Sherry und Bourbon. In Sherry abgeschlossen.

Farbe Kraftvolles rötliches Bernstein.

Duft Rosen, Zuckerwatte, leicht nach Butter.

Körper Sehr fest und weich.

Geschmack Rund, eng kombinierte Aromen, wunderbare Ausgewogenheit von Sherry und Nuss, Anis und betonten Orangenblüten.

Abgang Kekse, Lakritze, Toffee, Würze, betonte Minze, späte Trockenheit.

84 PUNKTE

ABERLOUR 18-year-old, im Sherryfass gereift, 43 Vol%

Farbe Helles orangefarbenes Bernstein.

Duft Nach Sherry, aber leicht trocken und nach Eiche. Gebrannter Zucker, würzig abgerundet.

Körper Weich, nussig.

Geschmack Gut ausgewogen, würzig, blumig, Muskat, nussig, fruchtig. Für diese Destillerie und für dieses Alter leichte und delikate Aromen.

Abgang Frisch nach Sherry und Eiche.

84 PUNKTE

ABERLOUR 21-year-old, 43 Vol%
(Destillerieabfüllung, Nummerierte Edition, Fass 32)
Hauptsächlich im Dutyfree und in Nordamerika erhältlich.

Farbe Helles, blasses Orange.

Duft Sherry, Eiche, poliertes Leder.

Körper Fest, weich, leicht sahnig.

Geschmack Voller lebendiger Aromen: Malz, Kekse, Frucht, Minze.

Abgang Würzig, trocken, sehr lang.

85 PUNKTE

ABERLOUR 30-year-old, 43 Vol% (Flasche 852)
Hauptsächlich im Dutyfree und in Nordamerika erhältlich.

Farbe Bernsteinfarben.

Duft Poliertes Leder, Tabak, Zigarren.

Körper Fest, weich.

Geschmack Sehr malzig, sahnige Lakritze, ein Hauch von Torf. Komplex und hoch entwickelt. Reife und Finesse.

Abgang Überraschend frische Eiche, Holzfeuer, wärmend.

85 PUNKTE

Eine Auswahl von Jahrgangsabfüllungen

ABERLOUR Distiller's Selection, 1988, 40 Vol%

Farbe Bernsteinfarben.

Duft Weich, aber ausdrucksvoll. Bourbon-Eiche, Nüsse, Karamellbonbon, Zitrusfrucht.

Körper Mittelschwer bis schwer. Weich, reichhaltig.

Geschmack Eine blendende Präsentation von frischen, malzigen Aromen. Süßlich, aber wunderbar ausgewogen. Karamell, Vanille, Orange und Zitrone, Sambuca.

Abgang Klebriger Karamellpudding.

85 PUNKTE

ABERLOUR 1976, 21-year-old, 43 Vol% (Flasche 921 von 3000)
Gereift in first-fill-Bourbonfässern.

Farbe Helles Bernstein.

Duft Schneller, energischer Malz-Honig, dann kraftvolle Beerenfrucht im Nasen-Rachenraum. Brombeere?

Körper Mittelschwer, fest, beinahe knusprig.

Geschmack Trocken, nussig, Toffee, Frucht, Muskat. Keine Abrundung.

Abgang Zurückhaltend nach kräftiger Eiche. Ingwer. Wärmend.

83 PUNKTE

ABERLOUR 1964, 25-year-old, 43 Vol% (Flasche 5664)

Farbe Kräftiges Bernstein.

Duft Reich nach Eiche.

Körper Mittelschwer bis schwer, fest, weich.

Geschmack Fest, weich. Sehr gut nach Eiche. Ein Hauch von Vanillecreme.

Abgang Fest, abgerundete Trockenheit. Ein Hauch von Parfüm.

84 PUNKTE

ALLT-A-BHAINNE

Hersteller Chivas (Seagram)
Region Highlands **Distrikt** Speyside (Fiddich)

Adresse Glenrinnes, Dufftown, Banffshire, AB55 4DB

IM GÄLISCHEN BEDEUTET ALLT-A-BHAINNE »die Milchquelle«. Diese noch recht junge Destillerie liegt westlich des Flusses Fiddich am Fuße des Ben Rinnes, nahe Dufftown. In dem hübschen, 1989 erweiterten Ziegelbau begann man 1975 damit, Malt Whisky für den Blended Whisky »Chivas Regal« zu produzieren. Hätte Chivas sich von Beginn an dazu entschieden, einen Teil des Whiskys für einen Single Malt zu reservieren, wäre dieser Ende der 80er Jahre im richtigen Alter gewesen. Bis heute ist dies nicht geschehen. Lediglich aus einigen an Broker oder Blendhersteller verkauften Fässern sind seit Anfang der 90er Jahre unabhängige Abfüllungen auf den Markt gelangt.

Stilrichtung Duftend (Trockenblumen?), leicht. Aperitif.

ALLT-A-BHAINNE 13-year-old, The Castle Collection, 43 Vol%

Farbe Blassgolden.

Duft Anklänge an Torf. Blumige Süße, etwas klebrig.

Körper Leicht, aber fest.

Geschmack Leicht, süßer Beginn. Dann blumige und würzige Noten.

Abgang Leicht, blumig-würzig, angenehm.

73 PUNKTE

Andere Versionen

Ein 12-jähriger, Mitte der 90er Jahre von James MacArthur abgefüllt, erschien dank anderer Fässer etwas üppiger. 74 PUNKTE. Ein 1980er Jahrgang, der von Oddbins 1992 auf den Markt gebracht wurde, profitierte vom Sherryfass, war aber etwas zu eichentönig. 73 PUNKTE

ARDBEG

Hersteller Glenmorangie plc
Region Islay **Distrikt** Südküste

Adresse Port Ellen, Islay, Argyll, PA42 7DU **Tel** 00 44 / 14 96 - 30 22 44
Internet www.ardbeg.com **E-Mail** visitors@glenmorangieplc.co.uk

DIE ERFREULICHSTE NACHRICHT IN DER WHISKYBRANCHE am Vorabend des Millenniums war, dass große Investitionen zur Wiedereröffnung dieser klassischen Brennerei getätigt werden sollen. Es kann sogar sein, dass die Mälzerei in Ardbeg restauriert wird. Die Konstruktion der Mälzerei war sehr ungewöhnlich, da es keine Ventilatoren gab, die den Rauch des Torffeuers durch die zum Trocknen ausgebreitete, gemälzte Gerste zogen. Das wird durch ältere Abfüllungen bewiesen. Der torfige Ursprung des Wassers hat ebenfalls großen Einfluss auf die erdigen, teerartigen Aromen des Whiskys. Einige Liebhaber von Ardbeg glauben, der fruchtige Geschmack nach Apfelholz und Zitronenschale stammt von der zweiten Brennblase, der so genannten »spirit still«.

Die Destillerie kauft üblicherweise ein besonders stark getorftes Malz. Dessen Wirkung wird man im Laufe der nächsten zehn Jahre beobachten können. Über die Jahre haben die verschiedenen Besitzer und Abfüller erstaunlich viele unterschiedliche Varianten des Ardbeg auf den Markt gebracht. Das Lochside Hotel auf der Insel Islay ist bekannt für seine Auswahl von über 30 verschiedenen Ardbegs.

Umseitig sind neuere Abfüllungen aufgeführt.

Stilrichtung Erdig, stark torfig, rauchig, salzig, robust. Ein Malt vor dem Zubettgehen.

Hinter der eleganten Fassade steckt viel Geld. Der Kauf und die Restaurierung von Ardbeg haben über 10 Millionen Pfund gekostet.

ARDBEG 10-year-old (1993 abgefüllt), 40 Vol%

Farbe Fino Sherry.

Duft Rauchig, Salzwasser, jodartige Trockenheit.

Körper Nur mittelschwer bis schwer, aber sehr fest. Ein leichtes Schwergewicht, mit der Würde einer höheren Klasse.

Geschmack Zu Beginn süßlich, dann gewaltig und launenhaft. Die Abfüllungen variieren ein wenig.

Abgang Stark, mit viel Jod.

85 PUNKTE

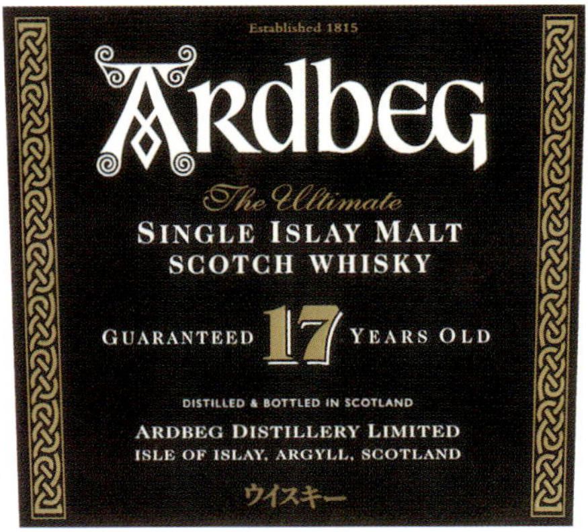

ARDBEG 17-year-old, 40 Vol%

Farbe Schweres, schimmerndes, grünliches Gold.

Duft Energisch, salzig, Seetang, teerartig. Anklang an Schwefel.

Körper Mittelschwer, ölig, sehr fest.

Geschmack Pfeffrig, aber auch süß. Getreide, Öl. Dicht kombinierte Aromen. Besser gereift und abgerundet, aber immer noch robust. Sehr appetitanregend.

Abgang Ölig. Zitronenschale. Frisch gemahlener weißer Pfeffer.

86 PUNKTE

ARDBEG 18-year-old (aus Ardbeg-Malz), 58,1 Vol%, Cadenhead

Farbe Kräftiges Gold.

Duft Teer. Jod. Leicht nach Schwefel. Seetang.

Körper Mittelschwer bis schwer. Ölig.

Geschmack Malzig, süß, Seetang, Pfeffer.

Abgang Pfeffer, beinahe sandig, intensiv salzig.

90 PUNKTE

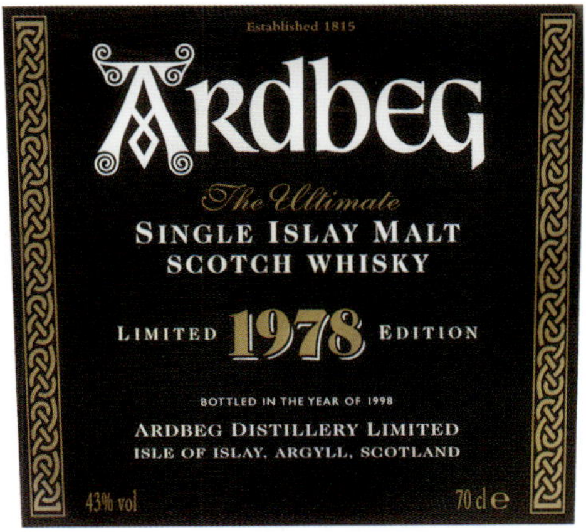

ARDBEG 1978 (1998 abgefüllt), 43 Vol%

Farbe Kräftiges Gold bis Bronze.

Duft Seetang. Süß und sauer.

Körper Gewaltig, weich und fest.

Geschmack Bemerkenswerte Geschmacksentwicklung. Zunächst Malz und Getreidesüße mit Vanille aus dem Bourbonfass. Dann blumig, säuerlich, Seetang. Zum Schluss Pfeffer.

Abgang Beruhigend, lang und wärmend.

89 PUNKTE

ARDBEG 21-year-old (1997 abgefüllt), 49,2 Vol%, Adelphi (Fass 453)

Farbe Strahlendes Gold.

Duft Malz, Rauch, Anklang an Zitronenschale.

Körper Mittelschwer, weich.

Geschmack Zitronenschale und Salz, aber erstaunlich leicht, beinahe dünn.

Abgang Pfeffer, Torf und sehr spätes Raucharoma: der echte Ardbeg-Charakter erscheint zu einem späten Zeitpunkt.

82 PUNKTE

ARDBEG 1975 (1998 abgefüllt), 43 Vol%

Farbe Schimmerndes Gold bis Bronze.

Duft Heidekraut, torfig, rauchig. Apfelholz und Laubfeuer.

Körper Gewaltig, energisch, aber rund.

Geschmack Nach Laub, Pfeffer und Senf.

Abgang Salz, Zitronenschale. Sehr lang anhaltend.

92 PUNKTE

ARDBEG 1975, 40 Vol%, Connoisseurs Choice

Farbe Strahlendes Gold.

Duft Frisch, süßlich nach Seeluft.

Körper Gewaltig, fest.

Geschmack Weich, süßlich nach Kräutern. Leichter Anklang an Seetang und Salz. Eine ungewöhnlich sanfte und zurückhaltende Abfüllung.

Abgang Duftend, leicht nach Kräutern, besänftigend.

88 PUNKTE

ARDBEG Provenance (Diese Abfüllung wurde 1974 destilliert und 1998 abgefüllt), 55,8 Vol%

Farbe Kräftiges Gold bis Bronze.

Duft Seeluft, Seetang, Eiche, Tau, Leder.

Körper Reichhaltig und sahnig, auf der Zunge jedoch trocken.

Geschmack Großartige Aromaentwicklung. Malzig nach Toffee, süß und fruchtig. Grillholz, Senf, Salz.

Abgang Äußerst kraftvoll, rauchig und sehr wärmend.

93 PUNKTE

ARDBEG 1974, 51,3 Vol%, Signatory Cask-Strength

Farbe Helles, kräftiges Gold.

Duft Sehr energisch. Seetang, Eiche, Tau, Leder.

Körper Sehr ölig, jedoch trocken auf der Zunge.

Geschmack Süß, salzig, sandig, pfeffrig, harzig.

Abgang Trocken, salzig, sandig. Später Sandelholz. Medizinische Note.

87 PUNKTE

ARDBEG 28-year-old, 54,4 Vol%, Cadenhead

Farbe Dunkelorange.

Duft Kraftvoll, beißend. Seetang, Eiche, Tau, Leder.

Körper Gewaltig und ölig.

Geschmack Eine feste, harte Wucht aus eng miteinander verknüpften Geschmacksnoten. Eiche, Sahne (mit einem Schuss Wasser), seetangartig und salzig. Nur ein Islay Malt, möglicherweise sogar nur Ardbeg, kann es zu so viel Holzigkeit bringen.

Abgang Eiche, Sandelholz, Sand.

89 PUNKTE

ARDBEG 1967, 49,8 Vol%, Signatory Cask-Strength

Farbe Kupferfarben bis Braun.

Duft Polierte Eiche, Seebrise.

Körper Fest, sehr weich.

Geschmack Intensiv erdig, wurzelig und trocken. Bitter und holzig. Trotz allem dringen die Kraft des Seetangs und des Salzes durch. Die Zugabe von Wasser scheint die ausgleichende Süße des Sherrys zu fördern.

Abgang Trocken, salzig, sandig. Beinahe von aggressiver Schärfe.

88 PUNKTE

VERY OLD ARDBEG (30 years), 40 Vol%

Farbe Bronze- bis bernsteinfarben.

Duft Reichhaltige, rauchige Aromen.

Körper Fest, weich.

Geschmack Wunderbare Ausgewogenheit von betontem Malz, Torf, Rauch, parfümartigem Duft, sirupartigem Sherry und der See. Ein klassischer Ardbeg.

Abgang Duftend, wärmend, liebkosend, beruhigend.

94 PUNKTE

ARDBEG 1963 (1994 abgefüllt), 40 Vol%, Connoisseurs Choice

Farbe Bernsteinfarben.

Duft Fest, nach Seetang.

Körper Mittelschwer, sanft.

Geschmack Für sein Alter erstaunlich lebhaft, aber gut gezähmt. Torf, Rauch und Seetang treten gegen leichte Malzigkeit und Sherry im Hintergrund an.

Abgang Duftend, mit einem Anklang von Sherry.

90 PUNKTE

ARDMORE

Hersteller Allied Distillers
Region Highlands **Distrikt** Speyside (Bogie)

Adresse Kennethmont, in der Nähe von Huntly, Aberdeenshire, AB54 4NH
Tel 00 44/14 46 - 83 12 13

Die acht herrlichen kohlegeheizten Brennblasen in Ardmore produzieren zum großen Teil für Teacher's. Diese Firma hat Ardmore vor einem Jahrhundert gegründet. Eine geplante Jahrhundertabfüllung und Besuchsmöglichkeiten sollen Ardmore helfen, unter Malt Liebhabern bekannter zu werden.
Die ansehnliche Destillerie liegt in Kennethmont, tief im Gerstenanbaugebiet Aberdeenshire.

Stilrichtung Malzig, sahnig, robust. Digestif.

ARDMORE 1981, 40 Vol%, Gordon & MacPhail

Farbe Tiefgolden, mit bernsteinfarbener Tönung.

Duft Sherry, Sahne, Getreide, ölig.

Körper Deutlich sahnig, ölig, weich.

Geschmack Angenehm ausgedehnte Malzigkeit. Süße und Trockenheit zugleich, Getreidecharakter, nussig und schwach fruchtig.

Abgang Getreide, malzig-trocken.

71 PUNKTE

ARDMORE 19-year-old (1978), 59 Vol%, Cadenhead

Farbe Weißwein.

Duft Schwach blumig und trocken.

Körper Fest, weich.

Geschmack Leicht nach Karamell, nussig.

Abgang Birnenschalen, Korinthenblüten, blumig.

69 PUNKTE

ARRAN

Hersteller Isle of Arran Distillers
Region Highlands **Island** Arran

Adresse Lochranza, Isle of Arran, Argyll, KA27 8HJ
Tel Besucherzentrum 00 44 / 17 70 - 83 02 64
Internet www.arranwhisky.com **E-Mail** arran.distillers@btinternet.com

SIE IST DIE JÜNGSTE DESTILLERIE SCHOTTLANDS. Die Insel Arran liegt vor der Westküste Schottlands auf Höhe der Lowlands im Schutze der Halbinsel Kintyre (wo die Campeltown Malts beheimatet sind). Auf der Insel findet man Granitberge, torfiges Land und gutes Wasser. Einst war sie bekannt für ihren Whisky, über eineinhalb Jahrhunderte gab es jedoch keine legale Destillerie. Die Idee, wieder eine zu gründen, kam 1992 nach einem Gespräch mit der Arran Society auf. 1995 wurde dann schon die ansehnliche Destillerie mit ihren dekorativen Pagoden in Lochranza, einem Weiler an der Nordküste der Insel, eröffnet. Nach einer minimalen Reifezeit bot Arran seine ersten Proben am Ende des Jahres 1998 an. Der Whisky scheint in der Tat sehr gut zu reifen und wird in der Zukunft zweifelsfrei eine höhere Bewertung erhalten.

Stilrichtung Sahnig, nach Laub. Stärkend oder zum Dessert.

ISLE OF ARRAN (drei Jahre in amerikanischer Eiche), 60,5 Vol%

Farbe Attraktives Goldgelb.

Duft Sahnig, blumig. Ganz leichter Torfrauch.

Körper Gewaltig, sahnig.

Geschmack Sauber, trocken, Toffee.

Abgang Angelika. Überraschend kräftiges süßes Limonenaroma, blumig, schwache Kiefer. Leichte Trockenheit entwickelnd.

72 PUNKTE

Andere Versionen von Arran

Eine Probe aus einem re-fill-Sherryfass, mit 60 Vol% (als »work in progress« ausgewiesen, also vorverkostet und daher nicht bewertet), war reichhaltig, nussig, sherrytönig und sahnig. Mit ein wenig Wasser ergaben sich ein Anklang an Banane und Rauch.

AUCHENTOSHAN

Hersteller Morrison Bowmore (Suntory)
Region Lowlands **Distrikt** Western Lowlands

Adresse Dalmuir, Clydebank, Dunbartonshire, G81 4SJ
Internet www.morrisonbowmore.co.uk

Die für die Region typische Dreifachdestillation bringt dieses klassische Beispiel von einem Lowland Malt hervor. Leichtigkeit ist der Stil der Lowlands und bedeutet keinesfalls einen Mangel an Charakter.

Wenn Sie Malts von geringerer Intensität lieben, dann ist Auchentoshan die perfekte Alternative. Für leichte Whiskys reifen sie erstaunlich gut, besonders während ihrer »Jugendjahre« bis zum Alter von etwa Anfang zwanzig.

Die »Och'n'tosh'n« ausgesprochene Brennerei liegt am Stadtrand von Glasgow zwischen dem Fluss Clyde und den Kilpatrick Hills. Sie wurde um 1800 gegründet, nach dem Zweiten Weltkrieg umgebaut und 1974 auf den neuesten Stand der Technik gebracht. Ein Jahrzehnt später wurde sie von der Firma Stanley P. Morrison erworben, als Lowland-Partner für ihre beiden Destillerien auf Islay und in den Highlands, Bowmore und Glen Garioch. Der Konzern heißt Morrison Bowmore und steht unter der Leitung von Suntory in Japan.

Stilrichtung Leicht, zitrusgrasartig, ölig. Anregender Aperitif.

AUCHENTOSHAN Select, keine Altersangabe, 40 Vol%

Farbe Strahlendes Gold.

Duft Ölig, mit Anklängen an Zitrusfrucht.

Körper Leicht, mit etwas öligem Gefühl im Mund.

Geschmack Zitronengrasnoten, leichte Malzigkeit, klare Süße.

Abgang Leicht, lebhaft. Anklänge an Zitronengraswürze.

78 PUNKTE

AUCHENTOSHAN 10-year-old, 40 Vol%

Farbe Strahlendes gelbliches Gold.

Duft Eine warme Umarmung von Vanilleduft, Zitronengras und Sattlerei.

Körper Leicht, weich, ölig.

Geschmack Zitrone, Marshmallow, süß, aber nicht klebrig.

Abgang Länger. Zitronengras, etwas Ingwer, Vanille, duftend, weich.

83 PUNKTE

AUCHENTOSHAN Three Wood, keine Altersangabe, 43 Vol%

Dieser Whisky reifte mindestens zehn Jahre in Bourbonholz, ein gutes Jahr im Olorosofass und sechs Monate in einem schweren Pedro-Ximenez-Fass.

Farbe Orangenlikör.

Duft Orangenwürze, Aprikose, Datteln, Marshmallow.

Körper Ölig, marshmallowartig.

Geschmack Duftend, Zitronengras, Cashewkerne. Ein delikates Zusammenspiel von Aromen, jedoch kämpft der Whisky ein wenig gegen die verschiedenen Holzsorten an. Besser mit wenig oder ganz ohne Wasser.

Abgang Lang, sahnig, Rosinen, Anissamen. Frische Eiche. Kraftvolle Trockenheit.

85 PUNKTE

AUCHENTOSHAN Selected Cask Vatting, 18-year-old (1978), 58,8 Vol%

Farbe Kräftiges Gold bis Bronze.

Duft Leinsamen, Sattlerei, frisches Leder.

Körper Geschmeidige, weiche Struktur.

Geschmack Leinsamen, frisches Leder, aromatisch. Ein sehr ausdrucksstarker Auchentoshan.

Abgang Sauber, zitronig, aromatisch.

87 PUNKTE

AUCHENTOSHAN 21-year-old, 43 Vol%

Farbe Kräftiges, tiefes Gold.

Duft Orangenwürze, Dattelkisten, Zedernholz, Öl.

Körper Leicht bis mittelschwer, ölig, sehr weich.

Geschmack Ölig, zitronig, Orangenschale, schwach würzig, mit viel Aromaentwicklung. Reich an Untertönen. Stärkere Eichentöne, jedoch frisch und ohne aufdringlichen Holzgeschmack.

Abgang Zedernholz, Vanille. Wunderbar abgerundet und aromatisch.

86 PUNKTE

AUCHENTOSHAN 22-year-old, 43 Vol%

Farbe Kräftiges Gold bis Bernstein.

Duft Reichhaltig nach frischem Leder.

Körper Sehr fest, weich und ölig.

Geschmack Ölig, Zedernholz, würzig. Herrenkosmetik.

Abgang Trocken, nach Zedernholz.

86 PUNKTE

AUCHENTOSHAN 25-year-old, 43 Vol%

Farbe Bernsteinfarben.

Duft Leder, Öl, Eiche.

Körper Fest, weich.

Geschmack Eichentönig, nach Zedernholz, ölig, zitronig.

Abgang Leicht holzig.

85 PUNKTE

AUCHENTOSHAN 31-year-old, (1966 destilliert) 43,5 Vol%

Farbe Gold bis blasses Bernstein.

Duft Zitrone, Öl, Zedernholz. Würzig.

Körper Leicht bis mittelschwer, seidig.

Geschmack Öl, Zitrone und Orange. Fruchttoffee, keksartige Malzigkeit. Stärkerer Holzextraktcharakter. Ein wenig schwach in der Mitte.

Abgang Sanft, sehr lang. Zedernholz, Trockenheit und Anklänge an Torf in einem sehr leicht holzigen Abgang.

86 PUNKTE

Einige frühere Abfüllungen von Auchentoshan

Der 12 Jahre alte Auchentoshan mit 40 Vol% war mit seiner Ausgewogenheit an Frische und Reife besser abgerundet als der 10 Jahre alte. 86 PUNKTE. Ein 18 Jahre alter mit 43 Vol% war kräftiger mit einem Hauch von Leinsamen und einer überraschenden Intensität. 86 PUNKTE. Eine frühere Version des als »Vintage« deklarierten 1966ers mit 43 Vol% war blasser in der Farbe und weniger abgerundet als die derzeitige Version. Dafür hatte er mehr Destilleriecharakter: Leinsamen, trockener und mit viel Aromaentwicklung. 86 PUNKTE. Oddbins führte zwei verschiedene Abfüllungen eines 31-jährigen: Fass 2509 war sehr ölig, trocken und parfümartig. 86 PUNKTE. Fass 804 hatte die Farbe von rötlichen Walnüssen und war eher holzig. 79 PUNKTE.

AUCHENTOSHAN, keine Altersangabe, 40 Vol%

Diese Version wird nicht mehr abgefüllt, ist aber noch immer erhältlich.

Farbe Grünliches Gold.

Duft Ölig mit einem Hauch von Zitronenwürze.

Körper Leicht, mit öligem Mundgefühl.

Geschmack Zitronengrasnoten, leicht süß, aber nicht klebrig.

Abgang Leicht lebhaft, schnell.

79 PUNKTE

AULTMORE

Hersteller Dewar's (Bacardi)
Region Highlands **Distrikt** Speyside (Isla)

Adresse Keith, Banffshire, AB45 3JT
Tel 00 44 / 15 42 - 82 27 62

Ein feiner, eichentöniger Malt, der die Whiskys aus der Gegend um den Fluss Isla charakterisiert. Die Brennerei nördlich von Keith wurde 1896 erbaut und 1971 renoviert. Ihr Malt ist Bestandteil der Blends von Dewar's. Auf Abfüllungen der 90er Jahre findet sich der Name einer noch älteren Blending-Firma, John and Robert Harvey, die 1770 gegründet wurde. 1991 fügte United Distillers, die damaligen Besitzer, eine Abfüllung ihrer Flora-und-Fauna-Edition hinzu. Weiterhin legten sie eine Rare Malts Edition 1996 und eine limitierte Fassstärkenabfüllung 1997/98 auf. Im letzten Jahr wurde Aultmore von Bacardi übernommen, bislang sind jedoch keine neuen Abfüllungen erschienen.

Stilrichtung Frisch, trocken, kräuter-, gewürz- und eichentönig. An Fino Sherry erinnernd. Vor dem Abendessen.

AULTMORE 12-year-old, 40 Vol%, John & Robert Harvey

Farbe Blassgolden.

Duft Großes Bukett, frisch, warm und auf trockene Art duftig.

Körper Fest.

Geschmack Leicht und fruchtig, Anklänge von Enzian oder Chinin.

Abgang Lebhaft, sehr trocken.

75 PUNKTE

AULTMORE 12-year-old, 43 Vol%, Flora und Fauna

Farbe Sehr blass.

Duft Blumig, frisch, trocken duftig.

Körper Mittelschwer, fest.

Geschmack Beginnt mit einer delikaten, fruchtig-duftigen Süße, entwickelt sich zu blumiger Trockenheit.

Abgang Delikat, trocken. Außerordentlich appetitanregend.

75 PUNKTE

AULTMORE 21-year-old (1974 destilliert) Fassstärke, Rare Malts

Farbe Gold.

Duft Steinige Trockenheit. Heu. Sehr feiner Anklang von Torf.

Körper Sehr geschmeidig und sahnig. Mittelschwer.

Geschmack Sahnige Aromen, die sich zu fruchtigen, würzigen Noten entwickeln.

Abgang Süße und Trockenheit. Eukalyptus und Enzian. Ungestüm.

74 PUNKTE

AULTMORE 1983 (1997 abgefüllt), 58,8 Vol%, Fassstärke

Farbe Strahlendes Gelb.

Duft Heu, Erde, etwas Torf.

Körper Mittelschwer bis schwer, rund.

Geschmack Sahnig, heuartig, steinig.

Abgang Lebhaft, trocken. Klare Würze. Appetitanregend.

77 PUNKTE

INVERARITY 10-year-old, 40 Vol%

(Eine unabhängige Abfüllung von Aultmore.)

Farbe Blassgolden.

Duft Anklang von Honig, Klee, frisches Heu, Gras, Torf.

Körper Mittelschwer, geschmeidig.

Geschmack Lebendig. Klarer, leichter Honig, blumig. Eine delikate Abfüllung von Aultmore.

Abgang Blumig, trocken. Sehr leicht, frisch, Torfrauch.

76 PUNKTE

INVERARITY Ancestral, 14-year-old, 40 Vol%

Farbe Bernsteinfarben.

Duft Honig, Nüsse, Aprikose, Sherry.

Körper Mittelschwer, trocken auf der Zunge.

Geschmack Schmackhafter Honig und Oloroso Sherry. Ein wenig mandelartige Nussigkeit. Ein Hauch steinige Trockenheit.

Abgang Honigsüße und trocken nach Eiche. Ein Hauch von Torfrauch.

75 PUNKTE

Weitere unabhängige Abfüllungen von Aultmore

Aultmore, 8 Jahre alt, 60,1 Vol%, Adelphi: Farbe Weißwein; Duft blumig, nach Haselnüssen; Geschmack lebendig, leicht, grasartig, sehr schwach spritig; Abgang süßlich. 74 PUNKTE. Aultmore 1985, 43 Vol%, Signatory: strahlend gelb; Duft weich und kräuterartig; Körper sehr fest und geschmeidig, möglicherweise etwas dünn; Geschmack frisch, steinig, schwach torfig; ein klassisches Exemplar. 77 PUNKTE. Ein früherer, 13 Jahre alter von Cadenhead, mit 46 Vol%, war von blassgoldener Farbe; ein Hauch von Rauch im Duft; blumiger und ausdrucksstarker Geschmack; trockener Abgang. 75 PUNKTE.

BALBLAIR

Hersteller Inver House
Region Highlands **Distrikt** Northern Highlands

Adresse Edderton, Tain, Ross-shire, IV19 1LB
Internet www.inverhouse.com **E-Mail** enquiries@inverhouse.com

Seit der Übernahme der Destillerie durch Inver House, die auch neue Abfüllungen eingeführt haben, ist der Whisky wieder eher erhältlich. Die leichte Würzigkeit und trockene Frische der Malts aus den nördlichen Highlands findet sich auf deutliche, aber schmackhafte Weise in den verschiedenen Versionen von Balblair. Das verwendete Wasser fließt durch Kiefernwald des Bergs Ben Dearg und über trockenen Torfboden. Die Quelle befindet sich unweit von Balblair, das inmitten von Feldern bei Edderton, nahe am Dornoch Firth und der See, liegt. Hier soll bereits Mitte des 18. Jahrhunderts gebraut und gebrannt worden sein. Balblair gehört zu den ältesten Destillerien Schottlands. Die erste Brennerei wurde 1790 erbaut, das heutige Gebäude stammt etwa von 1870.

Stilrichtung Leicht, fest, trocken. Aperitif.

BALBLAIR 5-year-old, 40Vol%

Balblair gilt als schnell reifender Whisky, dennoch mag der 5-jährige manchem Whiskyliebhaber als zu jugendlich erscheinen. Trotzdem findet er auf dem wichtigen italienischen Markt seine Fans. Diese Abfüllung stammt aus früheren Besitzverhältnissen, als Balblair noch fest mit Ballantine Blends verknüpft war.

Farbe Weißwein.

Duft Frisch, leicht scharf und nach Birnen.

Körper Leicht.

Geschmack Nelkenartige Würze.

Abgang Anhaltend, aber nicht lang genug.

70 PUNKTE

BALBLAIR »Elements«, keine Altersangabe, 40 Vol%

Farbe Tiefgolden.

Duft Seebrise, leicht salzig, gerstenartig-malzige Süße.

Körper Leicht, aber geschmeidig. Strukturiert.

Geschmack Neckend, appetitanregend, Ausgewogenheit von wenig Salz und shortbreadartiger frischer Malzigkeit. Leichter Anklang an Himbeeren.

Abgang Pflaumenhautartige Trockenheit.

76 PUNKTE

BALBLAIR 16-year-old, 40 Vol%

Farbe Blasses Bernstein.

Duft Nussige, leichte, frische Würze. Aromatisch.

Körper Fest, geschmeidig, strukturiert.

Geschmack Geschmeidig und überraschend wohltuend. Wieder Salzigkeit und diesmal Schokoladenshortbread.

Abgang Apfeltoffee, zedernholzartige Trockenheit.

78 PUNKTE

BALBLAIR 1975, 56,5 Vol%, Signatory

Farbe Sehr blasser Weißwein.

Duft Auffallend torfig.

Körper Leicht, ölig.

Geschmack Trocken, torfig, würzig, fruchtig, Apfeldessert.

Abgang Trocken, etwas holzig, torfig, leichte Gerbsäure, grüne Äpfel.

74 PUNKTE

Frühere Versionen von Balblair

Unter dem ehemaligen Besitzer gab es einige gute Abfüllungen von Gordon & MacPhail mit gewöhnlich 40 Vol%. Ein 10 Jahre alter war himbeerartig, mit einem trockenen, öligen Abgang. 76 PUNKTE. Ein 1964-Jahrgangswhisky war intensiver und süßlicher, mit einem Hauch Sherry. 76 PUNKTE. Ein 1957er war von guter Torfigkeit, aber leider holzlastig. 74 PUNKTE.

BALMENACH

Hersteller Inver House
Region Highlands **Distrikt** Speyside

Adresse Cromdale, Grantown-on-Spey, Morayshire, PH26 3PF
Internet www.inverhouse.com **E-Mail** enquiries@inverhouse.com

DAS NEUE FLAGGSCHIFF VON INVER HOUSE. Balmenach, bis zu ihrer Lizensierung 1824 eine illegale Destillerie, leistete zu vielen Blends wie Johnnie Walker und Crabbie's einen Beitrag. Die erste Abfüllung als Single Malt 1991 war eine Flora-und-Fauna-Edition. Zwei Jahre später gab United Distillers die Stilllegung von Balmenach bekannt. Vier Jahre später ging die Brennerei an ihre jetzigen Besitzer, die jedoch bisher keine neuen. Abfüllungen auf den Markt gebracht haben. Die Destillerie liegt in einer Hügellandschaft zwischen den Oberläufen der Flüsse Spey und Avon.

Stilrichtung Gewaltig, blumig, leicht torfig. Ohne schweren Sherry als Aperitif; mit Sherry als Digestif.

BALMENACH 12-year-old, 43 Vol%, Flora und Fauna

Farbe Tiefes Bernsteinrot.

Duft Starker Sherrycharakter. Honigartige Heidekrautnoten.

Körper Mittelschwer bis voll. Weich und außerordentlich geschmeidig.

Geschmack Sherryartig, aber trocken. Lebhafte Geschmacksnoten: Honig, Ingwer, Kräuter, Anklänge an frische Blätter.

Abgang Rund und genussreich.

77 PUNKTE

DEERSTALKER 12-year-old, 43 Vol%
(Eine unabhängige Abfüllung von Aberfoyle & Knight, Glasgow.)

Farbe Tiefes grünliches Gold.

Duft Duftig, torfig, sehr blumig, appetitanregend.

Körper Mittelschwer, fest, geschmeidig.

Geschmack Freundlich, komplex, gut ausgewogen. Torfig, blumig, Zitronengras, Ingwer. Kräuterartige Trockenheit. Apptitanregend. Ohne Sherry gedeiht Blumigkeit.

Abgang Fest, geschmeidig, trocken. Appetitanregend.

79 PUNKTE

BALMENACH 15-year-old, 63,4 Vol%, Adelphi

Farbe Strahlendes grünliches Gold.

Duft Blumig, Kräuter. Butterpastinaken.

Körper Mittelschwer, trocken auf der Zunge.

Geschmack Eichentönig, torfig, blumige Trockenheit. Leichte, malzige Cremigkeit. Honigsüße. Schwacher Ingwer. Fällt in der Mitte etwas ab.

Abgang Spät torfig und grasartig.

78 PUNKTE

BALMENACH 25-year-old (1972 destilliert), 43 Vol%, Hart Brothers

Farbe Tiefgolden.

Duft Anklänge von Rauchigkeit. Blumig.

Körper Mittelschwer bis schwer, fest.

Geschmack Blumig, sehr leichte Honigtöne. Komplex. Sehr schmackhaft für einen so gewaltigen Malt diesen Alters.

Abgang Leicht, neckend. Spät Zitronengras. Schwacher Ingwer.

79 PUNKTE

THE BALVENIE

Hersteller William Grant and Sons
Region Highlands **Distrikt** Speyside (Dufftown)

Adresse Dufftown, Banffshire, AB55 4BB **Tel** 00 44 / 13 40 - 82 00 00
Internet www.thebalvenie.com

Der Nachbar von Glenfiddich. Die gleiche Firma gründete beide Brennereien, 1886 beziehungsweise 1892. Kininvie kam fast ein Jahrhundert später, 1990, hinzu und die Firma ist noch immer in Familienbesitz. Die Whiskys von Balvenie sind süßer und voller; klassische Beispiele des Speyside eigenen Honig-Heidekraut-Stils. Die Destillerie verwendet Gerste aus eigenem Anbau, mälzt selbst, und ihre Brennblasen haben eine ausgeprägte Zwiebelform. In den 80er Jahren gab es unter dem Namen Balvenie Classic zwei Abfüllungen. Eine, ohne Altersangabe, reifte abschließend in Sherryfässern (bevor diese Technik in Mode kam). Desweiteren gab es einen 18-jährigen Classic ohne abschließende Sherryfasslagerung. 1997 wurde zusätzlich eine Port-Wood-Abfüllung herausgebracht.

Stilrichtung Der honigtönigste Malt überhaupt, mit klaren Orangennoten. Üppig. Digestif. Reift gut.

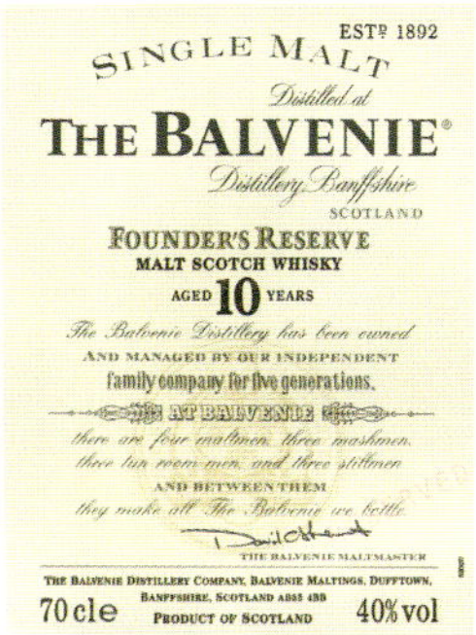

THE BALVENIE Founder's Reserve, 10-year-old, 40 Vol%

Farbe Strahlendes Gold

Duft Orangen-Honig-Aroma. Moschusartig. Anklänge an Torf.

Körper Mittelschwer.

Geschmack Honigsüße hin zu leicht würzigen Noten, trockener werdend. Sehr lebhaft. Nur ein Hauch Sherry.

Abgang Eine Woge von Aromen mit lang anhaltendem, sirupartigem Honigton.

85 PUNKTE

THE BALVENIE Double Wood, 12-year-old, 40 Vol%
(First- und second-fill-Bourbonfässer. Endreifung 6–12 Monate in Oloroso-Sherry-Fässern.)

Farbe Bernsteinfarben.

Duft Sherry und Orangenschale.

Körper Mittelschwer, vollmundig.

Geschmack Wunderbare Kombination von reifen Aromen: nussig, süß, Sherry, orangentönige Fruchtigkeit, Heidekraut und zimtartige Noten.

Abgang Lang, prickelnd. Sehr wärmend.

87 PUNKTE

THE BALVENIE, Single Barrel, 15-year-old, 50,4 Vol%

Farbe Blassgolden.

Duft Energisch. Trocken, frische Eichentöne. Heidekraut, Kokosnuss, Zitronenmark.

Körper Fest.

Geschmack Lebhaft. Zeder, Orangenschale, ananasartige Süße und Säure.

Abgang Sehr trocken. Pfeffriger Alkohol.

85 PUNKTE

THE BALVENIE Port Wood, 21-year-old, 40 Vol%
(Bourbonfässer, dann abschließend 6–12 Monate in Portweinfässern gelagert.)

Farbe Rötlicher Bernsteinton.

Duft Duftig, fruchtig, Passionsfrucht, Rosinen, nussig trocken, Marzipan.

Körper Vollmundig.

Geschmack Sehr Komplex. Sahnig, weinartig, Anissamen.

Abgang Lang, zedernartig, trocken.

88 PUNKTE

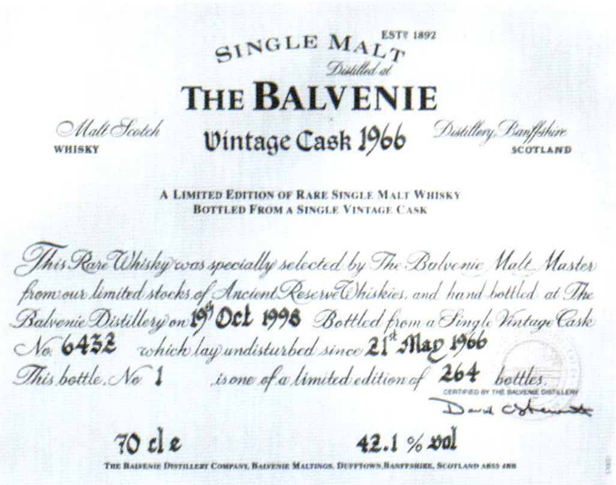

THE BALVENIE Vintage Cask 1966, 42,1 Vol% (264 Flaschen)

Farbe Kräftiges Gold bis Bronze.

Duft Sehr aromatisch. Butter, Honig, Zitrone, Gras, etwas Torf.

Körper Mittelschwer, fest, rund.

Geschmack Butterartige Malzigkeit. Honig, Orange, Zitronengras, saftige Eiche. Ein wundervoll ausgewogener, klassischer Speyside Whisky.

Abgang Zitrone, Gras. Leichte, torfige, ausgewogene Trockenheit.

88 PUNKTE

Ein 1964er dieser Reihe war ähnlich, aber etwas nussiger und trockener. 88 PUNKTE. Ein 1951er war von dunkelbrauner Farbe und reich an Torf- und Eichenrauch, aber im Hintergrund immer noch malzig und geschmeidig. Leicht adstringierend, Bonuspunkte sind jedoch für traditionelle Werte und seine Besonderheit verdient. 88 PUNKTE.

Andere Versionen von The Balvenie
Eine seltene, unabhängige Abfüllung eines 1974-Destillats durch Signatory 1990: strahlendes, tiefes Gold; trocken, malzig, Shortbreadaroma; fester, leichter, sirupartiger Körper; Honig, Zimt und Zitrone im Geschmack; geschmeidiger, langer runder, sättigender, warmer Abgang. 87 PUNKTE.

BANFF

Hersteller DCL
Region Highlands **Distrikt** Speyside (Deveron)

Adresse Gelegen bei Inverboyndie, an der B9139, ca. 2 Kilometer westlich von Banff.

SOGAR DAS BRITISCHE UNTERHAUS ließ sich einst mit dem Whisky aus dieser Brennerei beliefern. Sie geht mindestens auf das Jahr 1824 zurück und wurde 1983 endgülig geschlossen. Das Gebäude wurde abgerissen, die eingelagerten, reifenden »Werte« blieben jedoch, und so werden immer noch neue, unabhängige Abfüllungen auf den Markt gebracht.

Stilrichtung Süß, rauchig. Als Stärkung oder nach dem Abendessen.

BANFF 1978, 58,8 Vol%, Signatory Silent Stills

Farbe Strahlendes helles Gold.

Duft Duftend rauchig.

Körper Fest, ölig, geschmeidig, trocken.

Geschmack Leicht, sauber. Süßlich, dann rauchige Entwicklung.

Abgang Torfig, verbranntes Gras.

67 PUNKTE

BANFF 1976 (21-year-old), 58,2 Vol%, Cadenhead

Farbe Gold, mit einem Hauch Grün.

Duft Duftig, aromatisch, verbranntes Gras, Torf.

Körper Mittelschwer, geschmeidig.

Geschmack Aromatisch, ölig, grasartig und torfig. Trockener.

Abgang Süß nach Rauch. Anklänge von Vanille.

67 PUNKTE

BEN NEVIS

Hersteller Ben Nevis Co (Nikka)
Region Highlands **Distrikt** West Highlands

Adresse Lochy Bridge, Fort William, Inverness-shire, PH33 6TJ
Tel Besucherzentrum 00 44/13 97 - 70 24 76

Seit die historische Brennerei von der renommierten japanischen Firma Nikka übernommen wurde, ist der Whisky einfacher und in einer größeren Auswahl von Abfüllungen erhältlich. Die Destillerie liegt unweit von Fort Williams am Fuße des höchsten schottische Berges, Ben Nevis (1334 m). Er hat natürlich nicht den gleichen Stellenwert wie der Fuji in Japan, er gilt in Schottland aber als mächtiges Symbol.

Stilrichtung Robust. Fruchtig und blumig. Ölig mit Anklängen von Rauch. Belebend oder mit einem guten Buch vor dem Zubettgehen.

BEN NEVIS 10-year-old, 46 Vol%

Farbe Bronze- bis bernsteinfarben.

Duft Duftig, würzig, weich. Kumquats, dunkle Schokolade.

Körper Betont gewaltig, fest, geschmeidig.

Geschmack Orangensahnepralinen in Schokolade, Toffee-Waffeln.

Abgang Orangenwürze, prägnante Trockenheit, Zigarrenrauch.

77 PUNKTE

BEN NEVIS 21-year-old, 60,5 Vol%, Limitierte Edition im Dekanter

Farbe Bronze- bis bernsteinfarben.

Duft Eine ganze Schachtel schwarze Schokolade.

Körper Gewaltig, geschmeidig.

Geschmack Öliger, saftiger, kerniger, trockener.

Abgang Robust. Eichentönige Würze.

77 PUNKTE

BEN NEVIS 26-year-old (1972 destilliert, 1998 abgefüllt), 57,4 Vol%

Farbe Bernsteinfarben.

Duft Schwarze Schokolade, Orangenblüten.

Körper Seidig.

Geschmack Reines, fruchtiges Toffee, Nüsse und Sherry.

Abgang Sehr lang, betont sherry- und eichentönig. Ausgewogen.

78 PUNKTE

BEN NEVIS 1966 (1998 abgefüllt), 51 Vol%

Farbe Strahlendes Goldgelb.

Duft Ölig.

Körper Sehr ölig.

Geschmack Ölig, blumig, überraschend neutral. Enttäuschend, wie noch einige andere Ben-Nevis-Destillate aus den 60er Jahren.

Abgang Senfartig.

62 PUNKTE

BENRIACH

Hersteller Chivas (Seagram)
Region Highlands **Distrikt** Speyside (Lossie)

Adresse Longmorn, Elgin, Morayshire, IV30 3SJ

Gehört dem gleichen Besitzer wie die besser bekannte Nachbardestillerie Longmorn. Beide Destillerien wurden in den 90er Jahren des letzten Jahrhunderts erbaut.

Stilrichtung Keksartig mit Anklängen von Karamell. Belebend. Ein Malt für den Nachmittag?

BENRIACH 10-year-old, 43 Vol%

Farbe Blasses, helles Gold.

Duft Leicht, sauber, honigartig, blumige Trockenheit.

Körper Leicht, geschmeidig, strukturiert.

Geschmack Getreide, Haferkekse, würziger Kümmelkuchen.

Abgang Keksartig, Süße von Butterbonbons. Entwickelt sich trockener und appetitanregend.

70 PUNKTE

Andere Versionen von Benriach

Ein 12-jähriger mit 60,3 Vol% von Adelphi ist sehr ölig, aber torfiger, würziger und trockener. 71 PUNKTE. Ein 1982er mit 60,9 Vol% von Gordon & MacPhail ist tief bernsteinfarben; besitzt sherryartige, trockene Nussigkeit; saftig, nach kandierter Gerste und einem Hauch süßer Rauchigkeit. 77 PUNKTE.

BENRINNES

Hersteller UDV (Diageo)
Region Highlands **Distrikt** Speyside

Adresse Aberlour, Banffshire, AB38 9WN
Tel Kontakt über Dailuaine 00 44/13 40 - 87 25 00

Der dominante Gipfel im Gebirge, das das Gebiet der Speyside überblickt, ist der Ben Rinnes (840 m). Er gibt seinen Namen der Destillerie Benrinnes, die um 1820 gegründet und in den 50er Jahren in großem Stil umgebaut wurde. Die Destillerie steht schon lange in Verbindung mit den Crawford Blends. Ihr Malt Whisky, der in einer ungewöhnlichen partiellen Dreifachdestillation hergestellt wird, wurde erstmals 1991 für eine Flora-und-Fauna-Edition abgefüllt.

Stilrichtung Gewaltig, sahnig, rauchig, geschmackvoll, lang. Stärkend oder als Digestif.

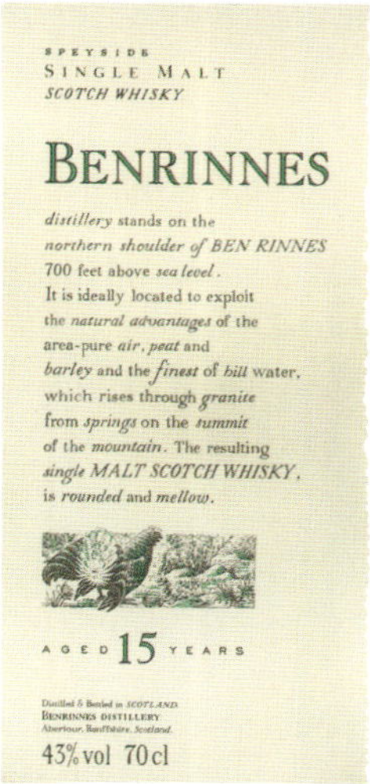

BENRINNES 15-year-old, 43 Vol%, Flora und Fauna

Farbe Herbstliches Rötlich-braun.

Duft Schwer, beinahe sahnig. Ein Hauch von Sherry, dann ein fester, rauchiger, gebrannter Toffeecharakter.

Körper Mittelschwer bis schwer, fest.

Geschmack Trocken, energisch, abgerundet. Anklänge von Lakritze, Anissamen, Vanille, Bitterschokolade, Rauchigkeit.

Abgang Genussreich, besänftigend. Leicht süß und rauchig.

79 PUNKTE

BENRINNES 1982, 43 Vol%, Signatory

Farbe Blasses Bernstein.

Duft Frische Erde, Torfrauch. Ein Hauch von sherrytöniger Eiche.

Körper Sahnig.

Geschmack Recht ölig, sahnig-malzig, torfig, sherrytönig, ausgewogen.

Abgang Lang, süßlich, würzig, frisch, ausdrucksvoll. Fruchtig, dann rauchig. Anhaltend.

79 PUNKTE

BENRINNES 21-year-old (1974 destilliert), 60,4 Vol%, Rare Malts

Farbe Strahlendes Gold.

Duft Erdig, Anklang von Torfigkeit.

Körper Mittelschwer, fest.

Geschmack Ölig, nussig, toffeeartig, sahnig. Vanille, Orange und Limone.

Abgang Süße Würze. Lang anhaltend, ausdrucksstark.

79 PUNKTE

BENRINNES 22-year-old (1996 abgefüllt), 56,3 Vol%, Adelphi

Farbe Strahlendes Gold.

Duft Frische Erde, Torfrauch.

Körper Gewaltig, sahnig, fest, geschmeidig.

Geschmack Lakritztoffee, erdige, torfige und grasartige Noten.

Abgang Blumig, fruchtig, Orangenschale, später rauchige Trockenheit.

78 PUNKTE

Andere Versionen von Benrinnes

Ein Signatory von 1972 mit 56,3 Vol% ist sherrytönig, vollgepackt mit Aromen und wundervoll ausgewogen. 81 PUNKTE. Ein Connoisseurs Choice von 1972 mit 40 Vol% ist etwas blumiger und rauchiger, ein frischer Genuss. 80 PUNKTE.

BENROMACH

Hersteller Gordon & MacPhail
Region Highlands **Distrikt** Speyside (Findhorn)

Adresse Invererne Road, Forres, Moray, IV36 3EB
Tel Besucherzentrum 00 44 / 13 09 - 67 59 68 **Internet** www.gordonandmacphail.com

DIE OFFIZIELLE WIEDERERÖFFNUNG DER DESTILLERIE erfolgte 1998 durch Prinz Charles, genau ein Jahrhundert nach ihrer Gründung. Nachdem Gordon & MacPhail die Destillerie erworben hatte, wurde sie fünf Jahre lang renoviert. Nur in ihren Anfangstagen produzierte die alte Benromach-Destillerie eigene Abfüllungen. United Distillers schloss die Brennerei vor fünfzehn Jahren, brachte jedoch nachfolgend eine 20 Jahre alte Rare Malts Edition auf den Markt. Abgesehen von dieser Ausnahme war Benromach für lange Jahre nur als unabhängige Abfüllung erhältlich, insbesondere von Gordon & MacPhail. Derzeit tragen die Editionen aus dem Bestand stolz die Aufschrift: »bottled by the proprietors« (vom Besitzer abgefüllt).

Eine Versuchsproduktion begann Ende 1998, sodass es 2001 einen 3 Jahre alten Whisky geben könnte. Die neuen Besitzer sind jedoch konservativ und wollen mit einem 10 Jahre alten Whisky im Jahr 2008 starten.

Stilrichtung Energisch, blumig, manchmal sahnig. Zum Nachtisch oder als Digestif.

BENROMACH 12-year-old, 40 Vol%

Farbe Tiefgolden.

Duft Sehr blumig. Leicht torfig.

Körper Mittelschwer. Fest.

Geschmack Leicht, feste Malzigkeit. Leicht sahnig. Anklänge von Aprikose und Gartenminze.

Abgang Blumig, leicht scharf. Entfernter Anklang von Torfrauch.

77 PUNKTE

Die »Centenary Edition« wird vom Vorsitzenden der Besitzerfamilie George Urquhart (links) an Prinz Charles überreicht. Rechts: Ian Urquhart.

BENROMACH 15-year-old, 40 Vol%

Farbe Helles Bernstein.

Duft Sherry, Nüsse, Blumen.

Körper Sehr sahnig.

Geschmack Sahnig, ölig, blumig, leicht rauchig. Sherrytönig.

Abgang Blumig, nussig, sahnig.

77 PUNKTE

Benromach Centenary Bottling, 17-year-old, 43 Vol%

Farbe Tiefes, volles Gold.

Duft Sehr blumig, pflanzlich, rauchig, komplex und lang.

Körper Fest, geschmeidig, ölig.

Geschmack Malziger Hintergrund. Kräftig sherrytönig, pfirsichartig, blumig, lebhaft, komplex.

Abgang Nussig, eichentönig, besänftigend. Sehr lang.

79 PUNKTE

BENROMACH 1982, 63 Vol%, Gordon & MacPhail Cask Edition

Farbe Kastanienbraun.

Duft Polierte Eiche, Torf, blumig.

Körper Gewaltig, fest, geschmeidig.

Geschmack Gerstenzucker, geröstete Nüsse. Am Anfang Sherry und Eiche. Nach Wasserzugabe entfaltet sich Pfirsich-Sahne-Fruchtigkeit.

Abgang Sahnig. Anklänge von Aprikose und Gartenminze.

78 PUNKTE

Andere Versionen von Benromach

Ein 20-jähriger aus der Rare Malts Edition 1998 mit Fassstärke abgefüllt, ist sahnig, fruchtig, mandel- und zedernholzartig. 77 PUNKTE. Ein Scott's Selection desselben Jahrgangs mit 52,1 Vol% ist sehr blumig, fruchtig und trocken. 77 PUNKTE. Ein Cadenhead 1965 mit 28 Jahren (47,6 Vol%) ist stark sherrytönig und rauchig, durch sein Alter abgeschwächt, aber noch immer von delikater Nussigkeit und Blumigkeit. 77 PUNKTE.

BLADNOCH

Hersteller Raymond Armstrong
Region Lowlands **Distrikt** Borders

Adresse Bladnoch, Wigtownshire, DG8 9AB
Tel Besucherzentrum 00 44 / 19 88 - 40 26 05 **Internet** www.bladnoch.co.uk

Der neue Besitzer Raymond Armstrong aus Nordirland befand sich auf einem Kurzurlaub in Schottlands Südwesten, um ein Feriendomizil zu suchen. Mit dieser Absicht kaufte er das Gebäude der Bladnoch-Destillerie, kam jedoch dann zu der Überzeugung das Anwesen seiner ursprünglichen Bestimmung wieder zuzuführen. Die einst zwischen 1817 und 1825 arbeitende Farmhausdestillerie wurde 1993 von United Distillers vorübergehend stillgelegt, und von Armstrong 1999 wieder in Betrieb genommen. Die Destillerie bei Bladnoch nahe Wigtown ist die südlichste in Schottland. Das kleine Flüsschen Bladnoch fließt in den Solway Firth, der die Grenze zu England bildet.

Stilrichtung Grasartig, zitronig, weich. Ein klassischer Lowland Whisky. Als Whisky zum Dessert.

BLADNOCH 8-year-old, 40 Vol%

Farbe Blassgelb.

Duft Grasartig, zitronig.

Körper Sehr leicht, aber fest.

Geschmack Zu Beginn erscheint er sehr leicht, entwickelt dann eine delikate Fruchtigkeit.

Abgang Im Abgang erscheint der Zitrusfruchtcharakter recht stark.

85 PUNKTE

BLADNOCH 10-year-old, 43 Vol%, Flora und Fauna

Farbe Bernsteinfarben.

Duft Anklänge von Sherry, duftend fruchtig, zitronig.

Körper Vollmundiger und fest.

Geschmack Viele Entwicklungen von einem sherrytönigen Beginn über getreideartige Grasigkeit bis hin zu blumigen, fruchtigen Zitronennoten.

Abgang Wiederum erstaunlich energisch.

85 PUNKTE

BLADNOCH 1986, 40 Vol%, Connoisseurs Choice

Farbe Gold- bis Pfirsichfarben.

Duft Leicht nussiger Sherry. Getrocknete Zitrusfruchtschalen. Süßes Gras.

Körper Leicht, aber weich.

Geschmack Orangenwürze, Zitronen, Sirup, Sahne, Honig.

Abgang Sanfte, ingwerartige, ausgewogene Trockenheit.

86 PUNKTE

BLADNOCH 17-year-old (1980), 57,2 Vol%, Cadenhead

Farbe Gold.

Duft Grasartig, trocken, pflanzlich, zitronig.

Körper Leicht und sirupartig.

Geschmack Trocken, grasartig, laubartig. Dünn, aber etwas malzig.

Abgang Trocken, pflanzlich. (Lorbeerblätter?)

84 PUNKTE

BLADNOCH 1980, 43 Vol%, Signatory

Farbe Tiefgolden.

Duft Sehr frisch, zitronig. Fruchteis.

Körper Sirupartig.

Geschmack Geschmeidiges Malz. Saubere, frische Zitrone. Ein klassischer Bladnoch.

Abgang Pastetenähnliche, getreideartige Trockenheit.

85 PUNKTE

BLADNOCH 22-year-old (1974 destilliert, 1996 abgefüllt), 54,3 Vol%, Adelphi (Fass 282)

Farbe Tiefgolden.

Duft Etwas Zeder, grasartig, erdig, würzig.

Körper Leicht, aber geschmeidig.

Geschmack Grasartiger, pflanzlicher Unterton, trocken.

Abgang Pflanzlich, trocken. Später wurzelartig bitter.

84 PUNKTE

Andere Versionen von Bladnoch

Der auf der vorhergehenden Seite beschriebene 1986er von Connoisseurs Choice löste einen 1984er ab, der mit 40 Vol% vom gleichen Abfüller stammte. Er war ebenso zitronig, vielleicht mehr toffeeartig und saftig: ein sehr gutes Beispiel für Bladnoch als Dessertmalt. Für einen leichten Whisky reift Bladnoch recht gut. 85 PUNKTE. Ein 28 Jahre alter von Cadenhead mit 42,5 Vol% war immer noch überraschend zitronig, aber mit viel trockener Grasigkeit. 85 PUNKTE. Vom gleichen Abfüller stammte ein 34-jähriger (1958 destilliert, 1993 abgefüllt), mit 43,5 Vol%, der sehr eichentönig war, aber immer noch Malz, Vanille und Zitronennoten aufwies. 84 PUNKTE.

BLAIR ATHOL

Hersteller UDV (Diageo)
Region Highlands **Distrikt** Midlands

Adresse Pitlochry, Perthshire, PH16 5LY
Tel Besucherzentrum 00 44 / 17 96 - 48 20 03

Blair ist ein schottischer Name, der sich auf einen flachen Landstrich, oder jemanden, der von dort stammt, bezieht. Blair Castle ist die Heimat des Grafen von Atholl. Das Dorf Blair Atholl schreibt sich mit zwei, die Destillerie mit einem »l«. Die Brennerei liegt unweit von Pitlochry mit seinem bekannten Freilufttheater. Die gut geplante, wundervoll erhaltene und mit Efeu und Kletterpflanzen überwachsene Destillerie geht auf das Jahr 1798 zurück, wenngleich sie viele Male erweitert wurde. Ihr Whisky wird vielfach in den Blends der Firma Bell's eingesetzt. Auch ohne mächtigen Körper tritt der Whisky dem Sherry gut gegenüber.

Stilrichtung Von Shortbread und Ingwerkuchen umwittert. Würzig, nussig. Ein Nachmittagsmalt?

BLAIR ATHOL 8-year-old, 40 Vol%

Farbe Blassgolden.

Duft Frisch und sehr klar, mit einem Hauch Ingwer oder Shortbread.

Körper Leicht bis mittelschwer.

Geschmack Trockener Beginn. Aromatisch. Ein Hauch von Karamell und Ingwer.

Abgang Ein bisschen mehr Ingwer in seinem ansonsten runden und geschmeidigen Abgang.

75 PUNKTE

BLAIR ATHOL 12-year-old, 43 Vol%, Commemorative Limited Edition
Eine Version mit viel stärkeren Sherrytönen.

Farbe Sehr tief. Orangenlikör.

Duft Sehr komplex. Duftig, kandierte Orangenschale, getrocknete Früchte, Zimt.

Körper Mittelschwer, seidig.

Geschmack Walnüsse, süßlich. Kuchenartig. Etwas Sirup und Melasse.

Abgang Sehr geschmeidig, rund, besänftigend, leicht rauchig.
Sehr niveauvoll für sein Alter. Blair Athol reift schnell und gewinnt dabei an Wohlgeschmack, Süße, Reichhaltigkeit, Würze, Komplexität und Länge. Der Sherry dient als Emulgator für die einzelnen Geschmacksnoten.

77 PUNKTE

BLAIR ATHOL 18-year-old, 56,7 Vol%, Bicentenary Limited Edition

Farbe Tief pfirsichfarbenes Bernstein (nicht so dunkel wie der 12-jährige).

Duft Sehr delikate, raffinierte Orange und Zimt.

Körper Mächtiger und fest.

Geschmack Datteln, Rosinen, getrocknete Feigen, saftiger Kuchen, Butter.

Abgang Toastartig, wie die leicht angebackene Kruste eines Kuchens.

78 PUNKTE

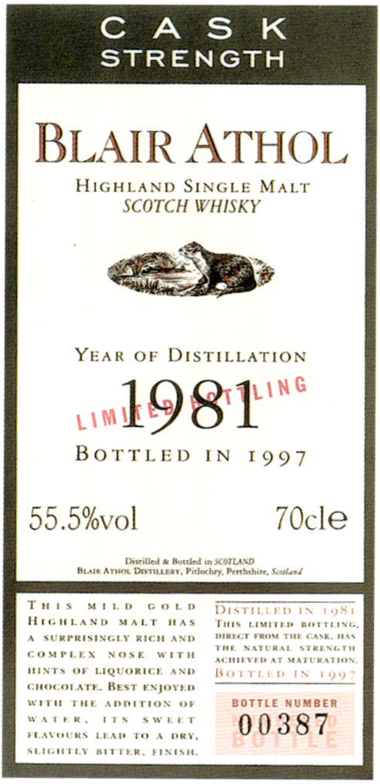

BLAIR ATHOL 1981 (1997 abgefüllt), 55,5 Vol%, Fassstärke
Limitierte Abfüllung

Farbe Tiefes, strahlendes Orangerot.

Duft Eichentöniger und rauchiger, aber appetitanregend.

Körper Mittelschwer, fest, geschmeidig.

Geschmack Delikates, reines Toffee. Fest, leicht kernig. Schwarzer Sirup. Lebhaft. Anklänge von Banane, Orange und Zitrone. Etwas duftige Rauchigkeit.

Abgang Ingwer, geröstete Eiche.

78 PUNKTE

BLAIR ATHOL 1973, 55 Vol%, Signatory, Fassstärke

Farbe Weißwein.

Duft Leicht rauchig, leicht fruchtig.

Körper Leicht bis mittelschwer. Strukturiert.

Geschmack Zitronig, sirupartig, leicht rauchig.

Abgang Dafür, dass es im Geschmack an Komplexität mangelt, ist der Abgang recht lang. Blumiger und fruchtiger Beginn, mit einem Hauch fast reifer Pfirsiche oder Dessertäpfel. Entwicklung zu Buttershortbread. Dann ein später, überraschender Hauch von wärmendem Ingwer.

74 PUNKTE

BOWMORE

Hersteller Morrison Bowmore (Suntory)
Region Islay **Distrikt** Loch Indaal

Adresse Bowmore, Islay, Argyll, PA34 7JS **Tel** Besucherzentrum 00 44/14 96 - 81 04 41
Internet www.morrisonbowmore.co.uk

Der Ort Bowmore ist die »Hauptstadt« von Islay und die bekannte Destillerie ist zu Recht ein beliebter Anziehungspunkt für Besucher. Die 1779 gegründete Destillerie ist in wunderbarem Zustand und sollte nicht mit der örtlichen Schule, die ebenfalls dekorative Pagoden besitzt, verwechselt werden. Sowohl geographisch als auch geschmacklich rangieren die Whiskys von Bowmore zwischen den intensiven Malts von der Südküste und ihren milden Gegenparts im Norden der Insel. Ihr Charakter ist kein Kompromiss, sondern ein Rätsel von kaum zu erfassender Komplexität. Das Wasser entspringt in eisenhaltigem Gestein und nimmt auf seinem Weg zur Destillerie Geschmack von Torf, Moos, Farnen und Schilfrohr auf. Die Brennerei betreibt ihre eigene Malzdarre – der Torf wird vor dem Verfeuern zerbröckelt, damit er mehr Rauch als Hitze abgibt. Das Malz wird außerdem viel kürzer getorft als bei den intensiveren Islay Whiskys. 30 Prozent des Whiskys werden in Sherryfässern ausgereift. Da die Destillerie mehr als andere den Westwinden ausgesetzt ist, wird die Komplexität der Aromen von mehr Sauerstoff bestimmt.

Stilrichtung Rauchig, mit laubartigen Noten (Farnkraut?) und Seeluft. Jüngere als Aperitif, ältere als Digestif.

In diesem kupferbedeckten Maischebottich verbinden sich die selbst gemälzte Gerste und torfhaltiges Inselwasser.

BOWMORE Legend, keine Altersangabe, 40 Vol%

Eine leichte, junge Version, in manchen Märkten als 8-jähriger deklariert.

Farbe Tiefgolden.

Duft Torfig, rauchig, sehr appetitanregend.

Körper Leicht, strukturiert.

Geschmack Fest, ein Hauch Eisen, Farnkraut, Torf. Erdig süß. Vereinzelte Geschmacksnoten. Ein frischer, junger Whisky, aber ohne Spritigkeit.

Abgang Süß, dann salzig.

80 PUNKTE

BOWMORE 12-year-old, 43 Vol%

Farbe Bernsteinfarben.

Duft Mehr Salz, Seetang und Rauch als mit zehn Jahren.

Körper Mittelschwer, leicht sirupartig.

Geschmack Anhaltende Sherrysüße. Gewürze, Heidekraut, Seetang und Salz. Sehr komplex mit vielerlei Geschmacksentfaltungen.

Abgang Bemerkenswert lang und salzig.

87 PUNKTE

BOWMORE Fassstärke, keine Altersangabe, 56 Vol%

Ein Vatted aus jungen Malt Whiskys.

Farbe Sonniges Goldgelb.

Duft Seeluft, Getreideöl, Nüsse, malzige Süße, Sirup, duftig.

Körper Mittelschwer, solide und geschmeidig.

Geschmack Erdige Trockenheit. Einige Verkoster fanden »nasse Wolle«, andere Karbol. Lebhaft. Die Geschmacksnoten sind nicht gut integriert.

Abgang Orangenschalen, Laub, Farnkraut, Torf.

81 PUNKTE

BOWMORE Darkest, keine Altersangabe, 43 Vol%

Farbe Attraktiv, tief bernsteinfarben bis Gelbbraun.

Duft Rauchig, blumig, hanfartig, Seeluft. Frisch, delikat, appetitanregend.

Körper Mittelschwer bis schwer. Glänzend.

Geschmack Parfümartiger Beginn, blühende Korinthe, nussig, trockene, sirupartige Malzigkeit.

Abgang Geschmeidig, polierter Stein. Hartes, salziges Lakritz.

91 PUNKTE

BOWMORE Mariner, 15-year-old, 43 Vol%

Farbe Tiefgolden bis bernsteinfarben.

Duft Frisches Leder, Farnkraut, kraftvolle Seeluft, bemerkenswert trocken.

Körper Mittelschwer bis schwer, fest, geschmeidig.

Geschmack Sauber, geschmeidig, glänzende Malzigkeit. Süße Sherrynoten. Entwicklung zu knackigem Laub, dann Seesalz.

Abgang Süße, fruchtige Malzigkeit wird zu appetitanregendem Seesalz.

87 PUNKTE

Eine 15-jährige Abfüllung als Bowmore Bicentenary war fruchtiger, mit einem Korinthenblütenakzent. 87 PUNKTE

BOWMORE 17-year-old, 43 Vol%

Farbe Kräftiges Gold bis Bronze.

Duft Aromatisch. Nussiges Malz. Rauchig. Medizinischer Islay-Charakter.

Körper Leicht bis mittelschwer, geschmeidig, fest.

Geschmack Rund, fest, malzig, sahnige Trockenheit. Dicht miteinander kombinierte Geschmacksnoten.

Abgang Nach Laub, Farnkraut, Malz, Sand, Rauch. Leicht scharf.

86 PUNKTE

BOWMORE 21-year-old, 43 Vol%

Farbe Tiefgolden bis rötlich-bernsteinfarben.

Duft Sehr aromatisch, duftig, deutlich rauchig, Laubfeuer.

Körper Mittelschwer bis schwer, weich, malzig, honigartig.

Geschmack Klares, honigtöniges Malz, Entwicklung zu Lavendel und Korinthenblüten. Sehr kräftig aromatisch, komplex und gut ausgewogen.

Abgang Lebhaft, schnell, Vanillesüße und Seeluft.

90 PUNKTE

BOWMORE 25-year-old, 43 Vol%

Farbe Blasses Bernstein.

Duft Liebliche, appetitanregende Ausgewogenheit von Gerstensüße, Malzigkeit, süßem Laubfeuer und frischer Seeluft. Lang.

Körper Vollmundig, fest, rund.

Geschmack Leicht, aber deutlich ölig, nussig und marzipanartig.

Abgang Leichter, lang anhaltender Beginn, geröstete, salzige Nüsse, Seeluft. Später Erdnusstoffee-Charakter.

89 PUNKTE

BOWMORE 30-year-old, 43 Vol%

Farbe Blasses Bernstein.

Duft Klare, trockene Malzigkeit und appetitanregende duftende Rauchigkeit.

Körper Leicht bis mittelschwer, sehr geschmeidig.

Geschmack Weich, heidekrautartig, sehr komplex und würzig, viel Lavendel.

Abgang Überraschend lebendige Lakritze und Anissamen.

88 PUNKTE

BLACK BOWMORE 1964, 50 Vol%

Farbe Ungewöhnlich dunkel. Rötliches Braun, mit einer Tönung von schwarzen Oliven.

Duft Viel Sherry, keine übermäßige Eichentönigkeit. Erdig, rauchig, medizinisch.

Körper Mittelschwer, fest.

Geschmack Sehr süße Sherrynoten, eichentönig, erdig, torfig. Erstaunlich blumig. Süß und trocken zugleich. Mit einem Schuss Wasser eröffnet sich endlose Komplexität.

Abgang Hustensaft, Lakritze. Sehr mächtig und extrem lang.

90 PUNKTE

BOWMORE 40-year-old, 42 Vol%

Zwanzig Jahre in einem first-fill Oloroso Sherry Hogshead gelagert, dann noch einmal zwanzig Jahre in einem Fass aus amerikanischer Eiche.

Farbe Tiefgolden.

Duft Kräuterartig, Seeluft.

Körper Leicht, fest, geschmeidig.

Geschmack Malzig, frische Kiefernzapfen, Beifuß, kräuterartig.

Abgang Erstaunlich lebhaft. Lakritze und Anissamen. Wurzelartig, Farnkraut, Gras, Zitronengras, Zitrone, Zitronenmark. Sehr lang.

91 PUNKTE

BOWMORE 1974, 49,2 Vol%, Signatory

Farbe Helles Schlüsselblumengelb.

Duft Malzig, toffeeartig, hartes Toffee, steinig, laubartig.

Körper Leicht auf der Zunge, geschmeidig.

Geschmack Leichte, malzige Trockenheit, Farnkraut, Laub, geschnittenes Gras, Heu, etwas Schwefel.

Abgang Leicht, trocken, eichentönig, salzig, Seeluft.

80 PUNKTE

BRACKLA

Hersteller Dewar's (Bacardi)
Region Highlands **Distrikt** Speyside (Findhorn Valley)

Adresse Royal Brackla Distillery Cawdor, Nairn, Inverness-shire, IV12 5QY
Tel 00 44 / 16 67 - 40 20 02

DIE DESTILLERIE WURDE ERST KÜRZLICH von Dewar's übernommen. Bisher wurde noch keine Abfüllung von Brackla als Single Malt auf den Markt gebracht. Die Destillerie, 1812 gegründet, liegt in Cawdor, unweit von Nairn. 1835 war Brackla die erste Brennerei, die eine königliche Vollmacht erhielt. Brackla wurde zweimal umgebaut und 1970 erweitert. Eine Flora-und-Fauna-Abfüllung kam 1993/94, eine Rare Malts Edition 1998 auf den Markt.

Stilrichtung Fruchtig, reinigend, manchmal mit einem trockenen, scharfen Abgang. Belebend oder als pousse-café.

ROYAL BRACKLA 10-year-old, 43 Vol%, Flora und Fauna

Farbe Blassgolden.

Duft Rauchig, leicht schwefelig, geröstete Melasse.

Körper Mittelschwer, auf der Zunge trocken.

Geschmack Malzig, süß, dann kräftig und fruchtig bis würzige Noten.

Abgang Zedernartig, rauchig.

74 PUNKTE

ROYAL BRACKLA 1979, 43 Vol%, Signatory

Farbe Sehr blasser Weißwein.

Duft Leicht, süß, fruchtig, melonenartig.

Körper Leicht sahnig.

Geschmack Erfrischend, klar, weich, Dessertäpfel und Honigtau, Sahne.

Abgang Schwach, trocken, etwas nach Zedern.

69 PUNKTE

Ein 1975er des gleichen Abfüllers, mit 58,6 Vol%, war wesentlich eindrucksvoller, mit einer appetitanregenden Ausgewogenheit von zurückhaltender Frucht und gewaltiger Würze. 75 PUNKTE.

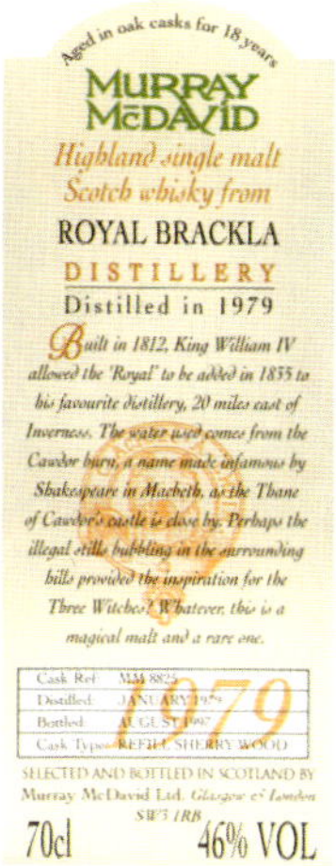

Royal Brackla 1979, 46 Vol%, Murray McDavid

Farbe Blassgolden.

Duft Honigmelone, blumig, duftig.

Körper Mittelschwer, auf der Zunge trocken.

Geschmack Sahnige, aber sehr leichte Aromen, Apfel, Melone. Süßlich. Erfrischend und belebend.

Abgang Leicht, Dessertäpfel.

72 PUNKTE

ROYAL BRACKLA 20-year-old, 59,8 Vol%, Rare Malts

Farbe Strahlendes Gold.

Duft Blumig, melonenartig, ingwerartig.

Körper Reichhaltig, sirupartig.

Geschmack Sehr süß, Honig, Anis.

Abgang Wärmend, später Angelika, Pfeffer, zedernartige Trockenheit.

75 PUNKTE

ROYAL BRACKLA 1974, 40 Vol%, Connoisseurs Choice

Farbe Strahlendes Gold.

Duft Melone, blumig.

Körper Mittelschwer, sahnig.

Geschmack Leicht, ölig, blumig, melonenartig.

Abgang Angelika, Pfeffer, zurückhaltend, wärmend.

74 PUNKTE

BRAEVAL

Hersteller Chivas (Seagram)
Region Highlands **Distrikt** Speyside (Livet)

Adresse Chapelton, Ballindalloch, Banffshire, AB37 9JS

URSPRÜNGLICH ALS »BRAES OF GLENLIVET« BEZEICHNET. Brae ist ein schottisch-gälisches Wort für Berg oder Steilhang. Die Destillerie liegt vor dem Hintergrund eines mächtigen Bergrückens, hoch über einem Bach, der in den Livet mündet. Sie wurde erst 1973/74 erbaut und 1975 bzw. 1978 erweitert. Um Verwechslungen mit »The Glenlivet« zu vermeiden, die unter der gleichen Leitung steht, wurde der Name der Brennerei geändert. Ihr Whisky ist als Komponente für den Blend Chivas Regal vorgesehen.

Stilrichtung Leicht, süß, honigartig, mit einem würzigen Abgang. Als Aperitif.

BRAES OF GLENLIVET 21-year-old (1977), Madeira Wood, 43 Vol%

Farbe Sonniges, tiefes Gold.

Duft Toffee, Honig, Orangenaromen.

Körper Mittelschwer, leicht kernig.

Geschmack Weich, honigartig, sahnig, Orangenaromen. Klar.

Abgang Weinartig, würzig, ingwerartig.

77 PUNKTE

Andere Versionen von Braeval

Ein 10 Jahre alter Braes of Glenlivet mit 43 Vol%, von Masters of Malt, ist weißweinfarben; von fruchtiger, honigartiger Blumigkeit und einem Hauch Torf. 76 PUNKTE. Ein 1987er Braes of Glenlivet mit 10 Jahren und 61,7 Vol% von Cadenhead ist weißweinfarben; mit frischem, blumigem Duft; einem leichten Körper; einem honigartigen Geschmack, mit Anklängen von Butter und einem ingwerartigen Abgang. 75 PUNKTE. Ein 1979er Braes of Glenlivet mit 58,1 Vol% von Signatory ist tief bernsteinfarben, mit fruchtig-blumigem Duft und einem Hauch Torf; mit toffeeartigem Geschmack und einem fruchtig-eichentönigen Abgang. 76 PUNKTE.

BRUICHLADDICH

Hersteller JBB
Region Islay **Distrikt** Loch Indaal

Adresse Bruichladdich, Islay, Argyll, PA49 7UN

In der Stille von Bruichladdich stießen Dampfwolken in den Himmel, als dort vor kurzem mit der Produktion eines für diese Brennerei ungewöhnlich torfigen Malts experimentiert wurde. Als »Die Schönheit am Loch« wurde Schottlands westlichste Destillerie von Einheimischen immer bezeichnet. Bruichladdich (»Brook Laddie« ausgesprochen) liegt an der Nordküste von Loch Indaal. Das Wasser für die Produktion steigt aus mit Eisen durchsetztem Stein auf und fließt über Torf. Da die Brennblasen über lange Hälse verfügen, kann trotzdem ein relativ leichter und reiner Alkohol gewonnen werden. Im Gegensatz zu den anderen Islay-Destillerien liegt Bruichladdich nicht direkt an der See. Die Brennerei wurde 1881 gegründet, 1886 umgebaut und blieb trotz einer Erweiterung 1975 weitestgehend unverändert. Einige unabhängige Abfüller haben den Whisky als Lochindaal bezeichnet. Eine ruinenhaft erhaltene, gleichnamige Destillerie lag einige Meilen westlich von Port Charlotte.

Stilrichtung Leicht bis mittelschwer, fest, salzig, mit einem Hauch von Passionsfrucht. Für jede Gelegenheit oder als Aperitif.

BRUICHLADDICH 10-year-old, 40 Vol%

Farbe Blassgolden.

Duft Sehr blumig, nach Heidekraut, leicht seetangartig, betont salzig.

Körper Leicht bis mittelschwer, geschmeidig und fest.

Geschmack Zu Beginn fest und trocken, mit einer Spur Eisen. Leicht ölig und ein Hauch von Torf. Entwicklung zu malzig und süß, mit einem Hauch Heidekraut. Sehr schwach spritig.

Abgang Lang, mit einer ganzen Bandbreite von subtilen Aromen.

77 PUNKTE

LOCHINDAAL 10-year-old, 43 Vol%

Ein Bruichladdich von einem unabhängigen Abfüller nach Loch Indaal benannt.

Farbe Tiefes Gelbgold.

Duft Sehr trocken, holzig, korkartig, medizinisch.

Körper Leicht, aber geschmeidig.

Geschmack Süßliche Vanille, Eiche, holzig, korkartig, jodtönig.

Abgang Blumig, nach Seetang und Pfeffer.

76 PUNKTE

Ein 17-jähriger Loch Indaal, von Masters of Malt abgefüllt, ist grünlich-golden; sauber medizinisch, mit einem salzigen Abgang. 77 PUNKTE

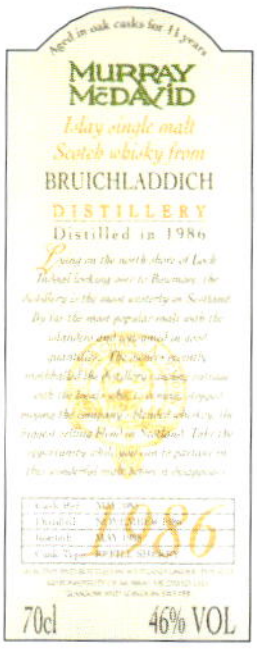

BRUICHLADDICH 1986, 46 Vol%, Murray McDavid

Farbe Blassgolden.

Duft Feiner Torfrauch und nach Seebrisen.

Körper Leicht mit fester Malzigkeit.

Geschmack Ein Hauch von Passionsfrucht. Später duftige Rauchigkeit und eine Spur Seetang.

Abgang Trocken mit einem Hauch von Passionsfrucht.

78 PUNKTE

BRUICHLADDICH 12-year-old, 57,5 Vol%, Adelphi (Fass 660)

Farbe Strahlendes Gold.

Duft Leicht torfig.

Körper Geschmeidig, malzig.

Geschmack Leicht fruchtig, grasartig, torfig. Fällt zum Ende hin schnell ab.

Abgang Verspätete Explosion von Pfeffer und Seetang.

77 PUNKTE

Eine Abfüllung von Scott's Selection des gleichen Jahrgangs, mit 57,2 Vol%, war weicher, süßer und fruchtiger. 76 PUNKTE.

BRUICHLADDICH 15-year-old, 40 Vol%

Farbe Altgold.

Duft Intensiv trockener nach Blumen, Seetang und Salz.

Körper Fest, geschmeidig, leicht ölig.

Geschmack Nach Blumen, Seetang und Salz. Aromen sehr schön kombiniert und abgerundet. Ein schmackhafter und genussreicher Malt, der von den fünf Jahren zusätzlicher Lagerzeit eindeutig profitiert hat.

Abgang Lang, wärmend, salzig.

78 PUNKTE

BRUICHLADDICH 21-year-old, 43 Vol%

Farbe Tiefgolden.

Duft Intensiv, komplex, appetitanregend.

Körper Mittelschwer, sehr fest.

Geschmack Alle Aromen treten verstärkt in den Vordergrund. Üppiges Malz im Mittelteil, das sich zu kraftvollem Salzgeschmack entwickelt. Ein sanfter Whisky und im Hinblick auf sein Alter überraschend wenig holzig.

Abgang Komplex, salzig, trocken, appetitanregend.

79 PUNKTE

BRUICHLADDICH 26-year-old, 45 Vol%, Stillman's Dram

Farbe Tiefgolden bis bernsteinfarben.

Duft Würzig (einige Verkoster fanden Muskatblüte), fruchtig, sherrytönig, Eiche und Seeluft.

Körper Mittelschwer, sehr geschmeidig.

Geschmack Leicht eichentönig, malzig, salzig, Passionsfrucht und Sherrysüße. Die Aromen sind eng miteinander verknüpft.

Abgang Leicht geröstete Eiche, Seetang, Salz und Pfeffer.

77 PUNKTE

Andere Versionen von Bruichladdich

Ein 25-jähriger, mit 53,8 Vol%, von Cadenhead, ist blumig und komplex. 78 PUNKTE. Ein 1968er mit 52,9 Vol%, aus Signatory's 10th Anniversary Serie, ist sherrytönig, malzig, salzig, mit deutlich rauchigem Aroma im Abgang. 79 PUNKTE. Ein 1965er mit 53,5 Vol% von Gordon & MacPhail ist noch sherrytöniger mit viel Eiche und Rauch. 78 PUNKTE.

BUNNAHABHAIN

Hersteller Highland Distillers
Region Islay **Distrikt** North Shore

Adresse Port Askaig, Islay, Argyll, PA46 7RP **Tel** 00 44 / 14 96 - 84 06 46
Internet www.blackbottle.com

UNTER DEN ISLAY MALTS ist Bunnahabhain (»Bunna'-havn« ausgesprochen, was etwa »Mündung des Flüßchens« bedeutet) mit Abstand der leichteste im Geschmack. Sein Körper ist von deutlicher, leichter Öligkeit, mit einem schwachen, nussigen Hauch von Torf, einer Spur Seeluft und einem Charakter, der auf seine eigene leise Art unverkennbar ist. Die Gebäude der Destillerie, die 1881 gegründet und 1963 erweitert wurde, sind um einen Hof herum angeordnet. Das in der Destillerie verwendete Wasser steigt aus Kalkstein auf und wird durch eine Pipeline herangeführt. Unterwegs kann es also keinen Torf mehr aufnehmen. Die Brennblasen sind groß und werden in der Whiskyindustrie als »zwiebelförmig« beschrieben. Der Whisky spielt in den Blends von Cutty Sark eine große Rolle und vor kurzem hat Bunnahabhain seine Stellung in »Black Bottle«, einem aus allen Islay Malts bestehenden Blend, betont.

Stilrichtung Frisch, süßlich, nussig, kräuterartig, salzig. Als Aperitif.

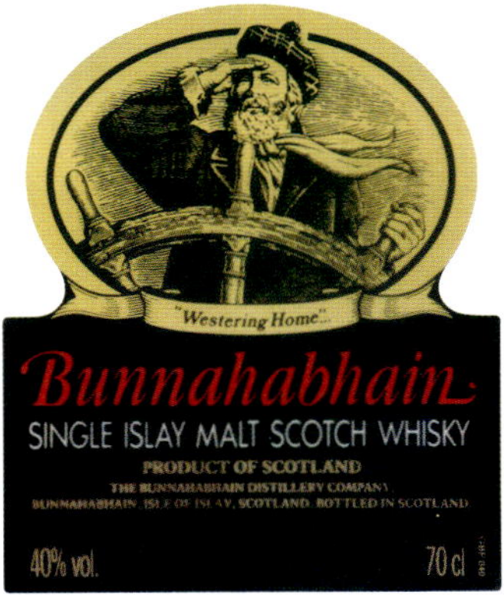

BUNNAHABHAIN 12-year-old, 40 Vol%

Farbe Gold.

Duft Bemerkenswert frisches, süßes Seeluftaroma.

Körper Leicht bis mittelschwer, fest.

Geschmack Sanfte, klare, nussig-malzige Süße.

Abgang Eine umfassende Entwicklung von Aromen.

77 PUNKTE

BUNNAHABHAIN 1968, 40 Vol%, The Family Silver

Farbe Attraktive blasse Walnuss.

Duft Duftend nach Seeluft und poliertem Holz.

Körper Fest, sahnig.

Geschmack Tiefe blumige Nussigkeit und sahnige Aromen.

Abgang Angenehm neckende, subtile Nussigkeit und sanfte salzige Seeluft.

79 PUNKTE

BUNNAHABHAIN 1963, 43 Vol%

Farbe Tiefes, glänzendes Gold.

Duft Etwas salziger als der 1968er.

Körper Fest, leicht sahnig.

Geschmack Voller Aromen. Wunderbare Ausgewogenheit zwischen zurückhaltenden Eichentönen, Nüssen und Salz.

Abgang Mandelartig, salzig. Schwache Anklänge von essbarem Seetang, wie der in japanischen Snacks.

80 PUNKTE

Andere Versionen von Bunnahabhain

Ein Gordon & MacPhail von 1988, mit 40 Vol%, zeigt den Destilleriecharakter mit toastartigen und ingwermarmeladenartigen Sherrynoten. Ein Vorschlag als Frühstückswhisky für wahrhaft Dekadente. 77 PUNKTE. Ein Signatory 1980, mit 43 Vol% ist grasartiger, mit etwas Torf und wenig Seetang. 76 PUNKTE. Ein 1977er, mit 55,6 Vol% desselben Abfüllers ist reichlich sherrytönig und nussig, mit später Salzigkeit. 78 PUNKTE. Ein Murray McDavid von 1979 (1996 abgefüllt), mit 46 Vol%, ist leicht und blumig, mit sehr frischer Seeluft. 76 PUNKTE.

CAOL ILA

Hersteller UDV (Diageo)
Region Islay **Distrikt** Nordküste

Adresse Port Askaig, Islay, Argyll, PA46 7RL
Tel 00 44 / 14 96 - 84 02 07 Destillerie-Shop

Seine Qualitäten als Single Malt sind bei Kennern hoch geschätzt und offensichtlich haben die Destilleriebesitzer das jetzt erkannt. Seit einigen Jahren ist er leichter zu bekommen. Der Name, »kull-ihla« ausgesprochen, bedeutet »Meeresenge von Islay«. Die Destillerie liegt in einer kleinen Bucht nahe Port Askaig. Die großen Fenster des Destillationshauses überblicken die Meeresenge, über die eine kleine Fähre zur Nachbarinsel Jura fährt. Hinter der Destillerie erhebt sich eine mit Fingerhut und wilden Rosen bedeckte Hügelkette, die zu einem torfigen See aufsteigt, in dem sich das verwendete Wasser sammelt. Aus Kalkgestein kommend, ist es recht salzig und mineralhaltig. Die Brennerei wurde 1846 gebaut, 1879 wiederhergestellt und in den 70er Jahren modernisiert. Ihr Whisky war Bestandteil von Johnnie Walker Swing, Bell's sowie über viele Jahre von den Exportblends von Bulloch and Lade.

Stilrichtung Ölig, olivenähnlich, nach Wacholder.
Ein wundervoller Aperitif.

CAOL ILA 12-year-old, 40 Vol%, Bulloch-and-Lade-Abfüllung

Farbe Blasser Weißwein.

Duft Torfig, nach Seetang und Früchten.

Körper Leicht, aber sehr fest, schwach sirupartige Entwicklung.

Geschmack Torfig, pfeffrig, würzig, olivenähnlich.

Abgang Pfeffrig, wärmend.

77 PUNKTE

CAOL ILA 15-year-old, 43 Vol%, Flora und Fauna

Farbe Fino Sherry, hell.

Duft Komplex, aromatisch.

Körper Leicht, sehr fest, geschmeidig.

Geschmack Runder, mit gut kombinierten Aromen.

Abgang Ölig und wärmend genug, um draußen auf See zu sein.

80 PUNKTE

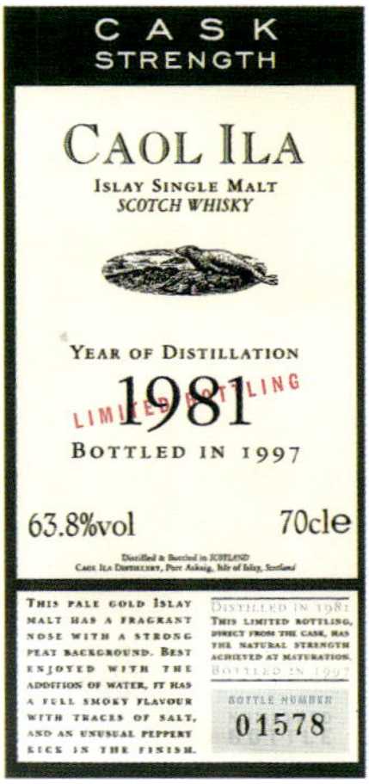

CAOL ILA 1981 (1997 abgefüllt), 63,8 Vol%, Fassstärke

Farbe Strahlendes Limonengelb.

Duft Torfrauch, Wacholderbeere, Seetang. Sehr appetitanregend.

Körper Fest, ölig.

Geschmack Ölig, nach Wacholderbeere. Später torfige Trockenheit.

Abgang Wunderbar lang und wärmend.

82 PUNKTE

CAOL ILA 20-year-old (1996 abgefüllt), 57,9 Vol%, Edition zum 150-jährigen Jubiläum der Destillerie

Farbe Orange.

Duft Süß nach Seetang, Wacholderbeere, Kiefernzapfen.

Körper Mittelschwer, geschmeidig, rund.

Geschmack Enorm komplex und eindrucksvoll. Nussig, appetitanregend nach Seetang, Pfeffer und Salz. Eng ineinander verflochtene Aromen. Wunderbar ausgewogen.

Abgang Sherry, geröstete Eiche, Seetang, Zitronenschale, Pfeffer.

85 PUNKTE

CAOL ILA 20-year-old, 61,3 Vol%, Rare Malts

Farbe Tiefes, grünliches Gold.

Duft Kraftvoll aromatisch. Geröstete Paprikaschoten, Oliven, Salz.

Körper Mittelschwer, jedoch sanft, ölig und besänftigend.

Geschmack Ölig, nach gerösteten Paprikaschoten, Oliven, Zitronensaft.

Abgang Trocken, nach Wacholderbeere, Weinblättern und Stielen, intensiv.

82 PUNKTE

CAOL ILA 21-year-old, 61,3 Vol%, Rare Malts

Farbe Attraktives, schwaches hintergründiges Gold.

Duft Sehr frisch nach Seeluft.

Körper Mittelschwer, ölig, geschmeidig.

Geschmack Erstaunlich frisch. Mehr Seeluft. Beinahe ein sandiger Geschmack von frischem Seetang. Süß und trocken, olivenartig.

Abgang Gewaltig, lang, ausdrucksvoll. Rauchig. Appetitanregend. Eichentönige Trockenheit.

82 PUNKTE

Einige unabhängige Abfüllungen von Caol Ila

SCOTCH MALT WHISKY SOCIETY, 8-year-old (1989 destilliert, 1998 abgefüllt), 60,4 Vol%, Fass 53.34

Farbe Blassgolden.

Duft Mächtig, aromatisch, nach Seife und Seetang, trocken und appetitanregend.

Körper Leicht, fest.

Geschmack Ölig, nach Oliven und gebackenen Auberginen. Sinnliche, robuste Jugend.

Abgang Energisch rauchig, teerartig und pfeffrig.

78 PUNKTE

Eine Abfüllung des gleichen Jahrgangs, ebenso 8-jährig und mit Fassstärke, von Cadenhead, war sehr ähnlich, vielleicht etwas eichentöniger. 78 PUNKTE. Ein Dritter, jedoch mit 46 Vol%, von Murray McDavid, war von sahniger Öligkeit und fruchtiger. 77 PUNKTE.

CAOL ILA 1981, 62,7 Vol%, Gordon & MacPhail Cask Edition

Farbe Helles, grünliches Gold.

Duft Seetangartig, appetitanregend.

Körper Leicht, fest.

Geschmack Trocken, klassische Wacholderbeere, sandig. Leicht dünn.

Abgang Knackige Wucht von Seetang und Pfeffer.

80 PUNKTE

Die Version mit 40 Vol% des gleichen Abfüllers von 1981 hatte mehr Sherry, Laub, Tabak und Torf. 77 PUNKTE. Ein 1982er mit 43 Vol%, von Signatory, war recht fahl, aber wiederum sehr tabakartig. 77 PUNKTE.

CAOL ILA 21-year-old (1976 abgefüllt), 58,1 Vol%, Adelphi (Fass 8093)

Farbe Helles, grünliches Gold.

Duft Frisch, grasartig, nach Seeluft. Ein Spaziergang auf den Dünen.

Körper Fest, leicht ölig.

Geschmack Süß, grasartige Malzigkeit, die sich zu sanfter Seeluft und Seetang entwickelt.

Abgang Süßlich, später nach Tabak.

79 PUNKTE

Ein 1974er (1995 abgefüllt) mit 46 Vol%, von Murray McDavid, ist fruchtig, wacholderbeerenartig, mit einem öligen Abgang und von großer Finesse. 81 PUNKTE. Ein 1974er mit 60,4 Vol%, von Signatory, ist ebenso sehr ölig, süßlich und mit viel Seeluft und Stechginster und einem appetitanregenden pfeffrigen Abgang. 80 PUNKTE.

CAPERDONICH

Hersteller Chivas (Seagram)
Region Highlands **Distrikt** Speyside (Rothes)

Adresse Rothes, Morayshire, AB38 7BN

CAPERDONICH IST DER PARTNER der bekannten Glen-Grant-Brennerei. Beide Destillerien gehören dem gleichen Unternehmen und liegen sich in der Whiskystadt Rothes direkt gegenüber. Die kleine Stadt am Spey verfügt über fünf Brennereien. Caperdonich wurde 1898 gegründet, 1965 um- und 1967 ausgebaut. Von Beginn an war sie die Nummer zwei nach Glen Grant. In ihren jungen Jahren sind die Malts beider Destillerien leicht und duftig im Bouquet, von mittelschwerem Körper und nussigem Geschmack. Dabei ist Caperdonich vielleicht einen Hauch fruchtiger und etwas rauchiger. Er ist auch ein Bestandteil von Chivas Regal Blend. Chivas scheint in jüngster Zeit eine straffe Kontrolle über seine Malt-Lager zu haben. Obwohl einige unabhängige Abfüllungen von Caperdonich auf dem Markt sind, sind diese nur aus älteren Jahrgängen. Einige Whiskyliebhaber werden ihn wegen seiner übermächtigen Eichentönigkeit ablehnen; andere werden ihn für seinen Sherry und seine Stärke lieben.

Stilrichtung Getrocknete Früchte, rauchig. Digestif.

CAPERDONICH 1977, 57 Vol%, Cadenhead

Farbe Bemerkenswert tief. Granatrot.

Duft Fruchtig, deutlich nach Rosinen, Gewürznelke. Sehr trocken.

Körper Fest, geschmeidig.

Geschmack Getrocknete Früchte, Brandy, holzig, rauchig.

Abgang Würzig, ingwerartig, eichentönig, extrem rauchig.

75 PUNKTE

SCOTCH MALT WHISKY SOCIETY, 31-year-old (1967 destilliert, 1998 abgefüllt), 48,8 Vol%, Fass 38.6

Farbe Kastanie bis Mahagoni.

Duft Rauchiger, eichentöniger, aber immer noch nach Rosinen.

Körper Mittelschwer, fest, wirklich sehr weich.

Geschmack Hartes Siruptoffee, Feigen, Sherry.

Abgang Hustensaft.

75 PUNKTE

CAPERDONICH 1966, 53,4 Vol%, Signatory Cask Strength

Farbe Granat- bis Rubinrot.

Duft Fruchtiger, wieder Rosinen und Datteln.

Körper Mittelschwer bis schwer, rund.

Geschmack Datteln, Feigen, besänftigend medizinisch.

Abgang Schmackhaft, dann eichentönig und rauchig.

76 PUNKTE

Frühere Versionen von Caperdonich

Ein 14-jähriger von Cadenhead, mit 60,5 Vol%, seit 1994 erhältlich, war fahler, aber von Holzigkeit unberührt. 75 PUNKTE. Eine Connoisseurs-Choice-Abfüllung von 1968, mit 40 Vol%, die etwa zur gleichen Zeit auf den Markt kam, war fruchtig und kokosnussartig. 73 PUNKTE.

CARDHU

Hersteller UDV (Diageo)
Region Highlands **Distrikt** Speyside

Adresse Aberlour, Banffshire, AB38 7RY
Tel Besucherzentrum 00 44/13 40 - 87 25 55

Elisabeth Cumming, eine der zahlreichen Frauen, die eine Schlüsselrolle in der Industrie spielten, baute diese Destillerie 1872 um (damals war die Brennerei mindestens ein halbes Jahrhundert alt). Lange Zeit war ihre Familie mit dem Schicksal des Johnnie Walker Blends verknüpft. Cardhu bildete den weichen Kern dieses Blends. Vor einigen Jahren war ein Mitglied der Familie Cumming an der Einführung eines Cardhu als Single Malt beteiligt. 1998 wurde eine Rare Malts Edition veröffentlicht. Gelegentlich findet man unabhängige Abfüllungen, die manchmal auf frühere Schreibweisen des Namens zurückgreifen. Cardhu liegt an einer Hügelkette nahe des Spey, im Herzen des »Whiskylandes«.

Stilrichtung Leicht, geschmeidig, süßlich, delikat.
Ein Whisky für jede Gelegenheit.

CARDHU 12-year-old, 40 Vol%

Farbe Blass.

Duft Leicht, appetitanregend, Anklänge von Reineclaude und Rauch.

Körper Leicht und geschmeidig.

Geschmack Leichte bis mittelschwere Aromen, mit der Betonung auf malziger Süße und Vanille.

Abgang Eine lang anhaltende sirupartige Süße, aber auch eine runde Trockenheit mit schwachen Spuren von Torf.

72 PUNKTE

Andere Versionen von Cardhu

Der Rare Malt mit einem Alter von 25 Jahren (1973 destilliert) und 60,5 Vol% ist reicher an marshmallowartiger Malzigkeit, kandierter Frucht und einem Hauch Mandarine im Abgang. 76 PUNKTE.

CLYNELISH

Hersteller UDV (Diageo)
Region Highlands **Distrikt** North Highlands

Adresse Brora, Sutherland, KW9 6LR **Tel** Besucherzentrum 00 44/14 08 - 62 30 00

EIN KLASSISCHER KÜSTENMALT mit leichtem »Insel-Charakter«. Clynelish liegt in dem bei Anglern und Golfern beliebten Ort Brora, nachdem auch die gleichnamige, 1819 durch die Marquess von Stafford gegründete Destillerie benannt wurde. Gegenüber wurde die Nachfolgedestillerie Clynelish errichtet. Zwischen den späten 60er und den frühen 80er Jahren arbeiteten beide Destillerien; wobei die ältere der beiden ein besonders stark getorftes Malz benutzte und Clynelish Malz mit einem mittleren Torfgehalt.

Stilrichtung Seetangartig, würzig. Zusammen mit einem Roastbeef-Sandwich.

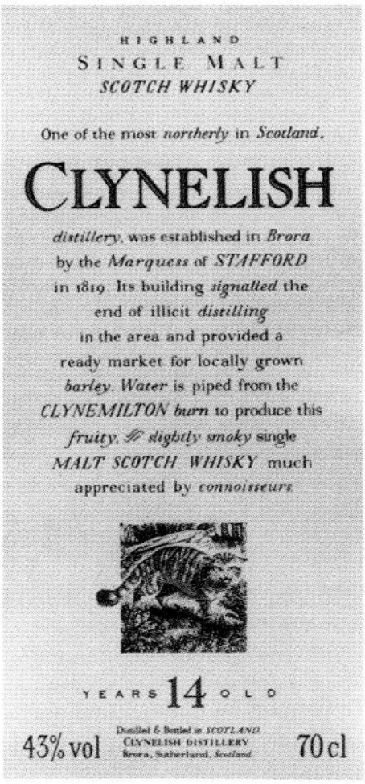

CLYNELISH 14-year-old, 43 Vol%, Flora und Fauna

Farbe Blassgolden.

Duft See, vielleicht Seetang und Torf.

Körper Mittelschwer bis schwer, geschmeidig. Sichtbar ölig.

Geschmack Malziger Beginn. Entwicklung zu fruchtig-würzigen Noten (Senf?), mit Anklängen von Seetang und Salz.

Abgang Bemerkenswert lang anhaltende Würze. Bleibende Frische mit einer Betonung auf Senfgeschmack. Nostalgie von Senf und Kresse. Ein unwahrscheinlich appetitanregender Malt

81 PUNKTE

CLYNELISH 1982 (1997 abgefüllt), 57,7 Vol%, Fassstärke

Farbe Helles, grünliches Gold.

Duft Zurückhaltend nach Seetang, ölig, Geschützmetall.

Körper Mittelschwer, sehr fest.

Geschmack Nach Öl, Senf, Getreide. Seetangartige Säure und Süße. Die Aromen sind eng verflochten, dafür aber mit gewaltigem Abgang.

Abgang Pfeffer, Seetang und Salz.

81 PUNKTE

BRORA 21-year-old, (1977 destilliert), 56,9 Vol%, Rare Malts

Farbe Strahlendes Gold.

Duft Appetitanregend. Frische Seeluft. Salz, Seetang, duftend rauchig.

Körper Ölig, teerartig, kernig.

Geschmack Sehr würzig. Stechende Aromen. Viele sich entwickelnde Geschmacksnoten. Gras, Stechginster, blühende Korinthe, süßer Senf.

Abgang Pfeffer, scharfer Senf, Getreide, Cumin.

85 PUNKTE

Unter den früheren Rare Malts von Brora war ein etwas blumiger 1975er. 84 PUNKTE. Und es gab einen wunderbar seetangartigen und medizinischen 1972er. 86 PUNKTE.

CLYNELISH 22-year-old (1972 destilliert), 58,95 Vol%, Rare Malts

Farbe Zitronig.

Duft Frisch, recht zurückhaltend. Würzig, grasartig, salzhaltig.

Körper Fest, ölig.

Geschmack Sanfter Beginn. Gewaltige Malzigkeit, melasseartige Torfigkeit. Gras- und kresseartig, Toast, Butter, Salz.

Abgang Eine späte, gewaltige Wucht. Pfeffrig, sandig, wärmend.

82 PUNKTE

Einige unabhängige Abfüllungen von Clynelish/Brora

CLYNELISH 9-year-old (1989 destilliert), 61,6 Vol%, Adelphi, Fass 6081

Farbe Sehr blasses Gold.

Duft Sehr blumig. Für einen recht jungen Whisky sehr weich.

Körper Leicht, geschmeidig.

Geschmack Blumig, Kresse, Pfeffer, Salz. Ein delikates Zusammenspiel von Aromen. Ein lieblicher, blumiger Aperitif.

Abgang Leicht nach Seetang, späte Süße.

80 PUNKTE

BRORA 1982, 40 Vol%, Connoisseurs Choice

Farbe Tiefes, strahlendes Gelbgold.

Duft Kraftvoll. Stechginster im Seenebel.

Körper Sehr fest.

Geschmack Spargel, essbarer Kaktus, saftige Gurke. Sehr ungewöhnlich. Sowohl erfrischend als auch appetitanregend.

Abgang Ölig, olivenartig, pfeffrig.

79 PUNKTE

CLYNELISH 1983, 43 Vol%, Signatory

Farbe Sehr blasser Weißwein.

Duft Leicht nach Seetang und Seeluft.

Körper Leicht seidig.

Geschmack Leicht, erfrischend, schwacher Mittelteil, pfeffrige Noten entwickelnd.

Abgang Pfeffrig, leicht fruchtiger Seetang, Seesalz, Pfeffer, sehr spät senfartige Trockenheit und Hitze.

78 PUNKTE

AN CNOC

Hersteller Inver House
Region Highlands **Distrikt** Speyside (Isla/Deveron)

Adresse Knock nahe Huntly, Aberdeenshire, AB5 5LJ
Internet www.inverhouse.com **E-Mail** enquiries@inverhouse.com

An Cnoc bedeutet im Schottisch-Gälischen »Der Berg«. Der volle Name der Destillerie ist Cnoc Dubh (Schwarzer Berg). Im Englischen wird er als Knockdhu bezeichnet, nicht zu verwechseln mit der Destillerie Knockando (Kleiner Schwarzer Berg). Sicherlich hat bei der Gründung beider Destillerien (beide in den 1890ern) niemand einen Gedanken an Verwechslung verschwendet, denn ihr ursprünglicher Zweck bestand darin, Whisky für Blends und nicht für Single Malts zu produzieren. Knockdhu wurde 1894 erbaut, um Malt für die Blends von Haig herzustellen, und 1983 wieder geschlossen. Erst seit der Übernahme und der Wiedereröffnung durch die derzeitigen Besitzer gibt es, seit den 90er Jahren, in kleinem Rahmen auch offizielle Abfüllungen.

Stilrichtung Sahnig und fruchtig. Ein Dessertmalt?

AN CNOC 12-year-old, 40 Vol%

Farbe Blassgolden.

Duft Sehr aromatisch, geschmeidig, fruchtig. Ananas?

Körper Leicht, aber sehr geschmeidig.

Geschmack Geschmeidig, sahnig, Vanillenoten. Sehr weiche Fruchtnoten. Ein genussreicher Malt für jede Gelegenheit.

Abgang Sahnig, eichentönig. Süße Kräuter.

75 PUNKTE

CNOC DHU/KNOCKDHU 21-year-old, 57,5 Vol%, Limitierte Abfüllung

Farbe Etwas volleres Gold.

Duft Appetitanregend parfümartig, aber zurückhaltend und weich. Vielleicht etwas ungeschälte Ananas. Noten von Gras und Torfrauch.

Körper Sehr sahnig.

Geschmack Tief, weich, runde marshmallowartige Malzigkeit, zurückhaltend nach Frucht-, Gras- und Torfraucharomen. Wundervoll ausgewogen.

Abgang Fruchtwürze. Würzigkeit. Rauch.

77 PUNKTE

KNOCKDHU 20-year-old (1978 destilliert, 1998 abgefüllt), 59,7 Vol%, Adelphi, Fass 1889

Farbe Grünliches Gold.

Duft Leicht fruchtig, stärker blumig.

Körper Leicht sirupartig.

Geschmack Vanille, Sahne, Ananas.

Abgang Zitrone, Koriander, ausgewogene Trockenheit.

77 PUNKTE

Andere Versionen von Cnoc Dhu/Knockdhu

Die englische Schreibweise gebrauchend, gibt es eine 1974er Abfüllung mit 40 Vol% von Connoisseurs Choice, die einer 21-jährigen Originalabfüllung sehr ähnlich ist. Sie hat einen guten, langen Abgang, ist aber sehr stark sherrytönig für einen recht delikaten Malt. 75 PUNKTE.

COLEBURN

Hersteller DCL/United Distillers
Region Highlands **Distrikt** Speyside (Lossie)

Adresse Longmorn, unweit von Elgin, Moray, IV38 8GN

DIE BLENDED SCOTCHES VON USHER'S waren einst stark auf den Whisky dieser Destillerie angewiesen. Coleburn wurde 1896 gebaut und 1985 geschlossen, ein Jahr bevor ihre Besitzer, DCL, in die United-Distillers-Gruppe überführt wurden. Seit 1992 hat Coleburn kein Lizenz mehr und es gab Vorschläge, das Anwesen in Wohngebäude umzugestalten.

Stilrichtung Trocken, fruchtig. Als Aperitif.

COLEBURN 1983, 43 Vol%, Signatory

Farbe Strahlendes Limonen-Zitronengelb.

Duft Sehr fruchtig, sirupartig, leicht rosinenartig, trockene Zitronenschale.

Körper Leicht sirupartig, ölig.

Geschmack Etwas trockenes Toffee. Zitronig, sorbetartig, pulverig.

Abgang Trocken, leicht klebrig.

68 PUNKTE

COLEBURN 1978, 19-year-old, 59,1 Vol%, Cadenhead

Farbe Tiefgelb.

Duft Fruchtschalen.

Körper Ölig.

Geschmack Ölig, Getreide, grasartig, mit einem Hauch von Torfrauch.

Abgang Trocken, klebrig. Ein Hauch von Zitronengras oder Orangenwürze.

67 PUNKTE

CONVALMORE

Hersteller DCL (Besitzer William Grant and Sons)
Region Highlands **Distrikt** Speyside (Dufftown)

Adresse Dufftown, Banffshire, AB55 4BD

DIE BLENDS VON BUCHANAN waren einst von den Whiskys dieser Destillerie, die 1894 gegründet wurde, stark abhängig. Wie viele andere Destillerien war auch sie von einem verheerenden Feuer (1909) betroffen. (Nicht nur der Whisky selbst ist extrem leicht entflammbar, sondern auch die Ausdünstungen aus den Fässern in den Lagerhäusern.) 1910 wurde sie mit der Absicht Malt Whisky zu produzieren wieder aufgebaut. Dieses Experiment kann nicht als Erfolg gewertet werden und endete während des Ersten Weltkriegs. Zwischen 1964 und 1965 wurde die Brennerei modernisiert, jedoch nur einige Jahrzehnte später durch die damaligen Besitzer DCL wieder vorübergehend stillgelegt. Ihre Nachfolger, UDV, haben theoretisch das Recht, einen Convalmore auf den Markt zu bringen, dennoch gab es ausschließlich unabhängige Abfüllungen. 1992 wurden die Gebäude der Brennerei von William Grant and Sons erworben, zu denen auch die nahe gelegenen Destillerien Glenfiddich und Balvenie gehören.

Stilrichtung Malzig, sirupartig, fruchtig, voluminös. Digestif.

CONVALMORE 1983, 43 Vol%, Signatory

Farbe Tiefgolden.

Duft Sehr angenehmer, süßlicher, traditioneller Malt Whisky. Malzig, mit einer Woge Torfrauch und einem Hauch Sherry.

Körper Mittelschwer, fest.

Geschmack Leicht malzig, mit einem Hauch Kakaobutter. Fällt in der Mitte ab.

Abgang Trocken, nussig, leicht sherrytönig.

70 PUNKTE

CONVALMORE 1981, 40 Vol%, Connoisseurs Choice

Farbe Gelbliches Gold.

Duft Ölig.

Körper Mittelschwer, ölig.

Geschmack Ölig, fällt in der Mitte ab.

Abgang Anklänge von Honig.

67 PUNKTE

Weniger malzige Süße und Würze, als der Jahrgangswhisky von 1969. 68 PUNKTE.

CONVALMORE 1960, 40 Vol%, Gordon & MacPhail. 1999 als Teil einer neuen »Rare Old«-Serie auf den Markt gebracht

Farbe Kräftiges, zitronengelbes Gold.

Duft Aromatisch. Ölig. Sehr »klarer« Rauch.

Körper Mittelschwer, ölig, rein.

Geschmack Beginnt mit gutem malzigem Hintergrund. Deutlich ölig. Wiederum leicht rauchig.

Abgang Leicht nach Malz, Anklänge von Honig. Öliger und ein Hauch Schwefel. Klarer Torf. Erwärmend. Lang.

70 PUNKTE

Frühere Abfüllungen von Convalmore

Ein 30 Jahre alter, mit 46,5 Vol%, von Cadenhead, war fruchtiger, mit Honig und Heidekraut. 75 PUNKTE.

CRAGGANMORE

Hersteller UDV (Diageo)
Region Highlands **Distrikt** Speyside

Adresse Ballindalloch, Banffshire, AB37 9AB

EINER DER GROSSEN SPEYSIDE MALTS, mit erst vor kurzem veröffentlichter Rubinport-Finish-Abfüllung (in limitierter Destillerie-Edition). Cragganmore ist weniger bekannt, als man annehmen möchte, obwohl er als einer der sechs »Classic Malts« von UDV in den letzten Jahren immer mehr Anerkennung bekommen hat. Die 1869/70 erbaute Brennerei ist sehr hübsch und liegt in einer Mulde hoch über dem Fluss Spey. Das Wasser aus den nahe gelegenen Quellen ist recht hart und ihre Brennblasen sind im oberen Bereich ungewöhnlich flach. Beide Faktoren mögen für die Komplexität des Whiskys verantwortlich sein. Die gewöhnliche Version aus re-fill-Sherryfässern, einige stärker sherrytönige Versionen unabhängiger Abfüller und die neue Portwein-Finish-Abfüllung, sind jede auf ihre Art eine Freude. Cragganmore ist ein Bestandteil von Old Parr.

Stilrichtung Herb, staubtrocken, aromatisch. Digestif.

CRAGGANMORE 12-year-old, 40 Vol%

Farbe Gold.

Duft Das komplexeste Aroma überhaupt. Sein Bukett ist erstaunlich duftig und delikat, mit süßen Noten von frisch geschnittenem Gras und Kräutern (vielleicht Thymian?).

Körper Leicht bis mittelschwer, aber fest und geschmeidig.

Geschmack Delikat, sauber, zurückhaltend, mit einer großen Bandbreite an kräuterartigen und blumigen Noten.

Abgang Lang.

90 PUNKTE

CRAGGANMORE 1984, Double Matured, 40 Vol%
In Rubinportweinfässern endgereift.

Farbe Blasses Bernstein.

Duft Heidekrauthonig. Duftend. Bienenwachs. Juteartig.

Körper Fest, geschmeidig, vollmundiger.

Geschmack Blumig, Orangenblüten, süße Orangen, Kirschen, Portwein.

Abgang Blumige ausgeglichene Trockenheit. Wärmend. Besänftigend. Kenner vermissen vielleicht die Herbheit des Originals – oder erfreuen sich an der zusätzlichen fruchtigen und weinartigen Süße.

90 PUNKTE

CRAGGANMORE 1976, 53,8 Vol%, Gordon & MacPhail

Farbe Blassgolden.

Duft Duftig, leicht torfig, grasartig, nussig, kräuterartig.

Körper Mittelschwer, sehr geschmeidig.

Geschmack komplex, zurückhaltend, nach Wurzeln und Lakritze.

Abgang Lang, mehr Lakritze, umhüllend.

89 PUNKTE

Ein 1976er Connoisseurs Choice, mit 40 Vol% (1999 abgefüllt), war ein erstklassiges Zusammenspiel von Sherry, Malz, duftendem Torfrauch und würzigen Parfümnoten. 90 PUNKTE.

CRAIGELLACHIE

Hersteller Dewar's (Bacardi)
Region Highlands **Distrikt** Speyside

Adresse Craigellachie, Banffshire, AB38 9ST **Tel** 00 44/13 40 - 88 12 12 oder 88 12 28

MITTEN IM HERZEN DER REGION SPEYSIDE, wo der Fiddich in den Spey fließt und die Hauptstraßen des Distrikts sich kreuzen, zwischen Dufftown, Aberlour und Rothes, liegt das Dorf Craigellachie mit einer vom großen schottischen Ingenieur Thomas Telford erbauten Brücke, einer Küferei und zwei Destillerien. Die nach dem Ort benannte liegt südöstlich des Spey-Ufers, nach Nordwesten hin liegt Macallan. Craigellachie wird »Craig-ella-ki«, mit einem kurzen »i« am Ende, ausgesprochen. Der vollaromatische, malzig-fruchtige Whisky ist ein Bestandteil der Blends von »White Horse«. Die Brennerei wurde 1891 gegründet und 1965 umgebaut.

Stilrichtung Süß, malzig-nussig, fruchtig. Digestif.

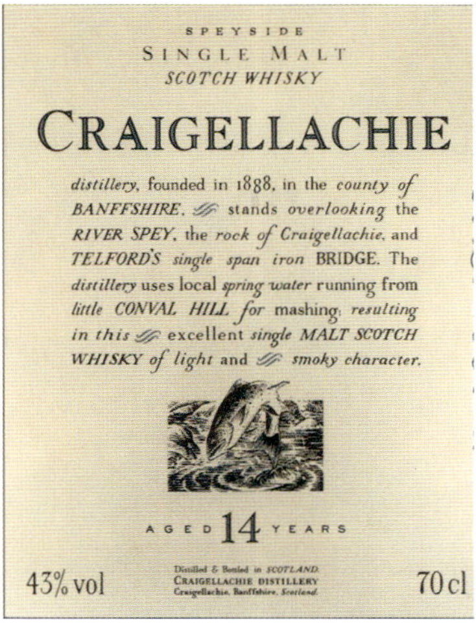

CRAIGELLACHIE 14-year-old, 43 Vol%, Flora und Fauna

Farbe Altgold.

Duft Duftig, leicht rauchig, viel Süße, Malzigkeit von geschroteter Gerste.

Körper Mittelschwer.

Geschmack Leicht sirupartiger, malziger, süßer Beginn, nussig werdend, dann Entwicklung eines fruchtigen Charakters nach Sevilla-Orangen.

Abgang Orangenartig, leicht rauchig, aromatisch, wärmend.

75 PUNKTE

CRAIGELLACHIE 13-year-old, 59,2 Vol%, Adelphi (Fass 3783)

Farbe Strahlendes Gold.

Duft Süß, malzig, nussig, butterartig.

Körper Mittelschwer, aber reichhaltig.

Geschmack Sahnig, nussig. Mangelt an Komplexität, aber delikat.

Abgang Leichte, klare Fruchtigkeit. Orangenwürze. Schnell.

75 PUNKTE

CRAIGELLACHIE 1982 (1997 abgefüllt), 62,7 Vol%, Scott's Selection

Farbe Schlüsselblumengelb.

Duft Sehr frisch. Dessertäpfel. Gras. Klarer Rauch.

Körper Sahnig.

Geschmack Klare Fruchtigkeit, frische Äpfel. Nüsse. Grasrauch.

Abgang Duftig, klarer Rauch.

76 PUNKTE

Ein Abfüllung von Gordon & MacPhail aus dem gleichen Jahr, mit 40 Vol%, war hervorragend ausbalanciert, mit mehr Torfrauch und einem feinen Anklang von Sherry. 78 PUNKTE.

CRAIGELLACHIE 1981, 43 Vol%, Signatory

Farbe Weißwein.

Duft Duftig, zurückhaltend nach Dessertäpfeln, Gras und duftendem Rauch.

Körper Ölig.

Geschmack Getreideartige Öligkeit. Sehr ölig. Parfümartig. Seifig.

Abgang Blumig, wiederum Dessertäpfel.

75 PUNKTE

Andere Versionen von Craigellachie

Eine 1973er Rare Malts Edition (22 Jahre alt), mit Fassstärke, beginnt mit geschroteter Gerste, dann Entwicklung zu Nussigkeit und Erdnüssen. 77 PUNKTE. Ein 19-jähriger, mit 43 Vol%, von Master of Malt, ist deutlich fester und sehr nussig. 76 PUNKTE.

DAILUAINE

Hersteller UDV (Diageo)
Region Highlands **Distrikt** Speyside

Adresse Carron, Banffshire, AB38 7RE **Tel** 00 44/13 40 - 87 25 00

ZWISCHEN DEM BERG BEN RINNES und dem Fluss Spey, bei Carron, unweit von Aberlour, liegt in einer Senke versteckt die Destillerie Daluaine (sprich: »Dal-oo-ayn«). Der Name bedeutet »grünes Tal«, was genau ihren Standort beschreibt. Sie wurde 1852 gegründet und seitdem mehrere Male umgebaut. Dailuaine ist eine der vielen Brennereien entlang des Spey-Tales, die einst für ihre Arbeiter und Besucher sowie zur Anlieferung von Malz und Gerste und zum Versenden von Whisky über eine eigene Eisenbahnstation verfügte. Ein kleiner Teil der Speysidelinie ist noch für Hobbyeisenbahner und Besucher im Aviemore-Skigebiet in Betrieb. Dailuaines eigene Rangierlok fuhr einst mit Dampf vor und wird heute bei Aberfeldy ausgestellt, einer Destillerie, die früher zur gleichen Gruppe gehörte. Dailuaines Whisky war lange Zeit Bestandteil des Johnnie Walker Blends. Erst mit der Flora-und-Fauna-Edition 1991 und später als limitierte Fassstärkenedition wurde er als Single Malt auf den Markt gebracht.

Stilrichtung Fest malzig, fruchtig, duftig. Digestif.

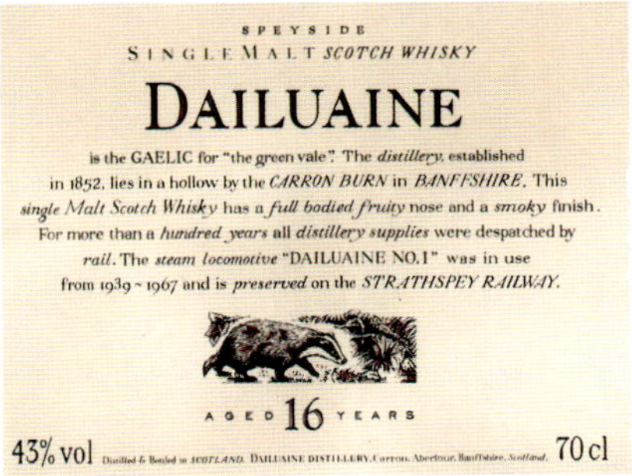

DAILUAINE 16-year-old, 43 Vol%, Flora und Fauna

Farbe Betont rötliches Bernstein.

Duft Sherrytönig, aber trocken, parfümartig.

Körper Mittelschwer bis schwer, geschmeidig.

Geschmack Sherrytönig, mit malziger Gerstensüße, jedoch durch trockene Zeder oder eichentönigen Hintergrund ausbalanciert.

Abgang Sherrytönig, geschmeidig, sehr wärmend, lang.

76 PUNKTE

DAILUIANE 1980 (1997 abgefüllt), 63 Vol%, Fassstärke

Farbe Strahlendes, tiefes Orange. Sehr charakteristisch.

Duft Leicht rauchig. Orangenmarmelade. Sherry. Eiche.

Körper Mittelschwer bis schwer. Geschmeidig.

Geschmack Sherrytönig. Feste Malzigkeit. Eine Woge von Torfrauch. Eiche.

Abgang Eichentönig, trocken, erdig, pfeffrig.

77 PUNKTE

DAILUAINE 1973, 22-year-old, 60,92 Vol%, Rare Malts

Farbe Kräftiges Gold.

Duft Deutlich nach Torf.

Körper Leicht bis mittelschwer. Sehr geschmeidig.

Geschmack Lang anhaltende Aromen. Eng kombinierte Gerstensüße und blumige Trockenheit. Weniger Sherry und Größe als der vorhergehende, aber mehr Destilleriecharakter.

Abgang Fruchtig, parfümartig. Veilchen?

77 PUNKTE

DAILUAINE 1974, 40 Vol%, Connoisseurs Choice

Farbe Kräftiges Gold bis blasses Bernstein.

Duft Fruchtig, würzig, lang, komplex.

Körper Schwer, geschmeidig, klar sirupartig.

Geschmack Sirupartig, Zimttoffee, nussig, sherrytönig, eichentönig, erdig.

Abgang Zartwürzig. Blumen, Gras, Erde.

77 PUNKTE

Ein 1971er desselben Abfüllers war reichhaltiger, süßer und fruchtiger, mit weniger stark ausgeprägtem Destilleriecharakter. 74 PUNKTE.

DALLAS DHU

Hersteller DCL
Region Highlands **Distrikt** Speyside (Findhorn)

Adresse Forres, Morayshire, IV36 2RR
Tel Besucherzentrum 00 44 / 13 09 - 67 65 48

DER NAME BEDEUTET »TAL DES SCHWARZEN WASSERS«. Dieses Dallas ist eher etwas kleiner als sein Abkömmling in Texas (nach US-Vizepräsident George Mifflin Dallas benannt, der schottischer Abstammung zu sein scheint). Die Brennerei Dallas Dhu wurde 1899 gegründet, und von einem Feuer 1939 abgesehen, scheint sich hier nicht sehr viel geändert zu haben. Neuerdings erscheint ihr Whisky in Benmore Blends, Vattings und als Dallas Mhor Single Malt. Die Destillerie wurde 1983 geschlossen. Seit 1988 ist sie unter der Leitung der schottischen Denkmalschutzbehörde als Sehenswürdigkeit geöffnet. Es gibt keine Pläne für eine Wiederaufnahme der Produktion, doch sind in letzter Zeit jüngere Bestände als unabhängige Abfüllungen erhältlich.

Stilrichtung Seidig, honigartig, schokoladentönig. Digestif.

DALLAS DHU 1979, 40 Vol%, Gordon & MacPhail

Farbe Weißwein.

Duft Torfig, blumig, trocken.

Körper Leicht bis mittelschwer, aber seidig glatt.

Geschmack Frischer Apfel, weiße Schokolade, Malz.

Abgang Geschmeidig, blumig.

78 PUNKTE

Ein 10-jähriger, mit 40 Vol% vom gleichen Abfüller, war in Sherry gealtert und entfaltete ein reiches Aroma nach dunkler Schokolade. 80 PUNKTE.

DALLAS DHU 19-year-old (1978 destilliert), 43 Vol%, Master of Malt

Farbe Helles, grünliches Gold.

Duft Torfig, grasartig, sahnig, Anklänge an Äpfel.

Körper Leicht sahnig.

Geschmack Sehr klar, honigtönig, blumig und trocken.

Abgang Honigtönige Trockenheit, wird zu Gras und Torfnoten.

79 PUNKTE

DALLAS DHU 21-year-old, 61,9 Vol%, Rare Malts

Farbe Altgold.

Duft Orangenblüten. Honig. Moschus. Heidekraut. Torfrauch.

Körper Geschmeidig, leicht auf der Zunge, sirupartig.

Geschmack Orangenwürze, Crème brûlée, gebräunter Zucker.

Abgang Leicht kernig, Siruptoffee, spät wärmend. Lang.

81 PUNKTE

DALLAS DHU 1978, 59,8 Vol%, Signatory Silent Stills

Farbe Kräftiges Gold.

Duft Wesentlich komplexer. Rauchig, duftig, blumig, nussig-malzig.

Körper Mittelschwer, sahnig.

Geschmack Blumig, sahnig, weiße Schokolade.

Abgang Ein Hauch Bitterschokolade. Geröstete Nüsse. Leicht rauchig.

81 PUNKTE

Ein 1974er, mit 59,8 Vol% vom gleichen Abfüller, ist ebenso goldfarben, aber mit mehr Gras, Würze, Rauch und Eichentönigkeit. 80 PUNKTE.

Andere Versionen von Dallas Dhu

Ein 24-jähriger von Oddbins, mit 60,6 Vol%, war von kräftig goldener Farbe, mit rauchigem Aroma, süßer Malzigkeit und einem mächtigen, pfeffrigen, eichentönigem Abgang. 81 PUNKTE. Eine Connoisseurs-Choice-Abfüllung von 1971, mit 40 Vol%, war komplex, mit kraftvoller Eiche und einem langen Abgang. 85 PUNKTE. Ein 30-jähriger von Cadenhead, mit 53,3 Vol%, war im Geruch leicht holzig, voll im Geschmack, mit konzentrierten Honigaromen und einem blumigen Abgang. 80 PUNKTE.

THE DALMORE

Hersteller JBB
Region Highlands **Distrikt** Northern Highlands

Adresse Alness, Morayshire, IV17 0UT **Tel** 00 44/13 49 - 88 23 62

DER »ZIGARRENMALT«, ein großartiger Whisky zu einer feinen Havanna, ist ein modebewusstes neues Produkt aus einer alteingesessenen Destillerie. Dalmore wurde einst von einer berühmten ortsansässigen Familie geleitet, den Mackenzies, Freunde von James Whyte und Charles Mackay, nach denen der bekannte Blended Scotch benannt wurde.

Dalmore wurde vermutlich 1839 gegründet und erinnert ein wenig an einen ländlichen Bahnhof. Das weiche Wasser stammt aus dem Fluss Alness, der durch Waldgebiete fließt. Die Raubrandbrennblase (Wash Still) hat einen konisch geformten Kopf, die Feinbrandbrennblasen (Spirit Stills) werden mit Wasser gekühlt – beides ist ungewöhnlich. Es gibt zwei Brennblasenpaare, die sich in der Form gleichen, aber von unterschiedlicher Größe sind. Die Lagerhäuser liegen am Ufer des Cromarty Firth. Etwa 85% des Whiskys reift in Bourbonfässern, hauptsächlich first-fill-Fässern, der Rest in Oloroso- und Amontilladofässern. In Sherryfässern werden sie abschließend miteinander vermählt.

Stilrichtung Voluminös, aromareich, Orangenmarmelade. Nach dem Essen.

THE DALMORE 12-year-old, 40 Vol%

Farbe Attraktiv bernsteinfarben.

Duft Erregend, mit Frucht (Orangenmarmelade?), Malz und Sherry.

Körper Mittelschwer bis schwer. Samtweich.

Geschmack Reichhaltig, mit langsam fortschreitender Aromaentfaltung. Malzige Süße, bittersüße Orange, Würze (Anis?), Parfüm, Heidekraut, leicht nach Torf und sogar ein feiner Meergeschmack.

Abgang Bemerkenswert lang.

79 PUNKTE

THE DALMORE Cigar Malt, 43 Vol%

Eine Vermählung von zehn bis zwanzig Jahre alten Whiskys.

Farbe Dunkelorange.

Duft Weiche, abgerundete Rauchigkeit. Anklänge an Bitterschokolade und Orangencreme.

Körper Fest, geschmeidig.

Geschmack Reichhaltig, abgerundet. Ein Hauch von Rumbutter, dann trocken und fest. Hartes Karamelltoffee, etwas karamellisierter Zucker. Schwach nach Rauch. Niemals enttäuschend.

Abgang Leicht, rauchig, Baumrinde, Mandeln, Trockenheit. Erhält Punkte für seine Originalität und Ausgewogenheit.

81 PUNKTE

THE DALMORE 21-year-old, 43 Vol%

Farbe Blassorange.

Duft Weich, parfümartig, fruchtig.

Körper Seidig.

Geschmack Sehr gut kombinierte, komplexe Aromen. Orangen, Schokolade, Blumen, später Gewürze und Anklänge von Rauch.

Abgang Ein leichter Hauch Zitrusfrucht und Rauch.

80 PUNKTE

THE DALMORE 26-year-old, Fassstärke, Stillman's Dram

Farbe Bernsteinfarben bis Orange.

Duft Appetitanregend nach Rauch und orangentönigem Sherry.

Körper Mittelschwer, strukturiert.

Geschmack Großartige klare Aromen: Malzigkeit, ausgesprochene Rauchigkeit und Meer.

Abgang Rauchig, eichentönig und salzig.

80 PUNKTE

Aus der selben Serie gibt es einen 29-jährigen von etwas dunklerer Farbe; ein bemerkenswert ähnlicher Charakter, vielleicht mit einem leicht holzigeren Abgang. 80 PUNKTE. Ein 30-jähriger war sehr blass für einen Dalmore; recht sirupartig und reich im Geschmack; mit Eiche und Kohle im Abgang. 77 PUNKTE.

THE BOTTLERS 30-year-old, 54,1 Vol% (Fass 6869)
Eine unabhängige Abfüllung für die Kette »Whiskies of the World«.

Farbe Bronze.

Duft Deutlicher Seecharakter.

Körper Weich, leicht sirupartig.

Geschmack Sehr süß nach Orangen und Parfüm. Duftige rauchige Trockenheit sorgt für die nötige Balance.

Abgang Leicht nussig.

78 PUNKTE

THE DALMORE 50-year-old, 52 Vol%
Zufallsabfüllungen. Einige enthalten Whiskys, die sehr viel älter sind und bis ins Jahr 1868 zurückreichen. Das Vergnügen, diesen Whisky zu verkosten, besteht in der Freude an seiner Geschichte. Ein Whisky dieses Alters erzählt von Erinnerungen, und nicht von Kraft.

Farbe Kastanie.

Duft Erstaunlicherweise ist Frucht noch immer erkennbar. Parfümartig, Eiche. Schnelle Entwicklung zu frischem Rauch und Eichentönigkeit.

Körper Hat mit dem Alter etwas an Volumen verloren. Dünn, aber seidig.

Geschmack Orange, Zitronenschale, Korinthenblüten, Saft, Eiche, Rauch.

Abgang Karamellisierte, geröstete Eiche.

82 PUNKTE

Frühere Versionen von The Dalmore
Eine 18-jährige Cullicudden-Abfüllung, mit 54,8 Vol%, war blass, sirupartig, mit Heidekrautnoten und einem salzigen Abgang. 75 PUNKTE.
Ein 30-jähriger von Cadenhead, mit 54,5 Vol%, war orangentönig und etwas holziger. 75 PUNKTE.

DALWHINNIE

Hersteller UDV (Diageo)
Region Highlands **Distrikt** Speyside

Adresse Dalwhinnie, Inverness-shire, PH19 1AB
Tel Besucherzentrum 00 44/15 40 - 67 22 19

Die mit 326 Meter am höchsten gelegene Destillerie Schottlands. Der Name kommt aus dem Gälischen und bedeutet »Versammlungsplatz«. Das gleichnamige Dorf befindet sich an der Kreuzung alter Verbindungswege, wo von Norden und Westen das Vieh hinunter zu den zentralen Lowlands getrieben wurde und ein reger Whiskyschmuggel blühte. Bei ihrer Eröffnung 1897 hieß die Destillerie zunächst »Strathspey«. Wenn man ein Auge zudrückt, kann man sie noch unter Speyside einordnen, auch wenn das eigentliche Brennerei-Gebiet erst gut 40 Kilometer nördlich beginnt. Ihr Whisky ist traditionell ein wichtiger Bestandteil der Blends von Buchanan und des Weiteren repräsentiert er die Region der Highlands in der »Classic Malts«-Serie von United Distillers.

Stilrichtung Leicht torfig. Frisch geschnittenes Gras und Heidehonig. Klare Aromen gegen einen klaren Hintergrund. Aperitif.

DALWHINNIE 15-year-old, 43 Vol%

Farbe Strahlendes Gold.

Duft Sehr aromatisch, trocken, schwach phenolisch, leicht torfig.

Körper Fest, leicht ölig.

Geschmack Bemerkenswert geschmeidig, lang anhaltende Geschmacksentfaltung. Aromatische Heidekrautnoten, dann frisch geschnittes Gras und malzige Süße, die sich in einem Sturm von Torf intensiviert.

Abgang Ein langes Crescendo.

76 PUNKTE

DALWHINNIE 15-year-old, Natural Cask Strength, 56,1 Vol%, limitierte Edition zum 100-jährigen Bestehen der Destillerie

Farbe Gold.

Duft Etwas mehr Gras und Rauch.

Körper Fest, strukturiert.

Geschmack Leicht trockener, torfiger. Gut, fest, ölig und in der Mitte malzig. Dann Honig (besonders beim Zufügen von Wasser) und Vanille. Der natürliche Destilleriecharakter wird auf wunderbare Weise hervorgehoben.

Abgang Frische Kräuter. Lang.

77 PUNKTE

DALWHINNIE 1980 Double Matured, 43 Vol%
In Olorosofässern abgeschlossen.

Farbe Sonniges Gold bis Bronze.

Duft Oloroso, Lakritze, Wurzeln. Gras.

Körper Fest, abgerundet.

Geschmack Sehr süßer, toffeeartiger Beginn. Honig, Zitronen. Lange Aromaentwicklung bis hin zu Torf, geschnittenem Gras, Vanille und frischer Eiche. Wundervolle Balance. Die Sherrysüße scheint die sonst leichte Torfigkeit von Dalwhinnie hervorzuheben.

Abgang Sehr lang. Frisch geschnittenes Gras, Torf, Rauch und Eiche.

79 PUNKTE

Frühere Versionen von Dalwhinnie

Ein 1970er, mit 40 Vol%, von Connoisseurs Choice, war betont torfig, aber von sirupartiger Malzigkeit. 76 PUNKTE. Ein 27-jähriger, mit 45,5 Vol%, von Cadenhead, war süßer und grasartiger, aber immer noch torfig. 76 PUNKTE. Ein 17-jähriger, mit 57,8 Vol%, der Scotch Malt Whisky Society, hatte robuste Aromen mit sowohl süßer, sirupartiger Malzigkeit als auch rauher Grasartigkeit hin zu einem langem Abgang. 76 PUNKTE

DEANSTON

Hersteller Burn Stewart
Region Highlands **Distrikt** Midlands

Adresse Deanston, nahe Doune, Perthshire, FK16 6AG **Tel** 00 44 / 17 86 - 84 14 22
Internet www.wallace-malt.co.uk

Südwestlich von Perth, gerade noch zu den Highlands gehörend, liegt Doune. Der Ort war früher bekannt für seine Pistolenfabrik und verfügte später über eine Baumwollmühle, die 1785 von Richard Arkwright gegründet und 1836 erweitert wurde. Diese Mühle wurde durch das Wasser des Flusses Teith angetrieben. Sein gutes Wasser hat offensichtlich in einer Zeit des Whiskybooms die Entscheidung, aus dem Gebäude eine Destillerie zu machen, gefördert. So eröffnete die Deanston-Destillerie 1965/66, wobei der umgebaute Webschuppen als Lagerhaus diente. Während der 70er Jahre blühte die Destillerie auf, musste jedoch in einer schwierigen Phase Mitte der 80er wieder schließen. Damals gehörte sie zu Invergordon. Das wachsende Interesse an Malt Whiskys Ende der 80er und zu Beginn der 90er Jahre führte zum Kauf der Destillerie durch den Whisky-Blender Burn Stewart. Seither sind wieder mehr Abfüllungen dieses angenehmen Whiskys erhältlich.

Stilrichtung Leicht, schwach ölig, nussig, Akzente von klarer, malziger Süße. Ein belebender Malt.

DEANSTON 12-years-old, 40 Vol%

Farbe Sehr blasses, grünliches Gold. Fino Sherry.

Duft Leinsamenöl.

Körper Leicht, geschmeidig, weich.

Geschmack Leicht, sehr rein. Leicht malzig, trocken im Abgang. Erinnert an einen leicht nussigen, trockenen Sherry.

Abgang Wiederum sehr leicht, mit einem Hauch Nuss. Im Charakter weniger ein Highland als ein sehr guter Lowland.

70 PUNKTE

DEANSTON 16-year-old, 55 Vol%, Cadenhead

Farbe Sehr blasses, grünliches Gold.

Duft Grasartig.

Körper Leicht, fester.

Geschmack Süßlicher Beginn, Toffee, Nuss. Entwicklung zu grasartigen Anklängen mit bittersüßen Noten.

Abgang Trocken, kräuterartig, blumig. Rhododendron?

71 PUNKTE

DEANSTON 17-year-old, 40 Vol%

Farbe Ausgesprochen kräftig. Helle Bronze.

Duft Leinsamenöl, Gras, Getreide, Gerstenzucker.

Körper Leicht bis mittelschwer.

Geschmack Gertreide, betont nussig, leicht sahnig.

Abgang Nussig, appetitanregend.

71 PUNKTE

DEANSTON 25-year-old, 40 Vol%

Farbe Bronze.

Duft Getreide, Nuss.

Körper Mittelschwer, ganz weich.

Geschmack Getreide, Nuss, wenig Süße.

Abgang Ein Hauch von Sahne.

71 PUNKTE

DRUMGUISH

Hersteller Speyside Distillery Company
Region Highlands **Distrikt** Speyside

Adresse Tromie Mills, Glentromie, Kingussie, PH21 1HS
Tel 00 44 / 14 13 - 53 01 10 Besuche nach Absprache
Internet www.speysidedistillery.co.uk

EINE DER JÜNGSTEN DESTILLERIEN Schottlands. Das eindrucksvolle Giebel-Steingebäude sieht aus, als wäre es hundert Jahre alt, doch der erste Alkohol wurde dort erst 1991 gebrannt. Die Realisierung der Brennerei ist ein alter Traum des Besitzers George Christie, der dieses Projekt bereits seit drei oder vier Jahrzehnten plant. Es litt jedoch unter dem ständigen Auf und Ab der Whiskyindustrie. Einer seiner früheren Versuche war ein »Vatted Malt«, der in Amerika unter dem Namen Glentromie bekannt war. Die Destillerie liegt nahe Kingussie, bei Drumguish, wo der kleine Fluss Tiny in den Oberlauf des Spey mündet. Die Firma trägt nicht nur den Namen des Standorts, sondern auch den einer früheren Destillerie namens Speyside, die in Kingussie zwischen 1895 und 1910 tätig war.

Stilrichtung Ölig, nussig, leicht torfig. Aperitif.

DRUMGUISH, keine Altersangabe, 40 Vol%

Farbe Tiefgolden.

Duft Blumig, trocken, leicht torfig, ausgesprochen nussig.

Körper Mittelschwer, weich. Ölig-sahnig.

Geschmack Kräftig-sahnig, schnelle Entwicklung zu ölig-nussigem Charakter und einer süßlichen Note von trockenem Gras.

Abgang Kekse. Geröstete Marshmallows. Schwache kirschwasserartige, trockene Fruchtigkeit.

73 PUNKTE

Der »Speyside Millennium«, im noch nicht ausgereiften Zustand verkostet, war blasser, kräftiger, dennoch nussiger und fruchtiger.

DUFFTOWN

Hersteller UDV (Diageo)
Region Highlands **Distrikt** Speyside (Dufftown)

Adresse Dufftown, Keith, Banffshire, AB55 4BR

DER EARL OF FIFE, JAMES DUFF, war 1817 Gründer dieser hübschen, aus Steinhäusern bestehenden kleinen Stadt, die am Zusammenfluss von Fiddich und Dullen auf dem Weg zum Spey liegt und »Daff-ton« ausgesprochen wird. Dufftown beherbergt sieben Brennereien, aber nur diese eine wurde nach dem Ort benannt. Die Destillerie und ihr Nachbar Pittyvaich gehörten beide zu Bell's, bis das Unternehmen von United Distillers, jetzt UDV, erworben wurde. Dufftowns Steinhäuser dienten bis 1896 als Getreidemühlen, die Destillerie wurde in den 70er Jahren zweimal erweitert. Dufftowns Malt ist ein guter, bodenständiger Highland-Whisky.

Stilrichtung Aromatisch, trocken, malzig. Aperitif.

Wie viele andere Destillerien benutzte auch Dufftown lange Zeit die Nähe des berühmten Namens »Glenlivet«. Vor kurzem erst wurde dieses Suffix aus dem Namen entfernt.

DUFFTOWN 8-year-old, 40 Vol%
Eine Abfüllung von Bell's, die heute nur noch schwer zu finden ist.

Farbe Kräftig, Gold.

Duft Leichte Aromen, Anklänge an Rauch, viel torfige Trockenheit.

Körper Mittelschwer, abgerundet, fest und trocken.

Geschmack Scheint mehr zu versprechen, als er einhält. Wiederum Anklänge von Rauch und viel malzige Trockenheit.

Abgang Lang anhaltend viskos, aber im Aroma kein großer Erfolg.

70 PUNKTE

DUFFTOWN 10-year-old, 40 Vol%

Eine Abfüllung von Bell's.

Farbe Kräftig, Gold.

Duft Von allem ein bisschen mehr. Sehr gut abgerundet.

Körper Wesentlich zähflüssiger.

Geschmack Recht sirupartig.

Abgang Es mangelt an Aromaentwicklung.

71 PUNKTE

DUFFTOWN 15-year-old, 43 Vol%, Flora und Fauna

Farbe Blassgolden.

Duft Kraftvoll aromatisch.

Körper Leicht sirupartig.

Geschmack Malzig, eher trocken, blumige Entwicklung.

Abgang Anhaltend, aber sehr leicht.

71 PUNKTE

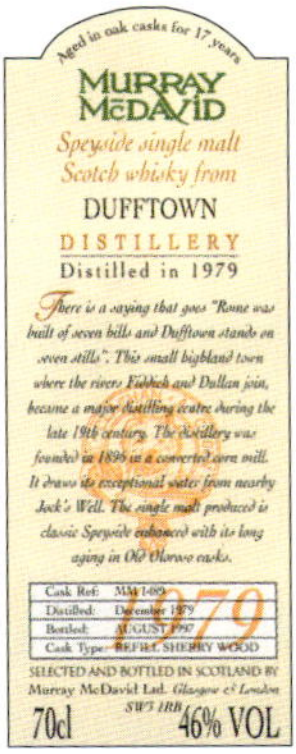

DUFFTOWN 1979, 46 Vol%, Murray McDavid

Farbe Kräftig bernsteinfarben.

Duft Toast, Orangenmarmelade, Sherry.

Körper Mittelschwer, fest, ölig.

Geschmack Butter, Honig, Orangen. Toast und Getreide. Sesamsamen.

Abgang Rauchig, leicht verbrannt und scharf.

74 PUNKTE

Eine gleich alte Version von Cadenhead war stärker sherrytönig und mit 57,1 Vol%, von attraktivem, dunklem Orange, mit großartigem Eichenaroma, Toast, Orange und Zimt; sirupartigem Körper; fruchtig im Geschmack sowie mit trockenem Malz und kraftvoller Eiche im Abgang. 72 PUNKTE.

DUFFTOWN 1976, 20-year-old, Fassstärke, Rare Malts

Farbe Weißwein.

Duft Heidekrauthonig, sehr honigtönig.

Körper Mittelschwer, fest.

Geschmack Lebhaft, fruchtig, parfümartig. Pfannkuchen. Shortbread. Zuckergebäck.

Abgang Ingwerkekse, süßer Rauch.

73 PUNKTE

DUFFTOWN 1975, 21-year-old, Fassstärke, Rare Malts

Farbe Vinho verde.

Duft Honig, Honigmelone, kandierte Kirschen, Wachs, Lippenstift.

Körper Sahnig, fest.

Geschmack Bemerkenswert süß, Sahne-Sirup-Karamell.

Abgang Sehr ingwertönig, süßer Rauch wie von einem Laubfeuer.

72 PUNKTE

EDRADOUR

Hersteller Campbell Distillers (Pernod Ricard)
Region Highlands **Distrikt** Midlands

Adresse Pitlochry, Perthshire, PH16 5JP **Tel** Besucherzentrum 00 44 / 17 96 - 47 20 95

DIE KLEINSTE DESTILLERIE SCHOTTLANDS war, wie viele andere Destillerien auch, ursprünglich eine Farm. Edradour führt die eigene Geschichte gerne bis auf den Beginn der legalen Whiskyherstellung im Jahr 1825 zurück. Man nimmt jedoch an, dass die heutige Destillerie 1837 gegründet wurde. Die Brennerei liegt, von Hügeln verborgen im Weiler Balnauld, oberhalb der Stadt Pitlochry und soll während der Prohibition regen Handel mit amerikanischer Kundschaft getrieben haben. Gerüchten zufolge soll sie sogar später über einen gewissen Zeitraum indirekt der Mafia gehört haben.

Das Wasser steigt aus Granit und Torf auf. Edradour benutzt heimische Gerste, und ihre Brennblasen sind die kleinsten in ganz Schottland, ein Umstand, der sich auf die Üppigkeit des Malt deutlich auswirkt. Kleinere Brennblasen würden Zoll und Steuerbehörden nicht erlauben, da man befürchtet, man könne sie in einem Geheimversteck betreiben und schwarz brennen. Es gab Zeiten, zu denen Edradour in dem sahnig-würzigen Vatted Malt »Glenforres« eine wichtige Rolle spielte. In den späten 80er Jahren wurde ein 10 Jahre alter Edradour als Single Malt vermarktet.

Stilrichtung Minzartig, sahnig. Digestif.

Diese klassisch schöne Destillerie hat sich in einem Tal versteckt.

EDRADOUR 10-year-old, 40 Vol%

Farbe Kräftiges Gold.

Duft Pfefferminz, kandierte Mandeln, ein Hauch Sherry, würzige und rauchige Noten.

Körper Bemerkenswert cremige Beschaffenheit für einen leichten Malt.

Geschmack Klare Minze, sahnig, malzig.

Abgang Ausgereift, wärmend.

81 PUNKTE

EDRADOUR 1976, 54 Vol%, Signatory Cask Strength

Farbe Kräftiges Gold bis Bronze.

Duft Gartenminze, Gras und Torf.

Körper Ausgesprochen cremig.

Geschmack Sehr sahnig. Leicht butterartig.

Abgang Späte, lebhafte Würzigkeit.

81 PUNKTE

Eine Abfüllung von 1968, mit 46 Vol% war nussiger, blumiger und trockener. 80 PUNKTE.

EDRADOUR 1973, 40 Vol%, Gordon & MacPhail

Farbe Bronze.

Duft Mehr Sherrycharakter.

Körper Leicht, aber geschmeidig und rund.

Geschmack Mehr nussige Malzigkeit. Erstaunlich sahnig.

Abgang Wärmend, umhüllend, lang.

85 PUNKTE

FETTERCAIRN

Hersteller JBB
Region Highlands **Distrikt** Eastern Highlands

Adresse Distillery Road, Laurencekirk, Kincardineshire, AB30 1YE
Tel Besucherzentrum 00 44/15 61 - 34 02 44

Das Dorf Fettercairn liegt nahe an einem Tal im Norden des Flusses Esk. Die Destillerie wurde 1824 gegründet, um die Jahrhundertwende umgebaut und 1966 erweitert. Ihr Whisky ist ein wichtiger Bestandteil der Blends von Whyte und Mackay.

Stilrichtung Leicht erdig, nussig. Ein Malt für jede Gelegenheit oder als Aperitif.

OLD FETTERCAIRN 10-year-old, 43 Vol%

Farbe Sehr kräftiges Gold.

Duft Sherry. Nuss. Schwach nach Torf. Röstartige Noten. Nasse Wolle.

Körper Leicht, geschmeidig, seidig.

Geschmack Nussige Trockenheit und Toffeesüße (aber schwer fassbar, leicht und sauber), wunderbar ausgewogen. Anklänge an Rhabarber.

Abgang Sanft, mit deutlicher Süße, die sich parfümartig entwickelt. Lang anhaltend.

77 PUNKTE

OLD FETTERCAIRN 26-year-old, 45 Vol%, Stillman's Dram

Farbe Tiefes Gold.

Duft Sehr elegant nach Sherry.

Körper Leicht bis mittelschwer. Sehr weich.

Geschmack Deutlicher Sherry überdeckt fast den Destillerie-Charakter.

Abgang Sherry. Schwach nach Erde und Torf. Sehr delikat.

78 PUNKTE

GLEN ALBYN

Hersteller DCL
Region Highlands **Distrikt** Speyside (Inverness)

Adresse Telford Street, Inverness, Inverness-shire, IV3 5LD

Die Stadt Inverness gilt als Hauptstadt der Highlands. Dort ansässige Destillerien liegen zwar gerade nur noch so am Westrand von Speyside, haben diese Herkunftsbezeichnung aber wohl dennoch verdient. Auf dem Gelände einer früheren Brauerei wurde Glen Albyn 1844 durch den damaligen Bürgermeister der Stadt gegründet. Die Destillerie lag direkt am Ufer des Caledonian-Kanal-Beckens. Ein halbes Jahrhundert lang wurde sie von der Blending-Firma Mackinlay geleitet. 1983 wurde die Brennerei, die damals DCL gehörte, geschlossen und abgerissen, um einem Supermarkt Platz zu machen. Es tauchen jedoch immer noch neue Abfüllungen aus Lagerbeständen auf.

Stilrichtung Leicht, fruchtig, blumig, trocken. Aperitif.

GLEN ALBYN 19-year-old (1978 destilliert), Hart Brothers

Farbe Helles Zitronengelb.

Duft Duftig. Leichte Frucht. Zurückhaltend nach Torf, schwach nach Ozon.

Körper Leicht, fest.

Geschmack Überraschend frisch. Sehr zurückhaltend nach süßen Äpfeln.

Abgang Blumig, kräuterartig, erdig, torfig.

72 PUNKTE

Andere Versionen von Glen Albyn

Ein 1977er, mit 43 Vol%, von Signatory war weißweinfarben; ozonartig im Geruch; mit leichtem, belebendem blumigem Geschmack und einem rosinenartigen, eichentönigen Abgang. 71 PUNKTE. Ein 1973er, mit 40 Vol%, von Connoisseurs Choice war von nussiger, sherrytöniger Ausgewogenheit. 74 PUNKTE. Ein 1972er, mit 40 Vol%, von Connoisseurs Choice war sehr ähnlich. 74 PUNKTE.

GLENALLACHIE

Hersteller Campbell (Pernod Ricard)
Region Highlands **Distrikt** Speyside

Adresse Aberlour, Banffshire, AB38 9LR

GLENALLACHIE LIEGT IM HERZEN VON SPEYSIDE nahe Aberlour. Das funktionelle, moderne Destilleriegebäude wurde 1967 erbaut, in erster Linie um Malts für die Blends von Mackinlay beizusteuern.

Ende der 80er Jahre wurde die Brennerei zeitweise geschlossen, dann aber von Campbell Ende des Jahrzehnts aufgekauft und wieder eröffnet. Seitdem wird der Whisky für die Glen Campbell Blends gebraucht, die sich besonders in Frankreich wachsender Beliebtheit erfreuen. Frühere Single-Malt-Jahrgänge werden von unabhängigen Abfüllern noch immer auf den Markt gebracht. Glenallachie (»Glen-alec-y« ausgesprochen) genießt eine bescheidene Reputation, der Whisky ist jedoch ein sehr gutes Beispiel für einen subtilen, delikaten, blumigen Speyside Malt.

Stilrichtung Komplex, subtil, delikat. Aperitif.

GLENALLACHIE 12-year-old, 40 Vol%

Farbe Sehr blass.

Duft Ein Hauch Torf. Duftig. Leicht malzig.

Körper Leicht, aber fest.

Geschmack Wunderbar sauber, geschmeidig und delikat.

Abgang Süßer Beginn mit einem langen, parfümartigen Abgang.

76 PUNKTE

Andere Versionen von Glenallachie

Ein 1985er, mit 43 Vol%, von Signatory war weißweinfarben; mit sehr schwach fruchtigem Aroma; einem leichten Körper; einem Birnen- und Pfeffergeschmack und einem trockenen, leicht scharfen Abgang. 72 PUNKTE.

GLENBURGIE

Hersteller Allied Distillers
Region Highlands **Distrikt** Speyside (Findhorn)

Adresse Forres, Morayshire, IV36 0QX **Tel** 00 44/13 43 - 85 02 58

AN DER MÜNDUNG DES FINDHORN bei Alves, zwischen Forres und Elgin, liegt diese Destillerie, die den Whisky für die Blends von Ballantine produziert. In der Vergangenheit gab es offizielle Abfüllungen von Glenburgie als Single Malt, heute findet man jedoch nur noch unabhängige Abfüllungen.

Die Geschichte von Glenburgie geht auf das Jahr 1810 zurück, am heutigen Standort gibt es die Brennerei seit 1829. Nach dem Ende des Zweiten Weltkriegs wurde sie ausgebaut, zu einer Zeit, in der Whisky knapp war. Um die Bandbreite an Whiskys zu erweitern, bekamen einige der Brennereien von Allied zusätzliche Brennblasen. Diese Lomond-Brennblasen mit ihrem kolonnenförmigen Hals produzierten einen öligeren, fruchtigeren Malt. Der Whisky aus Glenburgies Lomond-Brennblasen wurde nach einem der Senior-Manager dieser Firma, Willie Craig, benannt. Die Lomond-Brennblasen wurden zu Beginn der 80er Jahre wieder entfernt.

Stilrichtung Ölig, fruchtig, kräutertönig. Aperitif.

GLENBURGIE 1968, 40 Vol%, Gordon & MacPhail

Farbe Kräftiges Gold bis Bernstein.

Duft Polierte Eichentöne. Kräftige Frucht. Rosinen. Geröstete Korinthen.

Körper Ölig, fest.

Geschmack Wachsige Zitrusfruchtschalen. Mandeln. Sahne. Vanille. Laub.

Abgang Sehr kräutertönig, würzig und zimtartig.

69 PUNKTE

Ein 1966er, mit 61,2 Vol%, vom gleichen Abfüller war recht ähnlich, jedoch mit einem leicht scharfen Abgang. 69 PUNKTE. Ein früherer 1966er, mit 57,6 Vol%, war ausgewogen an Zitrusfrucht und Gewürzen. 70 PUNKTE. Ein 8 Jahre alter, ebenso von Gordon & MacPhail, mit 40 Vol%, war stärker zitrusfruchttönig. 69 PUNKTE.

GLENBURGIE 1975, 56,6 Vol%, Signatory

Farbe Kräftiges Gold.

Duft Würzig.

Körper Ölig, sahnig.

Geschmack Nach Laub, Gewürzen, Kräutern und Mandeln.

Abgang Etwas bitter.

68 PUNKTE

GLENCRAIG 1970, 40 Vol%, Connoisseurs Choice

Farbe Strahlendes Gold.

Duft Trocken, aber kraftvoll fruchtig (tropische Früchte, vielleicht Guave?) besonders nach Zugabe eines Spritzers Wasser.

Körper Fest, ölig.

Geschmack Etwas sirupartige Süße, dann birnenbrandartige Trockenheit.

Abgang Sehr lang, trocken und leicht holzig.

68 PUNKTE

GLENCADAM

Hersteller Allied Distillers
Region Highlands **Distrikt** Eastern Highlands

Adresse Brechin, Angus, DD9 7PA **Tel** 00 44/13 56 - 62 22 17

DER MIT DEM ROMANTISCHEN NAMEN »CREAM OF THE BARLEY« versehene Blend von Alexander Stewart and Son, einem Gesellschafter der Firma Allied, ist auf dem Whisky dieser Brennerei aufgebaut. Das erscheint auch durchaus angemessen, denn Glencadam ist ein bemerkenswert sahnig-cremiger Malt. Als Single Malt ist er nur von unabhängigen Abfüllern erhältlich. Das sehr weiche Wasser wird über die erstaunliche Distanz von fast 50 Kilometer aus dem Loch Lee, am oberen Ende des Glen-Esk-Tales, gepumpt.

Stilrichtung Cremig, mit Anklängen an Beerenfrüchte.
Zum Dessert oder nach dem Essen.

GLENCADAM 1987, 40 Vol%, Connoisseurs Choice

Farbe Kräftiges Gold.

Duft Duftig. Sehr klar. Apfelblüten. Beerenfrüchte mit Honigglasur.

Körper Schwer, cremig.

Geschmack Erstaunlich sahniges Aroma. Erdbeer-Teekuchen.

Abgang Butterartig. Sättigend. Leichte orangenschalenartige Trockenheit.

69 PUNKTE

Andere Versionen von Glencadam

Ein 1976er, mit 57 Vol%, von Signatory, ist kräftiger goldfarben, blumiger, mit Vanille und stark betonter Erdbeere. 72 PUNKTE. Ein 1974er, mit 40 Vol%, von Connoisseurs Choice war rauchiger und buttertöniger (pfannkuchenartig?). 68 PUNKTE.

GLEN DEVERON

Hersteller William Lawson (Bacardi)
Region Highlands **Distrikt** Speyside (Deveron)

Adresse Banff, Banffshire, AB45 3JT **Tel** 00 44/12 61 - 81 26 12

EINEM EINSTEIGER, der gerne das wahre Aroma und den Geschmack von Malt kennen lernen möchte, könnte Schlimmeres passieren, als ein paar Abende mit einer Flasche 12-jährigem Glen Deveron zu verbringen. Dieser klare, unverfälscht malzige Whisky lässt sich auf angenehme Weise trinken und genießen. Der Name und das benötigte Wasser stammen vom Fluss Deveron. Die Brennerei liegt dort, wo das Tal des Deveron die See erreicht, in dem alten Fischer- und Badeort Macduff. Auf der anderen Seite des Flusses liegt Banff. Es ist das westliche Randgebiet der Region Speyside. Die Destillerie wurde 1962 erbaut und in den Jahren 1966 und 1968 erweitert. Ihr Malt Whisky ist eine wichtige Komponente der Blends von William Lawson. Diese Firma ist nun über die international agierende Martini&Rossi-Gruppe ein Tochterunternehmen von Bacardi. Der Whisky erscheint unter dem Namen »Macduff« in einigen unabhängigen Abfüllungen.

Stilrichtung Malzig. Süße Limonen in älteren Versionen. Belebend oder nach dem Essen.

GLEN DEVERON 12-year-old, 40 Vol%

Farbe Gold.

Duft Leichte Anklänge von Sherry. Reichhaltige, süße, frische Malzigkeit.

Körper Leicht bis mittelschwer, aber bemerkenswert geschmeidig.

Geschmack Kräftig, sehr klar, delikate Malzigkeit.

Abgang Malzige Trockenheit. Schnell, aber angenehm wärmend.

75 PUNKTE

Macduff-Abfüllungen

Macduff 1987, 40 Vol%, Connoisseurs Choice

Farbe Strahlendes Gold.

Duft Malzig. Toffee. Schwach nach Zitronengras.

Körper Sirupartig.

Geschmack Malzig. Marshmallows. Zitronenmarmelade.

Abgang Zitronenwürzige Trockenheit, wacholderbeerenartige Bitterkeit. Führt auf die folgende Version von Cadenhead hin.

74 PUNKTE

MACDUFF 1978, 57,8 Vol%, Cadenhead

Farbe Helles, grünliches Gold.

Duft Süßer Zitronensaft.

Körper Sirupartig.

Geschmack Süßer Zitronensaft. Ölig. Bemerkenswert aromatisch, Parfüm, Wacholderbeere. Gin und Limone? Sehr ungewöhnlich, aber angenehm.

Abgang Belebend.

74 PUNKTE

MACDUFF 1978, 58,8 Vol%, Signatory

Farbe Blasse Eiche.

Duft Trocken, malzig.

Körper Kräftig, trocken, sirupartig.

Geschmack Ahornsirup, Zitronensaft.

Abgang Zitronenwürze.

73 PUNKTE

GLENDRONACH

Hersteller Allied Distillers
Region Highlands **Distrikt** Speyside (Deveron)

Adresse Forgue, unweit von Huntly, Aberdeenshire, AB5 6DB
Tel Besucherzentrum 00 44 / 14 66 - 73 02 02

Manch eine Bar oder ein Geschäft wird den Vergleich zwischen zwei 12-jährigen Glendronach-Versionen anbieten. Der »Original« reifte in second-fill-Fässern, die Mehrzahl davon waren Bourbon- und nur wenige Sherryfässer. Die zweite Version wurde auf dem Etikett als durchgehend in Sherryholz gereift deklariert. Keiner von beiden wird mehr abgefüllt. Sie wurden vom Glendronach »Traditional« abgelöst, der beide Tugenden in sich vereint. Eine Ergänzung ist ein 15-jähriger Malt, der durchgängig in Sherry gelagert wurde. Der Gebrauch von Sherry wirkt sich sehr energisch aus und hat auch einige Kritiken eingebracht. Er ist toffee- und karamelltönig, aber frisch und saftig, nicht holzig und scharf.

Glendronach verfügt über eigene Mälzböden und kohlebeheizte Brennblasen. Ihr Whisky ist unter anderem ein Bestandteil des Teacher's Blends. Die Brennerei arbeitet nicht kontinuierlich, sie wird jedoch betriebsbereit gehalten.

Stilrichtung Geschmeidig, mächtig, mit einer neckenden, zugleich süßen und trockenen Malzigkeit. Sherrytönig. Nach dem Essen.

Glendronach im fruchtbaren Farmland von Aberdeenshire.

GLENDRONACH Traditional, 12-year-old, 40 Vol%

Farbe Strahlendes, kräftiges Bernstein. Sehr attraktiv.

Duft Süßliche Sherrynoten, viel Malz, etwas Heidekraut.

Körper Mittelschwer bis schwer. Sehr geschmeidig, leicht kernig.

Geschmack Leicht, aber deutlich nach Sherry, ein Hauch Eiche, Malz, Heidekraut, schwach nach Torf. Sehr gut ausgewogen.

Abgang Lang. Würzig. Trockene Malzigkeit.

77 PUNKTE

GLENDRONACH Original, 12-year-old, 43 Vol%

Farbe Gold.

Duft Trocken, mit einem Hauch Sherry und viel Malz.

Körper Mittelschwer bis schwer. Sehr geschmeidig und leicht sirupartig.

Geschmack Gut ausbalanciert, mit heidekrautartiger Trockenheit.

Abgang Gewaltige Aromaentwicklung, mit deutlichen, parfümartigen, fruchtigen Noten.

75 PUNKTE

GLENDRONACH, im Sherryfass gereift, 12-year-old, 40 Vol%

Farbe Kräftiges Bernstein

Duft Intensiver Sherry (süßer Oloroso?).

Körper Sehr reichhaltig und üppig.

Geschmack Eine gute Balance zwischen Sherrycharakter und Malz. Etwas karamellartige Süße, die aber auf keinen Fall überwiegt.

Abgang Sehr lang, mit etwas Trockenheit.

77 PUNKTE

GLENDRONACH 15-year-old, 100% Sherryfass

Farbe Kräftiges Bernstein.

Duft Süß, Rosinen, Sherry, ausgewogen durch polierte Eiche und süßlich, duftiger Torfrauch.

Körper Reichhaltig und geschmeidig.

Geschmack Eichentönig, trockene Malzigkeit, Knuspertoffee. Butterartig.

Abgang Lakritztoffee, Sherrynoten.

79 PUNKTE

GLENDRONACH 18-year-old, 43 Vol%

(Es gab auch eine limitierte stärker getorfte Ausgabe eines 19-jährigen.)

Farbe Leuchtend, extrem tief bernsteinfarben.

Duft Sehr stark nach Sherry. Trockenheit wie bei geröstetem Toffee und ein Anflug von Rauch.

Körper Geschmeidig, leicht trockener werdend.

Geschmack Beginnt mit einer Trockenheit wie von geröstetem Toffee, dann über malzige Süße bis zu Sherrytönen.

Abgang Lang, weich, wärmend mit toffeeartiger Trockenheit.

78 PUNKTE

GLENDRONACH 1975, 57,7 Vol%, Signatory

Farbe Strahlendes, kräftiges Gold.

Duft Trocken, grasartig, dann sahnig und malzig.

Körper Sahnig, aber fest.

Geschmack Sahnig, butterartig.

Abgang Laubartig, torfig, lang, wärmend.

76 PUNKTE

GLENDULLAN

Hersteller UDV (Diageo)
Region Highlands **Distrikt** Speyside (Dufftown)

Adresse Dufftown, Banffshire, AB55 4DJ

EINE ROBUSTE ABFÜLLUNG ZUM DESTILLERIE-JUBILÄUM, eine Flora-und-Fauna-Edition und nicht weniger als vier Rare-Malt-Versionen haben Glendullan die längst überfällige Aufmerksamkeit eingebracht. Die Brennerei, gegründet in den Jahren 1897/98, blickt auf ruhmreiche Zeiten zurück, zum Beispiel als König Edward VII. sich mit ihrem Whisky beliefern ließ, eine Ehre, die noch einige Jahre später auf den Fässern proklamiert wurde. 1919 wurde die Brennerei Teil von Macdonald und Greenlees, später von DCL und UDV. Ihr Whisky ist ein wichtiger Bestandteil der Old Parr Blends, die in Japan sehr beliebt sind. Ein weiteres Brennhaus wurde 1972 in Betrieb genommen. Beide, altes und neues, liefen bis 1985 parallel. Der größte Teil ihrer Whiskys wurde offensichtlich miteinander vermischt. Die Destillate der alten Brennblase erscheinen fester und herber; die der jüngeren leichter, aber mit deutlicheren Kräuter- und Fruchtnoten. Der Name leitet sich von dem Fluss Dullan ab.

Stilrichtung Parfümartig, fruchtig, trocken, chiliähnlich, ölig, mächtig. Als Füllung für die Taschenflasche.

GLENDULLAN 12-year-old, 43 Vol%

Farbe Bernsteinfarben.

Duft Etwas Sherry, malzig, leicht parfümartig und fruchtig.

Körper Mittelschwer bis schwer. Geschmeidig, fest und seidig.

Geschmack Mächtig, trocken und malzig, mit sich entwickelnden Noten von Parfüm und Frucht.

Abgang Fest, lang, pfeffrig, wärmend.

75 PUNKTE

GLENDULLAN 12-year-old, 43 Vol%, Flora und Fauna

Farbe Beinahe farblos, mit einem Hauch Gold.

Duft Leicht. Trockene Malzigkeit, Anklänge von Frucht.

Körper Kantig, dann seidig.

Geschmack Trockener Beginn, dann malzig, nussig, parfümartig und leicht fruchtig werdend.

Abgang Außerordentlich duftig und lang.

75 PUNKTE

GLENDULLAN 16-year-old, 62,6 Vol%, Jahrhundertabfüllung

Farbe Tiefgolden bis bernsteinfarben.

Duft Parfümartig. Pflanzlich. Polierte Eiche.

Körper Reichhaltig, sahnig.

Geschmack Geschlagene Sahne, dann Fett, nussige Trockenheit.

Abgang Lang. Staubig. Zitronengras. Chili.

78 PUNKTE

GLENDULLAN 1981 (1997 abgefüllt), 60,4 Vol%, Scott's

Farbe Kräftiges Schlüsselblumengelb.

Duft Trockene Malzigkeit. Zitronengras. Pflanzen. Politur. Leder.

Körper Weich, geschmeidig, von der leichten Sorte.

Geschmack Butter, Sahne, Malz, Entwicklung zu fruchtigen Anklängen von Chilli.

Abgang Leichte, späte Zitronengrasnoten, ein forscher Schwung Pfeffer.

75 PUNKTE

Rare-Malts-Versionen von Glendullan

22-jährig (1972 destilliert, 1995 abgefüllt), 62,6 Vol%: Tiefgolden; duftend, aber im Aroma zurückhaltend; zu Beginn fest, trocken, herb, stählern, sich süßer und mit Laubtönen entwickelnd; süßer, heidekrauttöniger, mächtiger Abgang. 77 PUNKTE.

23-jährig (1973 destilliert, 1996 abgefüllt), 62,43 Vol%: Gelblich; Heidekraut, Blumen und malzige Süße im Geschmack; kernige Malzigkeit in einem klaren, runden, sättigenden, sanften Geschmack; im Abgang mächtig, süß und heidekrauttönig. 78 PUNKTE.

23-jährig (1973 destilliert, 1997 abgefüllt), 58,8 Vol%: Strahlendes Goldgelb; gewaltiges Bukett von getrockneten Blumen und gepresstem Heidekraut; eichentönig-cremiger Geschmack; trockenes Heidekraut, Honig und Pfirsiche im Abgang. 78 PUNKTE.

23-jährig (1974 destilliert, 1998 abgefüllt), 63,1 Vol%: Rötlich-bernsteinfarben; sehr blumig, mit potpourriähnlichem Aroma; Erdnuss-Stückchen, Toffee und Malz im Geschmack; Heidekraut, Gartenminze und Tee im Abgang. 77 PUNKTE.

Frühere Abfüllungen

Ein 22-jähriger, mit 46 Vol%, von Cadenhead, hatte ein trockenes Aroma; Süße und Parfüm im Geschmack; mit einem parfümartigen, wärmenden Abgang. 74 PUNKTE.

GLEN ELGIN

Hersteller UDV (Diageo)
Region Highlands **Distrikt** Speyside (Lossie)

Adresse Longmorn, Morayshire, IV30 8SS **Tel** 00 44/13 43 - 54 78 91

IN DER GEGEND DES LOSSIE und der Stadt Elgin gibt es nicht weniger als acht Destillerien. Glen Elgin liegt der Stadt nicht am nächsten, aber nahe genug, um ihren Namen zu tragen. Aus diesem Landstrich kommen einige exzellente Whiskys und der süßliche Glen Elgin ist einer von ihnen. Die Brennerei wurde in den Jahren 1898–1900 gegründet und 1964 erweitert und umgebaut. Ihr Malt ist ein wichtiger Bestandteil der White Horse Blended Whiskys. Auf den Abfüllungen von Glen Elgin findet man in klein gedruckter Schrift den gemeinsamen Namen »White Horse Distillers«. Man darf darauf hoffen, dass die Destillerie in Zukunft auf dem Single-Malt-Sektor stärker aktiv wird. Nicht nur die Brennerei, sondern auch der Whiskyladen von Gordon & MacPhail sowie die Ruinen einer Kathedrale aus dem 13. Jahrhundert sind den Besuch der Stadt Elgin wert.

Stilrichtung Honig und Mandarine. Belebend oder nach dem Essen.

GLEN ELGIN, keine Altersangabe, 43 Vol%

Farbe Mittlerer Goldton.

Duft Heidekrauthonig.

Körper Leicht bis mittelschwer.

Geschmack Trockener, blumiger Beginn; wird süß, honigtönig, rein und malzig; einen Hauch Mandarine entwickelnd.

Abgang Geschmeidig, trockener werdend, später Sherry und Rauch.

76 PUNKTE

Andere Versionen von Glen Elgin

Ein 1978er, mit 50,4 Vol% von Signatory, ist blass Schlüsselblumengelb, verfügt über ein zitroniges, blumiges Aroma; einen geschmeidigen Körper; einen delikaten klaren und honigtönigen Geschmack, und ist im Abgang zunächst süßlich, später leicht rauchig. 78 PUNKTE. Ein 1970er, mit 43 Vol%, von Hart Brothers, ist tiefer goldfarben; hat ein ähnliches, blumiges Aroma; einen größeren, festeren Körper; jedoch weniger Honiggeschmack und einen würzigen trockenen Abgang. 78 PUNKTE. Ein 22-jähriger von Cadenhead, mit 50,1 Vol%, war von grünlichem Gold; mit kraftvollen Heidekrautaromen; einem geschmeidigen Körper; einem süßen, honigtönigen Geschmack und einem trockenen, fruchtigen Abgang. 76 PUNKTE.

GLENESK

Hersteller UDV (Diageo)
Region Highlands **Distrikt** Eastern Highlands

Adresse Kinnaber Road, Hillside, Montrose, Angus, DD10 9EP

An der Mündung des South Esk, bei Montrose gelegen. Die Verwendung verschiedener Vorsilben zum Wort »Esk« führte im Verlauf der Jahre zu einiger Verwirrung bei der Namengebung. Sogar unter dem Namen Hillside war der Whisky eine Zeit lang bekannt. Ursprünglich war Glenesk eine Flachsmühle, die 1897 von einem Weinhändler zu einer Brennerei umgebaut wurde. Zu einem späteren Zeitpunkt wurde hier ausschließlich Grain Whisky produziert. Die Geschicke von Glenesk waren, noch stärker als sonst in der Whiskybranche üblich, von den Konjunkturschwankungen abhängig. In einer Hochphase von Mitte der 60er bis Mitte der 80er Jahre leistete Glenesk ihren Beitrag zu dem bekannten Blend VAT 69, der von William Sanderson gemacht wurde und zunächst zu DCL, später zu UDV gehörte. William-Sanderson-Abfüllungen des 12-jährigen Glenesk Single Malt kann man auch heute noch finden. In den letzten Jahren gab es diverse Rare-Malt-Abfüllungen unter dem Namen Hillside. Die Destillerie wurde 1985 geschlossen.

Stilrichtung Frisch, rein, trocken. Aperitif.

GLENESK 12-year-old, 40 Vol%

Farbe Tiefgolden.

Duft Trockene Malzigkeit. Aromatisch. Ausgewogene Süße.

Körper Leicht bis mittelschwer, weich und geschmeidig.

Geschmack Weich und angenehm, trockene Malzigkeit, mit ausgewogenen Noten zurückhaltender Süße.

Abgang Eine aromatische, trockene Malzigkeit sorgt für einen reinen, frischen Malt.

66 PUNKTE

HILLSIDE, 25-year-old (1969 destilliert), 61,9 Vol%, Rare Malts

Farbe Helles, blasses, grünliches Gold.

Duft Vanille.

Körper Leicht, fest.

Geschmack Süßer Beginn. Dann trockene Malzigkeit. Getrocknete Aprikose und Banane.

Abgang Schwach nach Rosinen, Kräutern und Salz. Knusprig, frisch.

69 PUNKTE

Frühere Hillside-Abfüllungen aus der Serie Rare Malts

Ein 1970er, 25-jähriger, hatte offenkundig stärkere Noten. 68 PUNKTE. Ein gleichaltriger 1971er ging mehr in Richtung von Aprikosen und Birnen. 68 PUNKTE. Ein 1973er hatte mehr Toffee. 69 PUNKTE. Mit zunehmendem Alter gewinnt der Whisky an fruchtiger Komplexität und Malz.

GLENESK 1984, 40 Vol%, Connoisseurs Choice

Farbe Tiefgolden.

Duft Zedernholz, Rosinen.

Körper Leicht bis mittelschwer, weich und geschmeidig.

Geschmack Süßer Beginn, entwickelt sich zu trockenen Bananen.

Abgang Sahnig, würzig.

67 PUNKTE

GLENFARCLAS

Hersteller J. and G. Grant
Region Highlands **Distrikt** Speyside

Adresse Ballindalloch, Banffshire, AB37 9BD
Tel Besucherzentrum 00 44/18 07 - 50 02 57
Internet www.glenfarclas.co.uk **E-Mail** J&BGrant@glenfarclas.demon.co.uk

IN SCHOTTLAND GIBT ES NUR NOCH EINE HAND VOLL wirklich unabhängige Destillerien. Glenfarclas verteidigt ihre Unabhängigkeit energisch und erfolgreich. Sie existiert am längsten in der Branche und ist unter Kennern bestens bekannt. Ihre Whiskys gehören zu den hochrangigen Malts der Speyside-Region, wenngleich ihr Ruf nicht so verbreitet ist wie der einiger anderer.

Die Brennerei gehört dem Familienunternehmen J. and G. Grant. Die Familie hat zu den gleichnamigen Whiskyproduzenten in Dufftown keine Verbindung und besitzt auch keine weiteren Brennereien oder Abfüllanlagen. Die Geschichte von Glenfarclas geht auf das Jahr 1835 zurück, und seit 1865 befindet sich die Brennerei in Familienbesitz. Die Ausstattung ist modern und die Brennblasen sind die größten in der Region Speyside.

Stilrichtung Mächtig, komplex, malzig, sherrytönig. Nach dem Essen.

GLENFARCLAS 105, ohne Altersangabe, 60 Vol%
Bekannt als 105° und zwischen 8 und 10 Jahren alt.

Farbe Kräftiges Gold bis Bronze.

Duft Robust, Karamellbonbon und Rosinen.

Körper Vollmundig, schwer.

Geschmack Sehr süßer Nektar, mit honigtöniger Trockenheit.

Abgang Durch den hohen Alkoholgehalt lang und wärmend. Rund.

88 PUNKTE

GLENFARCLAS 10-year-old, 40 Vol%

Elegant und recht trocken für einen Glenfarclas.

Farbe Tiefgolden.

Duft Voluminös, mit Sherrysüße und Nuss, aber auch Rauch.

Körper Charakteristisch fest.

Geschmack Frisch und trocken, mit Geschmacksfülle in der Entfaltung.

Abgang Süß und lang.

86 PUNKTE

»Eagle of Spey« ist weniger sherrytönig; leichter im Körper, etwas fruchtiger, trockener und rauchiger. 79 PUNKTE.

GLENFARCLAS 12-year-old, 43 Vol%

Für viele Anhänger das vertrauteste Gesicht von Glenfarclas.

Farbe Bronze.

Duft Trockener, schnell präsent.

Körper Fest, schwach ölig.

Geschmack Reicher Geschmack, mit Noten von Torfrauch.

Abgang Trotz seiner Jugend lang, mit Eichentönen.

87 PUNKTE

»Meadhan« ist das weniger sherrytönige, leichter schmeckende, schwach torfige Gegenstück für einige Märkte. 78 PUNKTE.

GLENFARCLAS 15-year-old, 46 Vol%

Mit Sicherheit der am besten ausgewogene Glenfarclas.

Farbe Bernsteinfarben.

Duft Viel Eiche, Sherry, Malz und ein wenig Rauch. Alle Elemente eines liebevoll komponierten Buketts.

Körper Fest, abgerundet.

Geschmack Energisch, wundervoll verschmolzene Elemente.

Abgang Lang und geschmeidig.

88 PUNKTE

GLENFARCLAS 17-year-old, 43 Vol%

Hauptsächlich in Fernost erhältlich.

Farbe Kräftiges Bernstein.

Duft Vollerer Sherryton, leichter, duftiger Rauch. Deutliche Eiche.

Körper Fest, rund.

Geschmack Zunächst fest, dann eine Woge von Butter in der Mitte, die in fruchtige Trockenheit übergeht.

Abgang Ein Hauch von Mandeln und Bitterschokolade.

88 PUNKTE

GLENFARCLAS 21-year-old, 43 Vol%

Farbe Bernsteinfarben.

Duft Mehr Sherry. Butter. Sultaninenähnliche Fruchtigkeit. Süßer Zitronensaft auf einem Pfannkuchen. Mehr Rauch sowie Anklänge von Eiche. Alle Noten entwickeln sich langsam und deutlich.

Körper Voluminös und fest.

Geschmack Immense Geschmacksentwicklung. Rosinen, Gewürze, Ingwer.

Abgang Bemerkenswert lang, mit viel Sherry, wird süß und duftig.

89 PUNKTE

GLENFARCLAS 25-year-old, 43 Vol%

Von allem etwas mehr. Für Puristen vielleicht ein bisschen holzig, ansonsten ein grundehrlicher After-Dinner Malt.

Farbe Dunkles Bernstein.

Duft Stechend, kräftig.

Körper Voluminös mit trockener Struktur.

Geschmack Die Geschmacksnoten sind so eng miteinander verflochten, als wolle der Whisky sein Geheimnis zunächst nicht preisgeben. Sehr langsam, wenn auch auf trockene Art, entwickeln sich die einzelnen Aromen.

Abgang Lang, eichentönig, kräftig. Extrapunkte für das respektable Alter.

88 PUNKTE

GLENFARCLAS 30-year-old, 43 Vol%

Farbe Strahlender Bernsteinton.

Duft Eichentönig, leicht holzig.

Körper Sehr fest.

Geschmack Nussig und eichentönig.

Abgang Eichentönig, krätig, torfig.

87 PUNKTE

GLENFARCLAS 40-year-old, 54,7 Vol% (Millennium Edition)

Farbe Tief bernsteinfarben, mit einem Hauch Mondgelb.

Duft Eichentönig.

Körper Mittelschwer bis schwer. Sehr fest.

Geschmack Eichentöniger Beginn, nussige Malzigkeit und Rosinensüße. Eng miteinander verflochtene Aromen öffnen sich nach Zugabe eines Spritzers Wasser.

Abgang Torf. Holzfeuer. Eiche.

87 PUNKTE

Einige Jahrgangsabfüllungen von Glenfarclas

1981 Fassstärke, 53,4 Vol%
Lieblicher, warmer Bernsteinton; appetitanregend nussiges Aroma; geschmeidig, reichhaltig an Sherry, Frucht und Malz, mit einem leichten torftönigen Abgang. 89 PUNKTE.

1979 (im Februar 1998 abgefüllt), 43 Vol%
Blass bernsteinfarben, parfümartiges Aroma; weich, süß, komplexer Geschmack; Sherry und Butter im Abgang. 88 PUNKTE.

1979 Fassstärke, 57,1 Vol%
Warmer Bernsteinton, reines Nussaroma; geschmeidig, kräftig; delikate Lakritze; sehr lang, voluminös, würzig, trocken, wärmender Abgang. 89 PUNKTE.

Juni 1978 (August 1998 abgefüllt), 43 Vol%
Blass bernsteinfarben; Aroma von poliertem Leder; liebliches Zusammenspiel von Trockenheit und Süße; Malz; schwach nach Gras und Torf im Abgang. 88 PUNKTE.

1978 »Maria Stuart« Edition, 45,5 Vol%
Kräftig walnussfarben; appetitanregend eichentönig, mit etwas Torf im Aroma; gutes Zusammenspiel von Sherry, Eiche, Malz und Torf. Trockenheit scheint zu überwiegen, späte fruchtige Süße verlängert die Bemühungen. Ein sehr komplexer Whisky für Liebhaber älterer Malts. 90 PUNKTE.

September 1973 (August 1998 abgefüllt) 43 Vol%
Altgold; torfiges Aroma, Öl, Butter; geschmeidig; späte Süße, etwas Vanille; fest, wärmender Abgang. 87 PUNKTE.

1966 (1997 abgefüllt), 46 Vol%
Bronze, duftiges, süßliches Aroma; torfiger, würziger Geschmack; sehr warmer, würziger Abgang, mit etwas Süße. 89 PUNKTE.

Glenfarclas bemüht sich nicht um unabhängige Abfüller, nur einige werden versorgt und haben Unterstützung. 1993 veröffentlichte Cadenhead einen 13-jährigen (1980 destilliert), mit 59,6 Vol%; geschmeidig, ölig, mit einem robusten Zusammenspiel von Torf, Malz und Würze. 86 PUNKTE. Der gleiche Abfüller veröffentlichte 1997 einen 17-jährigen, mit 58,5 Vol% desselben Jahres. Dieser ist sehr komplex, wunderbar ausgewogen und würzig. 87 PUNKTE. Im gleichen Jahr füllte Cadenhead einen 25-jährigen (1972 destilliert) mit 53,4 Vol% ab. Dieser ist trockener, torfiger und eichentöniger, aber wiederum mit charakteristisch süßem Abgang. 87 PUNKTE. Keiner ist übermäßig sherrytönig, sodass sie wirklich unterschiedliche Ausdrucksformen dieses geschmackvollen Malt bieten.

GLENFIDDICH

Hersteller William Grant and Sons
Region Highlands **Distrikt** Speyside (Dufftown)

Adresse Dufftown, Banffshire, AB55 4DH **Tel** Besucherzentrum 00 44 / 13 40 - 82 00 00
Internet www.glenfiddich.com

Das Fiddich-Tal gab diesem meistverkauften Whisky der Welt seinen Namen. Die Brennerei Glenfiddich liegt in Dufftown an dem kleinen Fluss, dessen Namen sie trägt. »Fiddich« heißt so viel wie »Tal des Wildes«. Ein Hirsch stellt deshalb das Emblem von Glenfiddich dar.

Die Brennerei wurde 1886/87 gegründet und ist noch immer, in Form einer GmbH (Ltd.), im Besitz der Gründerfamilie. Als relativ kleines Unternehmen stand es während des Wirtschaftswachstums nach dem Zweiten Weltkrieg unter einem enormen Konkurrenzdruck durch größere Firmen. Dies führte schließlich 1963 zu der Entscheidung, den Whisky konsequent als Single Malt zu vermarkten und nicht mehr nur den weitaus größeren Blending-Firmen zur Verfügung zu stellen. Von der Whiskyindustrie, die zu dieser Zeit von Blended Scotch dominiert war, wurde das als Unsinn betrachtet. Allgemein galt ein Single Malt als zu geschmacksintensiv für Engländer und andere Ausländer.

Die Weitsicht und Beharrlichkeit von Glenfiddich war beispielhaft und wurde zum Präzedenzfall, ohne den kaum ein Konkurrent den Mut gehabt hätte, ebenfalls seinen Whisky als Single Malt anzubieten. Der Malt-Liebhaber hat Glenfiddich also viel zu verdanken.

Der frühe Beginn war die Basis für den Erfolg des Glenfiddich. Dazu hat zweifelsfrei der Umstand beigetragen, dass Glenfiddich zu den milderen Malts zählt. Glenfiddich in seiner gewöhnlichen Form (keine Altersangabe, angeblich 8 Jahre gereift) ist gut trinkbar: ein leichter, geschmeidiger Malt, mit einem Hauch von Frucht. Gewöhnlich wird er auf dem Etikett als »Special Old Reserve« bezeichnet (letzteres Wort wird von Glenfiddich favorisiert).

Malt-Liebhaber, die eine größere Herausforderung suchen, werden mehr Komplexität in den länger gereiften Versionen finden. Hierzu zählt auch das neueste Produkt von Glenfiddich: Ein 15 Jahre gereifter Whisky, der anschließend im Soleraverfahren gevatted wurde.

1991 wurden neun Fässer eines 50 Jahre alten Whiskys abgefüllt. Sie wurden in London für ca. 5000 US-Dollar pro Flasche verkauft, eine davon erbrachte bei einer Auktion in Mailand sogar 70 000 US-Dollar. Für sein Alter war der Whisky erstaunlich rund, schokoladig und ohne übermächtige Eichentöne.

Glenfiddich verfügte als erste Brennerei über ein Besucherzentrum. Manch einer meint vielleicht, dies wäre mehr etwas für Touristen als für Puristen, man sollte es als Besucher der Highlands jedoch nicht versäumen.

Ein wirklich traditionelles Element sind die kohlebeheizten Brennblasen. Sie sind sehr klein, und der Whisky wird hauptsächlich in unbehandelten Eichenfässern gelagert, nur etwa zehn Prozent lagert in Sherryfässern. Whisky aus verschiedenen Fässern wird abschließend in unbehandelter Eiche vermählt. Glenfiddich bezeichnet seinen Whisky gerne als »im Château abgefüllt«. Das Ungewöhnliche an dieser Destillerie ist die eigene Abfüllanlage. Die einzige andere Malt-Brennerei mit hauseigener Abfüllanlage ist Springbank.

Neben Glenfiddich gehören auch noch die Destillerien Balvenie (1892 gegründet) und die neuere Kininvie (1990) zu William Grant. Kininvie ist nur wenig mehr als ein Brennhaus. Der kräftige, cremige Malt wird für die Blends von Grant's gebraucht, als Single Malt wurde er bisher nicht abgefüllt. Des Weiteren gehört in Schottland noch die Destillerie Girvan Grain zum Konzern (siehe Ladyburn).

Stilrichtung In jungen Jahren als fruchtiger Aperitif; im reiferen Alter als rosinentöniger, schokoladiger Malt nach dem Essen.

Die steilen Dächer und die traditionelle Pagodenform der Malzdarren bei Glenfiddich.

GLENFIDDICH Special Reserve, ohne Altersangabe, 40 Vol%

Farbe Sehr hell, Weißwein.

Duft Leicht, frisch aber süß, appetitanregend, fruchtig, birnenartig.

Körper Leicht, mager, fest, geschmeidig.

Geschmack Trocken, birnenartig, deutlicher werdende Fruchtnoten. Ein Schuss Wasser eröffnet einen leichten Rauchton und süße, malzige Noten.

Abgang Zurückhaltend, aromatisch.

75 PUNKTE

GLENFIDDICH Classic, ohne Altersangabe, 43 Vol%

Diese Version wird nicht mehr abgefüllt, ist aber noch immer erhältlich.

Farbe Blassgolden.

Duft Weicher. Trockene Malzigkeit, Birnenschalen, leichter Sherryton und schwache Rauchnoten.

Körper Fest, geschmeidig.

Geschmack Geschmeidig. Trockene Malzigkeit, ausbalanciert durch verhaltene Süße, leicht rauchig. Eng kombinierte Aromen.

Abgang Geschmeidig, trocken.

76 PUNKTE

GLENFIDDICH, 15-year-old, Cask Strength, 51 Vol%

Vorwiegend im Dutyfree erhältlich.

Farbe Tiefgolden.

Duft Leicht, weich, Torfrauch.

Körper Geschmeidig, leicht sahnig.

Geschmack Geschmeidig. Haselnuss, Sahne, trockene Malzigkeit.

Abgang Geschmackvoll, appetitanregend. Grasnoten und Torfrauch.

80 PUNKTE

GLENFIDDICH 15-year-old, Solera Reserve, 40 Vol%

Farbe Strahlendes Gold.

Duft Schokolade. Toast, Anklänge von Rauch.

Körper Leicht, aber sehr geschmeidig.

Geschmack Geschmeidig. Weiße Schokolade, Birnen in Sahne. Kardamom.

Abgang Sahne, etwas Ingwer.

78 PUNKTE

GLENFIDDICH Excellence 18-year-old, 43 Vol%

Farbe Gold.

Duft Duftig, blumig.

Körper Sehr geschmeidig und rund.

Geschmack Reif, Entwicklung zu süßeren, würzigeren Noten.

Abgang Trocken, würzige, kräuterartige (Enzian?), torfige Festigkeit

79 PUNKTE

GLENFIDDICH Ancient Reserve, 18-year-old, 40 Vol%

Ein Teil des Whiskys dieser Version ist älter als auf dem Etikett angegeben. Mit einem leichten Akzent von first-fill-Sherryfässern (eher Butts als Hogsheads und eher spanische als amerikanische Eiche) und dem erdigen Boden eines traditionellen Lagerhauses.

Farbe Altgold.

Duft Kräftiger.

Körper Weicher.

Geschmack Reifer und runder, weich und verhalten. Erzielt Punkte für Kultiviertheit und Sherrycharakter.

Abgang Nussig. Blumige Torfanklänge.

78 PUNKTE

Eine Version mit 43 Vol% des gleichen Alters in einem Keramikdekanter erscheint geschmeidiger und malziger. Vielleicht mehr Vanille aus der Lagerung in amerikanischer Eiche? 77 PUNKTE. Diese Ausführung ist nur schwer zu bekommen.

GLENFIDDICH Superior Reserve 18-year-old, 43 Vol%
Diese Version in einem vergoldeten Dekanter ist wohl die Sherrytönigste.

Farbe Tiefgolden.

Duft Sehr weich. Ein guter Schuss Sherry und etwas Ingwerwürze.

Körper Mittelschwer, geschmeidig.

Geschmack Seidig, schokoladig.

Abgang Weich würzig.

79 PUNKTE

GLENFIDDICH 21-year-old, 43 Vol%
Diese Version, in einem Wedgwood-Dekanter, wird nicht länger abgefüllt, ist aber noch immer erhältlich.

Farbe Voller Goldton, eine Spur dunkler.

Duft Ein Hauch Sherry?

Körper Überraschend vollmundig.

Geschmack Komplex, sowohl süß als auch trocken. Bitterschokolade und getrocknete Früchte, leichte Röstaromen. Schließlich energische, trockene Noten, mit Anklängen an Torf.

Abgang Noch immer sanft, aber länger.

81 PUNKTE

GLENFIDDICH 30-year-old, 43 Vol%
Diese Version, in einem Kristalldekanter, wird nicht mehr abgefüllt, ist aber immer noch erhältlich.

Farbe Voller Goldton, eine Spur dunkler.

Duft Noten von Sherry, Frucht, Schokolade und Ingwer.

Körper Weich, vollmundig, etwas viskos.

Geschmack Mehr Sherry, Rosinen, Schokolade, Ingwer. Luxuriös.

Abgang Langsam, mit Schokoladennoten und ingwerartiger Trockenheit.

86 PUNKTE

Unabhängige Abfüllungen von Glenfiddich
Wie viele andere Destillerien unterstützt Glenfiddich keine unabhängigen Abfüller. Die recht interessante Politik besteht darin, zum Verkauf anstehende Fässer, die angeblich für Blending-Zwecke bestimmt sind, mit einer winzigen Menge von The Balvenie zu versetzen. Somit kann das Fass nicht mehr als Glenfiddich verkauft werden. Es ist bereits einige Jahre her, seit zum letzten Mal unabhängige Glenfiddich-Abfüllungen auf dem Markt gesichtet wurden. Ein 30-jähriger, der Mitte der 90er Jahre durch Cadenhead herauskam, war etwas holzig, wurzel- und mandelartig, hatte jedoch viel Charakter und etwas Sherry. 77 PUNKTE.

GLEN FLAGLER

Hersteller Inver House
Region Central Lowlands **Distrikt** Central Lowlands

Adresse Towers Road, Moffat, Airdrie, Lanarkshire, ML6 8PL
Internet www.inverhouse.com **E-Mail** enquiries@inverhouse.com

Eine flüchtige Erscheinung, die von Zeit zu Zeit wie ein Geist wiederkehrt. Insgesamt drei Whiskys wurden in dem Gebäudekomplex aus dem Jahr 1965 bei Moffat nahe Airdrie produziert. Glen Flagler und Killyloch als Malt Whiskys, des Weiteren ein Grainwhisky unter dem Namen Garnheath. Sie gehörte zu den kurzlebigsten Destillerien in der Geschichte des Scotch Whisky. Der moderne, in ehemaligen Papiermühlen untergebrachte Komplex, war ursprünglich dazu bestimmt, Whisky für die Blends von Inver House zu produzieren. Das Anwesen ging in den Besitz von Publicker in Philadelphia über und scheiterte schließlich an einer der zyklisch wiederkehrenden Branchenkrisen. Killyloch stellte die Produktion Anfang der 70er Jahre ein, Glen Flagler und Garnheath folgten Mitte der 80er. Das Management schuf mit Inver House eine neue Gesellschaft auf dem alten Gelände.

Für kurze Zeit war Glen Flagler der Name eines Malt aus dieser Destillerie. Beide, sowohl Glen Flagler als auch Killyloch, wurden später als Vatted Malts bekannt. In den 90er Jahren, als sie für immer verloren schienen, fand der Abfüller Signatory einen kleinen Bestand beider Malts, der auf den Markt gebracht wurde.

Stilrichtung Glen Flagler ist ein würziger, parfümtöniger Malt. Belebend oder als Aperitif.
Killyloch ist korntöniger und süßer. Zum Dessert.
Beide haben Lowlandcharakter, wenngleich dieser bei Killyloch stärker zum Ausdruck kommt.

GLEN FLAGLER 24-year-old (1972 destilliert, 1997 abgefüllt), 52 Vol%

Farbe Strahlendes Gelb.

Duft Gras, Leinsamen. Junges Leder.

Körper Mittelschwer, fest. Seifenartig trocken.

Geschmack Zitronig, ölig, torfig.

Abgang Trocken. Später wärmend, pfeffrig.

70 PUNKTE

GLEN FLAGLER 1970 (1995 abgefüllt), 52 Vol%, Signatory

Dieser Whisky steht hinter seiner sonstigen Qualität weit zurück.

Farbe Tief bernsteinfarben.

Duft Torfig, duftig (Veilchen?), sehr trocken.

Körper Dick.

Geschmack Zitrone, Gras, staubig.

Abgang Holzig, staubig. Angenehme, pfeffrige Wärme.

63 PUNKTE

KILLYLOCH 1972, 22-year-old, 52,6 Vol%

Farbe Warmer Bronzeton.

Duft Vanille. Maispudding.

Körper Leicht bis mittelschwer, die Zunge einhüllend.

Geschmack Süß. Nussig, Mandelblättchen.

Abgang Zitronenquark, Zitronenschale, Zitronenwürze.

69 PUNKTE

GLEN GARIOCH

Hersteller Morrison Bowmore (Suntory)
Region Highlands **Distrikt** Eastern Highlands

Adresse Old Meldrum, Inverurie, Aberdeenshire, AB51 0ES **Tel** 00 44/16 51 - 87 34 50
Internet www.morrisonbowmore.co.uk

Wird eine alte Destillerie wiederbelebt, ist das immer eine gute Nachricht. Im Fall Glen Garioch insbesondere für Liebhaber rauchiger Highland Malts. Die Brennerei, deren Geschichte bis in das Jahr 1797 zurückreicht, verfügt über eigene Malzböden. Sie liegt an der Straße von Banff nach Aberdeen, in einer Stadt mit dem launigen Namen Old Meldrum, im Garioch-Tal, der Getreidekammer dieses Teils von Schottland. Die niedrigen aus Stein errichteten Gebäude erinnern ein wenig an eine Dorfschule.

Früher, als dieser Whisky noch Hauptbestandteil des VAT 69 war, wurde ungetorftes Malz verwendet. Das änderte sich 1970 mit der Übernahme der Destillerie durch die heutigen Besitzer. Der neue Mälzer, der auf Islay sein Handwerk lernte, ging recht großzügig mit dem Torf um. Das Ergebnis war ein Whisky mit einem »altmodischen Raucharoma«, der in der Speyside-Region schon lange als vergessen galt.

1995 wurde die Produktion von Glen Garioch eingestellt, zwei Jahre später wieder aufgenommen. Dafür wurde die Brennerei (sprich: »Glen Gierie«) volkommen neu ausgestattet. Für die Mälzerei bestehen ähnliche Pläne. Werden Malz und Whisky in Zukunft noch so torfig sein? Der zur Zeit für Blending-Zwecke hergestellte Malt ist im Stil eher konventionell. Zumindest einmal pro Jahr würde man sich eine gut getorfte Edition wünschen.

Stilrichtung Leicht torfig, blumig, duftig, würzig. Jünger als Aperitif. Im reiferen Alter nach dem Essen.

Der größte Teil dieser Destillerie stammt aus dem späten 19. Jahrhundert.

GLEN GARIOCH 8-year-old, 40 Vol%

Farbe Tiefgolden.

Duft Herbstlaub, Gras, ein Hauch von Torf.

Körper Mittelschwer, geschmeidig.

Geschmack Malziger Beginn, Butter, aber sehr rein. Dann Pfannkuchen und nussige, lebhafte Aromen.

Abgang Späte Wogen von Ingwer, Honig und Heidekraut.

76 PUNKTE

GLEN GARIOCH 12-year-old, 40 Vol%

Diese Version ist nur schwer zu finden.

Farbe Bronze.

Duft Duftig, Laub, Torf. Ein Hauch trockener Oloroso?

Körper Mittelschwer, fest.

Geschmack Ineinander verwobene Süße von Heidekrauthonig und trockenem Torfrauch.

Abgang Echos beider Elemente. Schnell und wärmend.

77 PUNKTE

GLEN GARIOCH 15-year-old, 43 Vol%

Farbe Tiefgolden.

Duft Eine gute Welle erdiges Torf, Öl und Rauch. Sehr aromatisch.

Körper Mittelschwer, kräftig.

Geschmack Allmähliche Entwicklung von malzigen, lakritzartigen Noten über heidekrautartige, blumige und duftige Rauchtöne. Reich an Charakter.

Abgang Sehr lang, würzig, wärmend.

79 PUNKTE

GLEN GARIOCH 21-year-old, 43 Vol%

Die jüngsten Abfüllungen verfügen über mehr Torf, Eiche und Sherry als frühere Versionen dieses Alters. Ein überragender Highland Malt.

Farbe Poliertes Bernstein.

Duft Nach Leder, Laub, Torf, Rauch, Phenol.

Körper Mittelschwer bis schwer.

Geschmack Süße, saftige Eiche. Butter. Nussiger, siruptöniger Ingwerkuchen.

Abgang Mächtig und sehr rauchig, aber geschmeidig. Lang anhaltendes Toffee und Frucht. Korinthe. Korinthenblüten.

81 PUNKTE

GLEN GARIOCH 18-year-old, Selected Cask Vatting, 59,4 Vol%

Farbe Tiefer, warmer Goldton.

Duft Frisch, pflanzlich, duftig, sanft, mit einem Hauch Torf.

Körper Überraschend üppig.

Geschmack Üppig, süß, reine, sirupartige Malzigkeit.

Abgang Sehr lang. Siruptoffee. Ingwerwürze. Trockenheit von Wurzeln. Stark wärmend. Sehr spätes Echo von phenolischem Torf.

80 PUNKTE

GLEN GARIOCH 27-year-old, Selected Cask Vatting, 49,6 Vol%

Diese Version ist nur schwer zu bekommen.

Farbe Helles Bernstein.

Duft Leicht torfig, noch immer ein Hauch von Phenol.

Körper Mittelschwer.

Geschmack Zusammenspiel von malziger Süße und Trockenheit.

Abgang Würzig. Pfeffer und salzige Erde.

80 PUNKTE

GLEN GARIOCH 29-year-old, Individual Cask Bottling, destilliert im April 1968, 56,6 Vol%, Fass 626, Hogshead

Farbe Sehr dunkles Orange bis Kastanie.

Duft Geröstete Eiche. Phenol. Wieder salzige Erde.

Körper Mächtig, fest.

Geschmack Schwarzes Sirup-Sahne-Karamell, Entwicklung zu später Minze. Extra starkes Pfefferminz. Trocken auf der Zunge.

Abgang Außergewöhnlich lang. Hustenbonbons.

81 PUNKTE

GLEN GARIOCH, 43 Vol%, limitierte Jubiläumsedition
1961 destilliert, zu einer Zeit als Glen Garioch fast nicht getorft wurde. Gereift in first-fill-Fässern aus amerikanischer Eiche.

Farbe Strahlendes, tiefes Gold.

Duft Erstaunlich frisch. Bemerkenswert nach Minze.

Körper Mittelschwer, fest, rund.

Geschmack Frisch, weich und klar. Beinahe mentholartig mit Entwicklung zu Gartenminze. Einige Verkoster fühlten sich an Sternfrucht erinnert. Trocken gegen einen leicht siruptönigen, malzigen Hintergrund.

Abgang Lang, minzig, wärmend. Trockene Anklänge an Vanilleschoten. Bemerkenswert sanft.

81 PUNKTE

Andere Versionen von Glen Garioch
Ein 1971er von Oddbins, der 1994 abgefüllt wurde, war deutlich torfig und phenolisch, aber mit der Ausgewogenheit von Blumen und Nüssen. 80 PUNKTE. Ein früherer, 17-jähriger mit 54,2 Vol% mit dem Caskieben-Etikett war süß und laubartig, mit etwas Vanille, dafür aber einem Mangel an Torf. 75 PUNKTE.

GLENGLASSAUGH

Hersteller Highland Distillers
Region Highlands **Distrikt** Speyside (Deveron)

Adresse Portsoy, Banffshire, AB45 2SQ

MALT-WHISKY-LIEBHABER DER BRENNEREI GLENGLASSAUGH können sich freuen: kürzlich wurde in der Reihe »Family Silver« von Highland Distillers eine vollkommen neue Abfüllung herausgebracht. Glenglassaugh wurde 1875 gegründet, 1959/60 vollständig umgebaut und schon 1986 wieder geschlossen. Im Moment gibt es keine Anzeichen für eine Wiedereröffnung. Der Whisky ist Teil solch hoch angesehener Blends wie The Famous Grouse, Cutty Sark und Laing's, aber sein eigenwilliger Geschmack war immer schon Fluch und Segen zugleich. »Sackleinen ... Jute« war die Beschreibung eines Verkosters dieses ausgeprägten Malt; »Flachs, vielleicht«, die eines anderen Bewunderers. Es könnte auch das Aroma von mit Gras und Ginster überwachsenen Sanddünen sein. Auf alle Fälle handelt es sich um einen eindeutigen Küstenmalt, produziert in Portsoy, an der Mündung der Flüsse Spey und Deveron.

Stilrichtung Grasige Malzigkeit. Als Stärkung oder Erfrischung.

GLENGLASSAUGH 1973 Vintage Reserve, 40 Vol%, The Family Silver

Farbe Tiefes Altgold.

Duft Frisch gestärktes Leinen. Seeluft.

Körper Leicht bis mittelschwer. Fest, geschmeidig.

Geschmack Geschmeidig, grasig. Leicht nach Leder und ölig.

Abgang Leinsamen. Beruhigend. Wärmend.

81 PUNKTE

GLENGLASSAUGH, keine Altersangabe, 40 Vol%

Diese Version von Highland Distillers wird in einigen Märkten als 12-jähriger etikettiert. Sie ist heute nur noch schwer zu finden.

Farbe Gold.

Duft Frisches Leinen.

Körper Leicht, aber fest und geschmeidig.

Geschmack Grasig, süßlich.

Abgang Sanft, etwas trocken.

76 PUNKTE

GLENGLASSAUGH 1986, 40 Vol%, MacPhail's Collection

Farbe Helles Zitronengelb.

Duft Leicht. Wohlriechend. Zitrone. Ginster.

Körper Leicht. Seidige Geschmeidigkeit.

Geschmack Klar. Ölig. Hauch von Zeder. Etwas wurzelige Lakritze.

Abgang Sanft, wärmend. Etwas Zitronenwürze.

76 PUNKTE

GLENGLASSAUGH 1974, 56,9 Vol%, Scott's Selection

Farbe Tiefes Altgold.

Duft Creme. Ginster. Ölig. Salzig.

Körper Viskos.

Geschmack Trocken, ölig. Fruchteis.

Abgang Zitronenartig. Warmer Zitronensaft. Wärmend.

77 PUNKTE

GLENGOYNE

Hersteller Lang Brothers
Region Highlands **Distrikt** Highlands (Southwest)

Adresse Dumgoyne, Stirlingshire, G63 9LB
Tel Besucherzentrum 00 44 / 13 60 - 55 02 54
Internet www.glengoyne.com **E-Mail** shendry@edrington.co.uk

DIE VERWENDUNG VON UNGETORFTEM MALZ spielt bei der Herstellung dieses klaren, nussigen Whiskys, der knapp oberhalb der Highland Grenze hergestellt wird, eine bedeutende Rolle. Glengoyne selbst beschreibt sein Produkt als einen südlichen Highland Malt. Eine herausragende Millennium Edition (siehe Besprechungen) ist der jüngste Höhepunkt in einer Reihe ausgezeichneter Abfüllungen, darunter eine besonders delikate und cremige Version, die ausschließlich aus der Gerstensorte Golden Promise von einer Farm in Northumberland hergestellt wurde. Die Winterdestillation profitiert vom kalten Wetter. Selbst am 25. Dezember ist hier noch bis 1972 destilliert worden. Glengoyne hat eine einzigartige Stellung durch die Verwendung ausgewählter Fässer: Es kommen vorwiegend Palo-Cortado-Fässer zum Einsatz, doch es werden auch auch Fino- und alte Amontillado-Fässer benützt. Küfer und Bodegas in Jerez produzieren und verwenden diese Fässer im Auftrag von Glengoyne.

Nur 20 Kilometer von Glasgow entfernt, lohnt Glengoyne unbedingt einen Abstecher. Die Destillerie und der Ort haben ihren Namen vom Guin, einem kleinen Fluss, der in den Loch Lomond fließt. Glengoyne soll 1833 gegründet worden sein und war seit ca. 1870 im Besitz von Lang's. Der Whisky ist Bestandteil von Lang's Blends, Cutty Sark und The Famous Grouse.

Stilrichtung Sehr gut trinkbar, aber voller malziger Aromanoten. Stärkend, zum Dessert oder nach dem Essen.

Glengoynes Brennblasen: Die Kurven am unteren Ende des Halses wirbeln die aufsteigenden Dämpfe zurück und erzeugen ein verfeinertes Destillat.

GLENGOYNE 10-year-old, 40 Vol%

Farbe Gelbliches Gold.

Duft Eine frische, aber sehr weiche, warme Fruchtigkeit (Cox-Äpfel?), mit einer reichen malzigen Trockenheit und einem Hauch saftiger Eiche.

Körper Leicht bis mittelschwer, geschmeidig, rund.

Geschmack Klar, grasig, fruchtig, mit mehr Apfelnoten, geschmackvoll, sehr angenehm.

Abgang Immer noch süß, aber leicht trocknend. Klar und appetitanregend.

74 PUNKTE

GLENGOYNE 12-year-old, 43 Vol%
Heute nur noch sehr schwer zu finden. Sehr ähnlich dem 10-jährigen. Von allem ein Spritzer mehr. 75 PUNKTE.

GLENGOYNE 17-year-old, 43 Vol%

Farbe Kräftiges Gold, mit einem Hauch Orange.

Duft Warm, trocken. Malzigkeit und Fruchtigkeit. Palo Cortado Sherry. Zeder und frische Eiche.

Körper Mittelschwer, sehr fest und geschmeidig.

Geschmack Tiefe, reichhaltige Aromen. Malz, klare Fruchtigkeit (Anklänge an Äpfel), Nüsse, Zeder, mehr Eiche. Ein wirklich sehr schön ausgereifter Whisky.

Abgang Lang und mit Anspielungen an Sherry.

77 PUNKTE

GLENGOYNE 21-year-old, 43 Vol%

Eine sehr schön ausgewogene Edition.

Farbe Kräftiges Gold, mit einem Hauch Dunkelorange.

Duft Wohlriechend. Anklänge an Äpfel, Eiche und Erde.

Körper Fest, geschmeidig.

Geschmack Sehr feste Malzigkeit. Trockene Cremigkeit. Klare Frucht (Anklänge an Orange) und Eiche.

Abgang Creme. Vanilleschoten. Zimt.

79 PUNKTE

GLENGOYNE 30-year-old, 50 Vol%

Eine sehr interessante eichentönige Variante.

Farbe Tiefes, leuchtendes Gold bis Bronze.

Duft Polierte Eiche.

Körper Mittelschwer bis kräftig. Rund.

Geschmack Weich, komplex. Anklänge an Äpfel und Orange. Trockene Würze.

Abgang Fest trocken. Anklänge an gekohlte Eiche.

79 PUNKTE

GLENGOYNE MILLENNIUM, 50 Vol%

Ein wunderschönes Beispiel von Malzigkeit in einem Whisky. Enthält Glengoyne Whiskys, die mehr als 30 Jahre alt sind.

Farbe Sehr kräftiges Gold, mit orangefarbenem Einschlag.

Duft Sehr aromatisch, appetitanregend und weich-würzig.

Körper Cremig.

Geschmack Sehr malzig. Lang und sich dabei entwickelnd. Rein. Süßer Beginn. Cremige Aromen, die keksartig und nussig werden.

Abgang Kernig, malzig. Sehr weich, zurückhaltend, Dessertapfel.

80 PUNKTE

Einige Jahrgangsabfüllungen von Glengoyne

(Diese Abfüllungen werden jedes Jahr im August im Alter von ungefähr 25 Jahren und mit Fassstärke auf den Markt gebracht.)

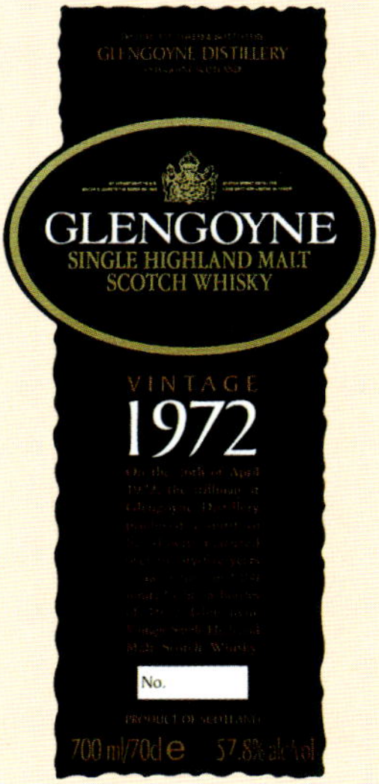

1972, 57,8 Vol%
Bernsteinfarben; aufregendes Wechselspiel von Sherry, Rosinen und grasiger Malzigkeit im Aroma; reichhaltig, cremig und nussig, mit angekohltem Holz und Erde im Abgang. 79 PUNKTE.

1970, 48,5 Vol%
Kräftiges Gold; frisches Aroma mit Anklängen von angekohlter Eiche; leichter Körper, mit überraschend frischen, cremigen Aromen. 78 PUNKTE. Eine frühere Version von 1970, nur mit in Northumberland gewachsener Golden Promise produziert, war etwas reicher, malziger und weniger trocken. 79 PUNKTE.

1969 (ungefiltert abgefüllt), 47 Vol%
Tiefes Gold; polierte Eichenaromen; fest, cremig, ölig; mehr Öligkeit in den cremigen Aromen, mit einem Hauch von fruchtiger Trockenheit im Abgang. 77 PUNKTE.

1968 (etikettiert als Abfüllung eines einzigen Produktionstages, nur in Sherryfässern gereift), 50,3 Vol%
Gold mit einem Hauch Orange; Eiche und Sherry in einem wohlausgewogenen Aroma; außerordentlich geschmeidig; kernige Malzigkeit, Sherry, Ingwer und saftige Eiche. 79 PUNKTE.

Winter 1967, Christmas Day Reserve, 43 Vol%
Gold. Sehr frische, wohlriechende Aromen, mit einem Hauch von Geißblatt und Äpfeln; süße, cremige Kondensmilch im Geschmack; sehr süße, frische Dessertäpfel, Mandarinen und Nüsse im Abgang; wundervoll abgerundet. 80 PUNKTE.

Einige Einzelfassabfüllungen von Glengoyne

1972

Fass 583 mit 55,9 Vol%: rötlich, buttrige Noten von Zitronenwürze, Orange und Bitterschokolade. 78 PUNKTE. Fass 1428 mit 60,3 Vol%: blasser, Bronze, ölig, sehr süß, fruchtig, Äpfel, Nelken. 78 PUNKTE.

1971

Fass 4855 mit 56,2 Vol%: dunkle Orangenfarbe, saftige Eiche und Sherry im Aroma; mehr Sherry und cremiges Malz im Geschmack; ölig. 78 PUNKTE. Fass 4678 mit 57 Vol%: dunkles Kupfer, nussiger Oloroso, orangenartige Fruchtigkeit, dann rosinenartige Trockenheit. 77 PUNKTE.

1970

Fass 1186 mit 51,5 Vol%: dunkle Walnussfarbe; eichentöniger und nussiger Sherry im Aroma; sehr viele Sherryaromen; späte malzige Lakritze und esterige Würze. 77 PUNKTE. Fass 3854 mit 53,4 Vol%: blasses Walnuss; polierte Eiche; süßer Apfel und Butter, Mandeln. 76 PUNKTE. Fass 4606 mit 54,7 Vol%: sonniges Gold; sehr fruchtiges, apfelähnliches Aroma; süße Apfelnoten; knuspriger Abgang. 76 PUNKTE. Fass 4605 mit 56 Vol%: golden; grasiges, erdiges (torfiges?) Aroma, Apfelähnlich, honigtönig, sehr trocken im Abgang. 76 PUNKTE.

1969

Fass 4464 mit 54,4 Vol%: Kastanienfarben, saftiges, rosinenartiges Aroma; gerstenzuckerartige Malzigkeit; Brandy Butter; eichentöniger Abgang. 77 PUNKTE. Fass 3525 mit 51,6 Vol%: rötliches Kupfer; eichentöniges Aroma; harzig; sehr süß; Weingummi; leicht angekohlte Eiche im Abgang. 76 PUNKTE.

1968

Fass 4617 mit 52 Vol%: tiefes Gelbgold; klar, weich, wohlriechende Malzigkeit; Anklänge an Apfel und Vanille. 78 PUNKTE.

Sherry-Variationen von Glengoyne

Die folgendenden, streng limitierten Abfüllungen wurden hauptsächlich für Liebhaber stark sherrytöniger Whiskys herausgebracht. Alle Abfüllungen sind im Alkoholgehalt über 50 Vol%. Der Weincharakter stellt dabei eine besondere Herausforderung an den Charakter des Glengoyne Whisky dar.

Ein 1989 abgefüllter, in Fino-Fässern gereifter und 1998 auf Flaschen gefüllter Glengoyne, war von dunkler Walnussfarbe und mit einem Aroma nach polierter Eiche; der Körper mächtig; der Geschmack fett und buttertönig; die nussige Trockenheit, die in einem würzigen Aroma endet, bildet den Abgang. 78 PUNKTE.

Ein 1985er von Palo Cortado, abgefüllt 1997, war dunkel und rötlich, ebenso buttertönig, aber mehr honigtönig und medizinisch (Hustenbonbons). 77 PUNKTE.

Ein anderer von 1985, diesmal aus alten Amontillado-Fässern, hatte ähnliche Charakteristika, war aber bemerkenswert würzig, mit Ingwer und besonders Zimt. 77 PUNKTE.

GLEN GRANT

Hersteller Chivas (Seagram)
Region Highlands **Distrikt** Speyside (Rothes)

Adresse Rothes, Morayshire, AB38 7BS **Tel** Besucherzentrum 00 44/15 42 - 78 33 18

Zu der Zeit, als Single Malt außerhalb der schottischen Highlands noch weitgehend unbekannt war, fand man in den Bars von Glasgow bis Guayana höchstens eine Flasche Glen Grant. Die Destillerie, 1840 von John und James Grant gegründet, hatte sehr bald einen guten Ruf ob der Qualität ihrer Whiskys. Die mit Türmchen und Giebeln im neugotischen »Barons«-Stil versehenen Büros der Destillerie und die Brennerei sind um einen Hof angeordnet.

Bis in die letzten Jahrzehnte hat der Whisky sein Ansehen durch Händlerabfüllungen erlangt. Ältere Abfüllungen findet man immer noch mit dem Aufdruck von Gordon & MacPhail. Dieses klassische Etikett wird ohne große Veränderungen auch heute noch verwendet. Seit 1977 gehört Glen Grant zum Chivas-Konzern. Er ist ein wichtiger Bestandteil des Chivas Regal Blend. Glen Grant ist immer noch ein sehr gesuchter Whisky.

Glen Grant gehört zu den meistverkauften Whiskys der Welt, wenn auch ein großer Teil der Produktion als junger Whisky, z.B. in den italienischen Markt als 5 Jahre alte Abfüllung, verkauft wird. Die Hauptversion dieses Whiskys, die ohne Altersangabe auf dem Etikett vertrieben wird, enthält Malt mit einer Reifezeit von weniger als 10 Jahren.

Stilrichtung Kräuterartig, mit Noten von Haselnuss. Als junger Whisky ein Aperitif, in älteren Jahrgängen, besonders mit Sherry-Reifung, nach dem Essen zu genießen.

Die Glen-Grant-Destillerie liegt versteckt am Ende der Hauptstraße von Rothes, einem der Whisky-Orte im Tal des Spey.

GLEN GRANT 5-year-old, 40 Vol%

Farbe Sehr blasser Weißwein.

Duft Leichte, trockene, Fruchtigkeit, spritig.

Körper Leicht, etwas klebrig, fast harzig.

Geschmack Spritig. Torf-Brandy.

Abgang Fruchtig, schnell.

65 PUNKTE

GLEN GRANT, keine Altersangabe, 40 Vol%

Farbe Gold.

Duft Fruchtig, blumig, nussig, schwach spritig.

Körper Leicht, aber fest.

Geschmack Trocken, leicht adstringierend, dann aber weich und nussig.

Abgang Kräuter.

74 PUNKTE

GLEN GRANT 10-year-old, 43 Vol%

Ein echter Glen Grant ohne offensichtlichen Sherryeinfluss.

Farbe Kräftiges Gold.

Duft Immer noch trocken, aber erheblich weicher, mit einiger Süße.

Körper Leicht bis mittelschwer.

Geschmack Leicht süßer Beginn, der schnell nussig und sehr trocken wird.

Abgang Sehr trocken, mit Kräuternoten.

76 PUNKTE

GLEN GRANT 15-year-old, 40 Vol%, Gordon & MacPhail

Farbe Mittlerer Bernsteinton.

Duft Etwas Sherry.

Körper Leicht bis mittelschwer.

Geschmack Sherrytönig, weich und nussig, trocken.

Abgang Mild und wärmend.

80 PUNKTE

GLEN GRANT 13-year-old, 55,1 Vol%, Cadenhead

Diese Version ist heute nur sehr schwer zu finden.

Farbe Grünliches Gold.

Duft Trocken, blumig.

Körper Leicht, aber fest, mit einiger Viskosität.

Geschmack Süß, nussig.

Abgang Trocken, Anklänge an Vanille, lang anhaltende Kräuternoten mit appetitanregender Würze.

76 PUNKTE

GLEN GRANT 16-year-old, 46 Vol%, Cadenhead

Diese Version ist heute nur noch schwer zu finden.

Farbe Fino Sherry.

Duft Appetitanregend fruchtig. Dessertäpfel? Haselnuss?

Körper Leicht bis mittelschwer, weich.

Geschmack Haselnuss. Grasig. Bambussprossen?

Abgang Grasig, blumig.

77 PUNKTE

GLEN GRANT 21-year-old, 40 Vol%, Gordon & MacPhail

Genießen Sie ihn langsam und erleben Sie die Feinheit und Entwicklung.

Farbe Kräftiges Bernsteinrot.

Duft Sehr viel Sherry.

Körper Mittelschwer, weich.

Geschmack Am Anfang sherrytönige Süße, dann Malz und grasig-torfige Noten, zum Abschluss die typische nussige Trockenheit eines Glen Grant.

Abgang Lang anhaltend, blumig.

81 PUNKTE

GLEN GRANT 23-year-old, 46 Vol%, Cadenhead
Diese Abfüllung ist heute nur noch schwer zu finden.

Farbe Rot wie ein reifer Apfel.

Duft Kraftvolle Sherrynote. Appetitanregend.

Körper Mittelschwer, weich.

Geschmack Sehr viel Sherry, aber die nussige Trockenheit des Whisky kämpft sich nach vorne.

Abgang Überwältigend trocken. Holzig. Adstringierend.

69 PUNKTE

GLEN GRANT 25-year-old, 40 Vol%, Gordon & MacPhail
Eine robuste Version.

Farbe Dunkel.

Duft Sehr viel Sherry.

Körper Mittelschwer, fest.

Geschmack Trockener Olorosocharakter zu Beginn, dann nussige Trockenheit. Sehr viel Tiefe.

Abgang Tief, blumig, torfig.

81 PUNKTE

GLEN GRANT 26-year-old, 46 Vol%, Cadenhead
Diese Abfüllung ist heute nur noch schwer zu finden.

Farbe Reife Pflaume? Fast undurchsichtig.

Duft Kraftvoller Sherry.

Körper Mittelschwer, weich.

Geschmack Überwältigt vom Sherry.

Abgang Adstringierend.

66 PUNKTE

GLEN GRANT 29-year-old, 43 Vol%, Berry Brothers and Rudd

Etikettiert als Berry's Own Selection, »1969 Speyside« ist hervorgehoben und der Name der Destillerie in kleinen Buchstaben geschrieben. Er ist eine Remineszenz an die früheren Weinhändler wie Berry und deren Eigenabfüllungen von Single Malt Whiskys. Während Berry's Glen Grant als Eigenabfüllung verkaufen, vermarkten sie auch Glenrothes (siehe dort).

Farbe Dunkles Orange bis Eiche.

Duft Cremige, nussige, saftige Eiche.

Körper Cremig, aber leicht auf der Zunge.

Geschmack Nussig, cremig, wohlriechend. Anklänge an Harz und Kohlen. Erstaunlich elegant und delikat für solch einen sherrytönigen Malt. Eng kombinierte Aromen.

Abgang Sirupartiges Toffee. Medizinisch. Trocken wärmend. Ein After-Dinner-Genuss oder an einem kalten Winterabend.

80 PUNKTE

GLEN GRANT 1967, 57,8 Vol%, Signatory

Farbe Kräftiges Bernstein.

Duft Sherry, Toffee, Nüsse.

Körper Mittelschwer, cremig.

Geschmack Sherry, Toffee, Nüsse, Eiche. Etwas nach Kohle.

Abgang Verbrannter Kuchen. Würzig.

79 PUNKTE

GLEN GRANT 1965, 40 Vol%, Gordon & MacPhail

Farbe Sehr tiefes Gold.

Duft Sherrytönige nussige Noten; Kräuteraromen.

Körper Mittelschwer, geschmeidig.

Geschmack Sherrytönig, leicht cremig, erstaunlicher Haselnusscharakter.

Abgang Beruhigend, cremig, pikant.

82 PUNKTE

GLEN GRANT 1964, 46 Vol%, Signatory

Farbe Bernsteinrot.

Duft Sherry; nussige Trockenheit.

Körper Mittelschwer, geschmeidig.

Geschmack Sherrytönig, nussig, mit einiger saftiger Holzigkeit.

Abgang Sanft trocken, mit etwas sherrytönigen, holzigen Noten.

79 PUNKTE

GLEN GRANT 1960, 40 Vol%, Gordon & MacPhail
Weniger Sherry, aber ein wundervoll milder, gereifter Malt.

Farbe Mittlerer Bernsteinton.

Duft Etwas Sherry.

Körper Mittelschwer.

Geschmack Sherrytönig und süß, mit milder Nussnote.

Abgang Sehr lang und süß, mit sich langsam entwickelnder sanfter Trockenheit.

81 PUNKTE

GLEN KEITH

Hersteller Chivas (Seagram)
Region Highland **Distrikt** Speyside (Strathisla)

Adresse Station Road, Keith, Banffshire, AB55 3BS
Tel Besucherzentrum 00 44/15 42 - 78 30 44

CHIVAS BESITZT ZWEI DESTILLERIEN, die Tür an Tür in Keith am Fluss Isla liegen. Eine trägt schlicht den Namen dieser Gegend, Strathisla. Die andere heißt Glen Keith und wurde 1957 auf dem Gelände einer Getreidemühle errichtet. Damals die erste neue Malt-Brennerei Schottlands seit der Aufschwungphase in spätviktorianischer Zeit. Glen Keith hatte die ersten gasbetriebenen Brennblasen in Schottland und war später auch Vorreiter in der Nutzung der Computertechnik. Einige Destillate aus den 60er Jahren wurden von Gordon & MacPhail in den 80er Jahren abgefüllt. Eine weniger »kernige« offizielle Abfüllung kam 1993/94 auf den Markt. Der Whisky wird heute als 10-jähriger abgefüllt. Wie auch andere Destillerien aus diesem Distrikt hinterlässt Glen Keith einen ausgeprägt trockenen Eindruck von frischem Holz.

Stilrichtung Ingwertönig, wurzelartig, scharf. Vor dem Essen.

GLEN KEITH 10-year-old, 43 Vol%

Farbe Goldbarren.

Duft Blütenblätter. Zitronengras. Wurzeln. Ingwer. Zeder. Eiche.

Körper Mittelschwer.

Geschmack Süßer, kerniger, Ingwerkuchen. Nicht komplex, aber sehr ansprechend und angenehm trinkbar.

Abgang Sehr späte, fruchtige Blütenblätter.

73 PUNKTE

GLENKINCHIE

Hersteller United Distillers
Region Lowlands **Distrikt** Eastern Lowlands

Adresse Pencaitland, Tranent, East Lothian, EH34 5ET
Tel Besucherzentrum 00 44 / 18 75 - 34 20 04

GLENKINCHIE LIEGT NUR ETWA 25 KILOMETER AUSSERHALB von Edinburgh, unweit von dem Dorf Pencaitland. Deshalb lautet der neue Untertitel auf dem Etikett auch »The Edinburgh Malt«. Die Brennerei kann ihre Wurzeln bis ca. 1820/1830 zurückführen. Damals wurden die Gebäude, die im Tal des Kinchie liegen, als Farm genutzt. Das mittelharte Wasser des Bachs fließt von den grünen Lammermuir-Hügeln in den Firth of Forth, der dann in das Meer mündet.

Die Destillerie ist mitten im Weideland angesiedelt. In den 40er und 50er Jahren züchtete der Leiter der Brennerei preisgekrönte Rinder, indem er sie mit Getreideresten fütterte.

Der Whisky der Destillerie wurde lange Zeit für die Haig Blends verwendet. 1988/89 wurde er erstmals als Single Malt im Rahmen der Reihe Classic Malts veröffentlicht und 1997 einer Amontillado-Endreifung zugefügt. 1997 öffnete auch das Besucherzentrum. Unter den sehenswerten Ausstellungsstücken befindet sich eine 75 Jahre alte Miniaturdestillerie, die den Vorgang der Whiskyherstellung am Modell verdeutlicht.

Stilrichtung Blumiger Beginn, komplexe Aromen und ein trockener Abgang kennzeichnen diesen Malt. Ein Whisky zur Stärkung, speziell nach einem ausgedehnten Spaziergang in den Hügeln.

GLENKINCHIE 10-year-old, 43 Vol%

Farbe Gold.

Duft Weich und aromatisch. Zitronengras. Süße Zitronen. Melonen.

Körper Leicht, aber rund.

Geschmack Weich, würzig. Zimt, dann ingwertönige Trockenheit. Ein außergewöhnliches Wechselspiel.

Abgang Wohlriechende, würzige, eichentönige Trockenheit.

76 PUNKTE

Glenkinchie 1986, Distillers Edition, Double Matured, 43 Vol%
In Amontillado-Fässern endgereift.

Farbe Kräftiges Gold.

Duft Leicht florale Noten von polierter Eiche. Süße Zitrone, Würze.

Körper Wohl abgerundet.

Geschmack Der Amontillado scheint das Wechselspiel zwischen Süße und Trockenheit noch hervorzuheben. Erst kommt brauner Zucker und Butter, dann plötzlich trockene Nussigkeit und überraschende Salzigkeit.

Abgang Süß, erstaunlich lang und beruhigend.

79 PUNKTE

JACKSON'S ROW, 40 Vol%
Beschrieben als ein »authentischer Scotch ... der die Regeln bricht«. Ein »blonder« Malt Whisky, der hauptsächlich aus Glenkinchie besteht, aber auch Produkte anderer Destillerien beinhaltet. Alt genug, um weich zu sein, und filtriert für einen »reinen, geschmeidigen, unvergesslich klaren Geschmack«. Er sollte kalt serviert werden, um auf dem Markt der jungen Konsumenten gegen Wodka zu bestehen. Diese Marketing-Kuriosität hatte in den 90er Jahren nur kurz auf dem Markt Bestand.

Farbe Ein sehr blasser Vinho Verde.

Duft Schwaches Gras, Leinsamen, Leder.

Körper Leicht, dünn.

Geschmack Klar, frisch. Gras. Dessertäpfel.

Abgang Gras. Leder. Erstaunlicherweise ein Hauch Torf.

55 PUNKTE

Andere Abfüllungen von Glenkinchie
Ein 21-jähriger mit 46 Vol% von Cadenhead war bemerkenswert grasig. 76 PUNKTE. Aus der Reihe Connoisseurs Choice war ein 1974er mit 40 Vol% rauchiger, mit einem Hauch von Hickory. 76 PUNKTE.

THE GLENLIVET

Hersteller Chivas (Seagram)
Region Highlands **Distrikt** Speyside (Livet)

Adresse Ballindalloch, Banffshire, AB37 9DB
Tel Besucherzentrum 00 44/15 42 - 78 32 20
Internet www.theglenlivet.com

Das wohl bekannteste Tal in Schottland ist das des Livet. Das Tal ist sehr tief in das Gebirge eingeschnitten. Das Wasser des Livet fließt über viele Meilen im Untergrund, über granithaltiges Gestein. Die Lage der Destillerie in den Bergen sorgt für die klimatischen Bedingungen, die Whiskyhersteller so lieben: Es steht immer kaltes Wasser für die Kühlung des Destillates bereit. Alle Malts, die in und um dieses Tal herum hergestellt werden, sind klar, blumig, fein und elegant.

Der Ruhm des Livet geht aber auch auf die Zeit zurück, als den Bewohnern der Highlands, zum Teil wegen Getreidemangel, aber auch aus politischer Rachsucht, das Brennen nur für den Hausgebrauch erlaubt war. Schon zu dieser Zeit war das Livet-Tal ein berüchtigter Platz für Schwarzbrennereien.

Ein rundes Dutzend Brennereien aus anderen Gegenden von Speyside haben ebenfalls den Untertitel Glenlivet als Herkunftsbezeichnung auf dem Etikett geführt. Das hat in der letzten Zeit nachgelassen, gerade weil Whiskyliebhaber dem Herkunftsort immer mehr Aufmerksamkeit schenken. Die am höchsten gelegene Destillerie im Tal ist Braeval, auch bekannt als Braes of Glenlivet. Sie stellt einen honigtönigen, würzigen Whisky her. Nur etwas niedriger liegt Tamnavulin. Dort entsteht ein Whisky, der einen bemerkenswert leichten Körper hat (Tomintoul, auf der anderen Seite des Berges im benachbarten Avon-Tal, ist noch leichter im Geschmack). Siehe auch bei den einzelnen Einträgen.

Nur eine Brennerei hat die Erlaubnis den Namen »The Glenlivet« zu führen. Diese Brennerei war die erste, die legal betrieben wurde. Sie genießt heute eine internationale Reputation. Auch der Artikel »The« ist geschützt. Man findet ihn nur auf den offiziellen Abfüllungen von Chivas, dem Besitzer der Destillerie. Auf dem Etikett steht das legendäre »Distilled by George & J. G. Smith« in kleinen Buchstaben. Ein Hinweis auf die Gründer, Vater und Sohn Smith.

Als der Duke of Gordon begann, die Brennereien zu legalisieren, war George Smith einer der ersten, der sich um eine Lizenz bemühte. Zu dieser Zeit war Smith als illegaler Whiskybrenner schon sehr bekannt! Sein Sohn John Gordon Smith der ihn immer unterstützte, wurde sein Nachfolger. Nachdem Vater und Sohn zuvor bereits an zwei Plätzen in der Nähe Brennereien betrieben hatten, zogen sie 1858 in das heute noch bestehende Gebäude, genannt Minmore, ein. Es liegt unweit des Ortes, wo Avon und Livet zusammenfließen.

Die Brennerei steht an einer Stelle, wo das grasbewachsene Tal allmählich in die Bergregion übergeht. Die Bezeichnung »The Glenlivet« wurde 1880 erstmals geschützt. Bis 1953 blieb die Brennerei unabhängig, dann fand sie mit Glen Grant einen neuen Besitzer. In den 60er Jahren wurden große Mengen des Whiskybestandes von Gordon & MacPhail aufgekauft, die in viele unabhängige Abfüllungen geflossen sind. Diese teilweise sehr alten und manchmal als Jahrgänge abgefüllten Flaschen kann man durch den Schriftzug »George & J. G. Smith's Glenlivet Whisky« identifizieren. The Glenlivet, Glen Grant und Longmorn sowie der Blendhersteller Chivas wurden 1977 von der weltweit agierenden nordamerikanischen Seagram-Gruppe aufgekauft. Seit dieser Zeit werden die Single Malts von Glenlivet stärker vermarktet und The Glenlivet ist zum meistverkauften Malt im amerikanischen Markt aufgestiegen.

Aufgrund der hohen Verkaufszahlen könnte man The Glenlivet als alltäglich einstufen, doch hat der Whisky Struktur und Komplexität. Er wird aus Wasser mit einer Spur Härte hergestellt, und das Malz ist nur leicht getorft. Ungefähr ein Drittel der verwendeten Fässer sind ehemalige Sherryfässer, doch der Anteil an first-fill-Sherryfässern ist sehr gering. Es gibt Gerüchte, dass Glenlivet eine Cognac-Abfüllung plant.

Stilrichtung Blumig, fruchtig, pfirsichartig. Aperitif.

THE GLENLIVET 12-year-old, 40 Vol%

Farbe Blassgolden.

Duft Bemerkenswert blumig, klar und weich.

Körper Leicht bis mittelschwer, fest, geschmeidig.

Geschmack Blumig, Pfirsicharomen, Noten von Vanille, delikate Ausgewogenheit von Süße und malziger Trockenheit.

Abgang Zurückhaltend, lang, sanft wärmend.

85 PUNKTE

THE GLENLIVET ARCHIVE, keine Altersangabe, 43 Vol%

Farbe Kräftiges Gold.

Duft Leicht, frisch, torfig. Appetitanregend.

Körper Mittelschwer. Sehr fest. Geschmeidig.

Geschmack Süß, etwas sirupartig. Lässt in der Mitte nach. Nussiger Schluss. Abgerundet, sanft.

Abgang Leicht trocken, torfig, röstartig. Wärmend.

86 PUNKTE

THE GLENLIVET 18-year-old, 43 Vol%

Farbe Tiefgolden bis bernsteinfarben.

Duft Alle Elemente wundervoll vereint. Tiefe blumige Aromen. Sehr leichter Anklang an frisches Torf. Etwas Süße und ein Hauch von sherrytöniger Eiche. Leicht appetitanregend.

Körper Fest, geschmeidig.

Geschmack Blumig und süß zu Beginn, dann entwickelt er einen Anklang an pfirsichkernige Nussigkeit.

Abgang Blumig, appetitanregend. Sehr lang, mit einem Wechselspiel von süßen und bitteren Aromen.

87 PUNKTE

THE GLENLIVET 21-year-old, 43 Vol%

Farbe Kräftiges Bernstein.

Duft Nachdrücklicher Sherry-Charakter.

Körper Weich, mittelschwer.

Geschmack Zu Beginn, sehr sherrytönig, mit etwas Olorosocharakter. Bei weiterer Geschmacksentwicklung tritt diese blumig-würzige Note immer stärker in den Vordergrund.

Abgang Wiederum sehr viel Sherry.

88 PUNKTE

GLENLIVET 15-year-old, 57 Vol%, Gordon & MacPhail

Farbe Tiefes gelbliches Gold.

Duft Klare, frische Torfigkeit. Ein Hauch von trockenem, nussigem Sherry.

Körper Mittelschwer, rund, fest.

Geschmack Delikate malzige Süße. Gerstenzucker. Entwickelt honigartige, blumige Trockenheit. Erstaunlich frisch und komplex.

Abgang Intensiv, blumig, würzig und sehr lang anhaltend.

87 PUNKTE

Eine frühere Version mit 15 Jahren und 40 Vol% war mehr ingwer- und sherrytönig. 86 PUNKTE. Eine Abfüllung des gleichen Alters aber mit 46 Vol% war leichter, aber nussiger. 86 PUNKTE.

GLENLIVET 21-year-old, 40 Vol%, Gordon & MacPhail

Farbe Kräftiges Gold.

Duft Erdig, sherrytönig (Fino oder Amontillado?).

Körper Weich.

Geschmack Sherrytönig, mit einer blumig-würzigen Balance. Ein Spritzer Kräuter, laubig-torfige Rauchigkeit.

Abgang Geschmeidig und lang anhaltend.

87 PUNKTE

Jahrgangsabfüllungen von The Glenlivet, offizielle Abfüllungen

Die ersten offiziellen Jahrgangsabfüllungen stammten aus Jahren mit nur begrenztem Lagerbestand. In dieser Reihe ist kein 1971er, da der Lagerbestand dieses Jahres zu gering ist. Alle Abfüllungen sind Sammlerstücke, einige sogar nur in 200-ml-Flaschen erhältlich.

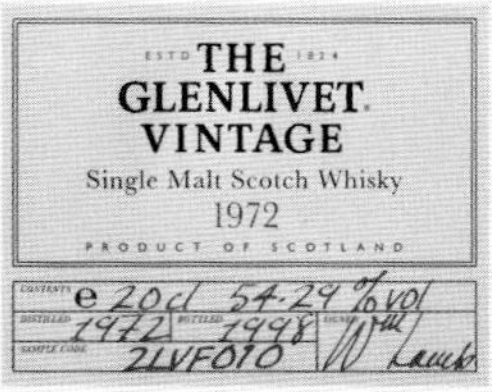

THE GLENLIVET VINTAGE, 1972 (abgefüllt 1998), 54,29 Vol%

Farbe Helles Gold.

Duft Torfig. Leicht phenolisch.

Körper Mittelschwer. Sehr viel Struktur.

Geschmack Süß, sirupartig. Etwas cremig. Entwickelt leichte Blumen- und gezuckerte Mandelnoten.

Abgang Pfirsichkernnoten. Abgeschwächt. Leicht holzig. Trocken. Kraftvoll.

84 PUNKTE

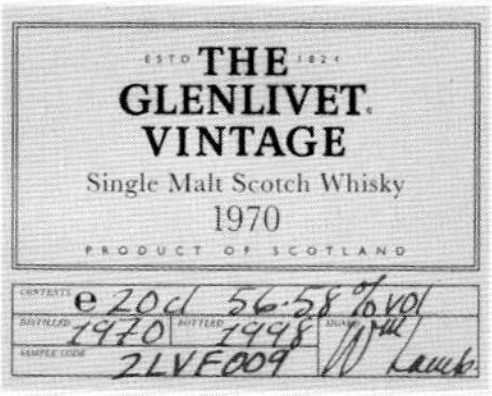

THE GLENLIVET VINTAGE, 1970 (abgefüllt 1998), 56,58 Vol%

Farbe Helles bis kräftiges Gold.

Duft Torfig.

Körper Mittelschwer, sirupartig, geschmeidig.

Geschmack Süß, sirupartig. Rosinen. Zimt. Eiche. Komplex.

Abgang Fest. Einige cremige Noten. Rosinen. Eiche.

84 PUNKTE

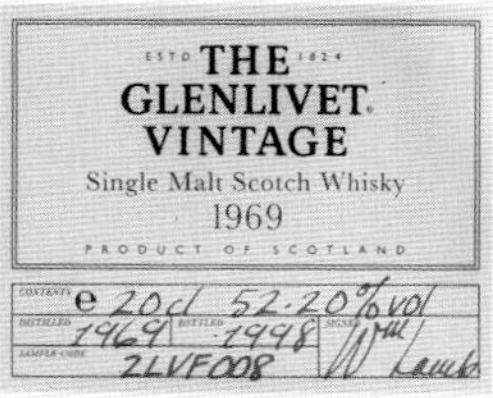

THE GLENLIVET VINTAGE 1969 (abgefüllt 1998), 52,2 Vol%

Farbe Blasser Bernstein.

Duft Torfig, nach Laub, saftig und eichentönig.

Körper Cremig.

Geschmack Nussige, toffeeartige, cremige Aromen. Mächtig und bestimmt im Mittelteil, aber zum Ende hin scheint er durch das Alter abgeschwächt zu sein.

Abgang Wurzelartig, trocken, holzig.

84 PUNKTE

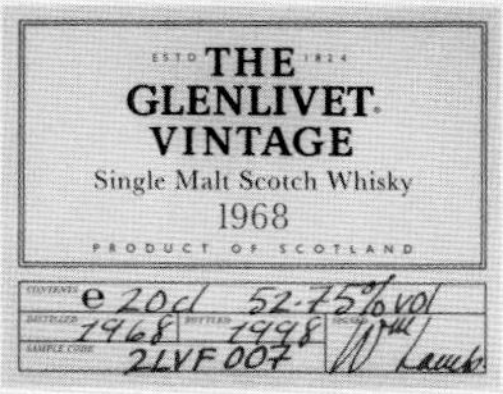

THE GLENLIVET VINTAGE 1968 (abgefüllt 1998), 52,75 Vol%

Farbe Bernsteinfarben.

Duft Polierte Eiche.

Körper Geschmeidig, glatt.

Geschmack Gezuckerte Mandeln, würzig, blumig, frische Kräuter. Ein Hauch von kräuterartiger, nach Laub und Blumen duftender Torfigkeit.

Abgang Süß, blumig, lang, geschmeidig.

88 PUNKTE

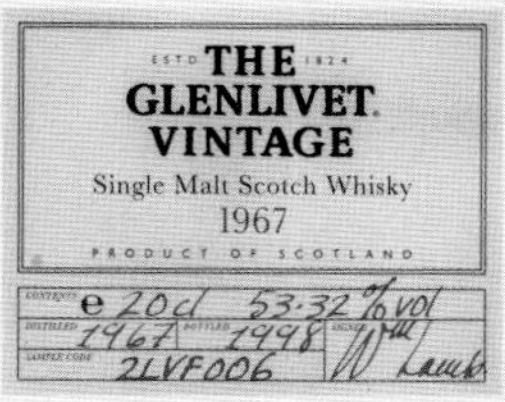

THE GLENLIVET VINTAGE 1967 (abgefüllt 1998), 53,32 Vol%

Farbe Bernsteinfarben.

Duft Sehr aromatisch. Heu. Gras. Torf.

Körper Geschmeidig, glatt.

Geschmack Wunderschöne Ausgewogenheit von gezuckerten Mandeln, Sirup, einem Hauch von Orangenwürze, Gras und Torf.

Abgang Leicht, weich, wärmend. Betrügerisch lang.

89 PUNKTE

GLENLIVET 1978, 60,2 Vol%, Gordon & MacPhail

Eine ungewöhnlich unausgeglichene Abfüllung.

Farbe Blasses gelbliches Gold.

Duft Blumig. Anklang von Torf.

Körper Ungewöhnlich leicht. Flaumig.

Geschmack Sehr süß. Gezuckerte Mandeln. Rosen.

Abgang Blumig, Anissamen, scharf.

86 PUNKTE

GLENLIVET 1961, 40 Vol%, Gordon & MacPhail

Farbe Sehr kräftiges Gold.

Duft Wohlausgewogen und duftend, komplex, mit einiger Rauchigkeit.

Körper Weich.

Geschmack Sherrytönig, mit langer Aromaentwicklung und etwas Rauchigkeit.

Abgang Mächtig, lang, wärmend.

88 PUNKTE

GLENLIVET 1973, 57,2 Vol%, Signatory Cask Strength

Farbe Tiefes Orange.

Duft Grasig, torfig, saftig.

Körper Mittelschwer, geschmeidig, fast buttrig.

Geschmack Gerstenzucker. Nüsse. Blumig.

Abgang Plötzliche Zitronennote. Fruchtig zu Beginn, dann zitronenschalenartige Bitterkeit. Außergewöhnlich.

85 PUNKTE

GLENLOCHY

Hersteller DCL/UDV (Diageo)
Region Highlands **Distrikt** Western Highlands

Adresse North Road, Fort William, Inverness-shire, PH33 6TQ

DER LOCHY FLIESST AM FUSSE DES BEN NEVIS durch Fort William. In dieser Stadt gibt es zwei Destillerien. Die nach dem Berg benannte arbeitet noch, im Gegensatz zu Glenlochy. Diese Brennerei wurde vor etwa einhundert Jahren erbaut. Über die Jahrzehnte wurde sie kaum verändert, 1953 jedoch von der Distillers' Company Limited aufgekauft. In den 70er Jahren wurde ihre Stichbahnlinie geschlossen, 1983 schließlich die ganze Destillerie.

In den 90er Jahren fühlte sich ein Verkoster, der eine Abfüllung der Scotch Malt Whisky Society probierte, an libanesisches Haschisch erinnert. Die Rauchigkeit ist in den letzten Abfüllungen weniger dominant. Das Holz des Fasses scheint schon sehr ausgelaugt zu sein, sodass die Oxidationsprodukte und Esternoten zum Vorschein kommen. 1995 erschien eine Rare-Malt-Abfüllung von United Distillers, der eine ganz ähnliche Abfüllung im nächsten Jahr folgte.

Stilrichtung Torfig, fruchtig, cremig. Zum Dessert oder zu einem Buch vor dem Schlafengehen.

GLENLOCHY 25-year-old (destilliert 1969, abgefüllt 1995), 62,2 Vol%, Rare Malts

Farbe Altgold.

Duft Angekohlte Eiche und geröstete Kastanien.

Körper Fest, geschmeidig, ölig.

Geschmack Maronenglacé und Sahne.

Abgang Trocken, mächtig. Zitronenwürze und Pfeffer.

71 PUNKTE

GLENLOCHY 1977, 40 Vol%, Connoisseurs Choice

Farbe Kräftiges Gold bis pfirsichfarben.

Duft Mit Vanille aromatisierter Tabak.

Körper Leicht, fest, geschmeidig, ölig.

Geschmack Vanille, Kokosnuss, weiße Schokolade.

Abgang Etwas Zitronenwürze. Zeder.

70 PUNKTE

Eine frühere Version von 1974 schien torfiger und rauchiger. 70 PUNKTE.

GLENLOCHY 20-year-old (destilliert 1977, abgefüllt 1998), 55,8 Vol%, individual cask, Cadenhead

Farbe Kräftiges Gold.

Duft Attraktive, wohlriechende Süße. Malzig. Leicht süßer Rauch.

Körper Sehr viel kräftiger. Weich.

Geschmack Marshmallowartige Malzigkeit, die aber in der Mitte abfällt.

Abgang Zitronenartig, grasig, torfig. Lange, beruhigende Torfigkeit.

70 PUNKTE

Diese Version war voller und länger als eine frühere, 27-jährige Abfüllung. 69 PUNKTE.

GLENLOCHY 32-year-old (destilliert 1965, abgefüllt 1997) Signatory Silent Stills

Farbe Warmes, kräftiges Gold.

Duft Etwas Gras und Vanille.

Körper Leicht, aber cremig.

Geschmack Ölig, Kokosnuss, Zitronengewächse.

Abgang Ölig. Zitronengewürz, Gras. Sehr attraktiver Torf. Lang.

69 PUNKTE

Eine Abfüllung von 1963 war mehr sherry- und eichentönig. 69 PUNKTE.

GLENLOSSIE

Hersteller UDV (Diageo)
Region Highlands **Distrikt** Speyside (Lossie)

Adresse In der Nähe von Elgin, Morayshire, IV30 8FF **Tel** 00 44 / 13 43 - 54 78 91

VON DEN BLEND-LIEBHABERN RESPEKTIERT, ist die Brennerei unter Malt-Liebhabern nur wenig bekannt. Ihr Malt war einstmals eine wichtige Komponente der Haig Blends. Eine Version der Reihe Flora und Fauna von 1990 stellte die Destillerie etwas mehr in das Rampenlicht der Malt-Whisky-Genießer, und seit dieser Zeit findet man auch Abfüllungen von Hart Brothers und Signatory. Die Destillerie, im Lossie-Tal südlich von Elgin gelegen, wurde 1876 errichtet, 20 Jahre später umgebaut und 1962 erweitert. Nachbar ist die Mannochmore-Destillerie, die 1971 erbaut wurde.

Stilrichtung Blumig, klar, grasig und malzig. Aperitif.

GLENLOSSIE 10-year-old, 43 Vol%, Flora und Fauna

Farbe Fino Sherry.

Duft Frisch. Gras, Heidekraut, Sandelholz.

Körper Leicht bis mittelschwer. Weich, geschmeidig.

Geschmack Malzig und trocken, dann wohlriechende, würzige Noten.

Abgang Würzig.

76 PUNKTE

GLENLOSSIE VINTAGE 1981, Sherry Cask Edition (Fass 1680, Flasche 588 of 595), 43 Vol%, Signatory

Farbe Gold.

Duft Sehr leicht nach Sherry. Süße Malzigkeit. Getreide. Gras. Sandelholz.

Körper Etwas cremig. Geschmeidig.

Geschmack Bemerkenswert klare Malzigkeit, mit einem Wechselspiel von Trockenheit und Süße. Einige Akzente von Honig, Sahne und Butter.

Abgang Karamell, viel später sanfter Hauch von Gras, Torf und Sandelholz.

77 PUNKTE

GLENLOSSIE 16-year-old (destilliert 1981), 43 Vol%, Hart Brothers

Farbe Gold.

Duft Malz. Getreide. Hauch von Torf.

Körper Etwas leichter und fester.

Geschmack Nussige Süße, Anklang an Sherry und etwas buttrige Noten.

Abgang Frische, grasige Torfigkeit.

77 PUNKTE

GLENLOSSIE 1974, 40 Vol%, Connoisseurs Choice

Farbe Tiefgolden bis bernsteinfarben.

Duft Sehr attraktives Wechselspiel von Sherry, Malz und Blumennoten.

Körper Fest, geschmeidig, rund.

Geschmack Frisch. Trockener Sherry. Klare Malzigkeit und ein Anklang an Butter.

Abgang Nussiger Sherry und ein Hauch von frischem Torf.

77 PUNKTE

Frühere Versionen von Glenlossie

Eine Gordon & MacPhail-Abfüllung von 1971 mit 40 Vol% war sherrytöniger, aber immer noch mit sehr viel Destilleriecharakter. 76 PUNKTE. Eine Abfüllung der Scotch Malt Whisky Society von 1981 mit 55,3 Vol% lag zwischen diesen beiden. 76 PUNKTE.

GLEN MHOR

Hersteller DCL
Region Highlands **Distrikt** Speyside (Inverness)

Adresse Telford Street, Inverness, Inverness-shire, IV3 5LU

WER ES GENAU NIMMT, spricht den Namen gälisch aus: »Glen Woar«. Die Destillerie, 1892 in Inverness erbaut und 1986 abgerissen, gehörte zu den Brennereien, in denen einst der Poet, Romancier und Whisky-Autor Neil Gunn als Steuerkontrolleur tätig war. Glen Mhor soll ihn zu einem Verdikt inspiriert haben: »Wer nicht das Glück hatte, einen perfekt ausgereiften Malt zu versuchen, weiß nicht, was Whisky ist.« Schon zu Gunns Zeiten gab es Glen Mhor als Single Malt – auch heute noch gelangt der Inhalt übrig gebliebener Fässer gelegentlich in unabhängige Abfüllungen.

Stilrichtung Aromatisch, sirupartig. Sehr süß. Zum Dessert oder nach dem Essen.

GLEN MHOR 1979, 66,7 Vol%, Gordon & MacPhail Cask

Farbe Tiefgolden bis pfirsichfarben.

Duft Lakritze. Wurzelartig. Grasig.

Körper Reich.

Geschmack Lakritze, sirupartiger Toffee. Madeira.

Abgang Weinartige Säure. Jute. Leicht eichentönig. Toast. Würzige Wärme. Gewinnt Punkte für seine Sinnlichkeit.

77 PUNKTE

GLEN MHOR Vintage 1977, 43 Vol%, Signatory (Fass 1546)

Farbe Grünliches Gold.

Duft Weiche Lakritze. Wachsartig.

Körper Leicht, aber geschmeidig und ölig.

Geschmack Lakritze. Fruchtgummi. Zitronengelee. Wirklich süß.

Abgang Limonen. Chili.

72 PUNKTE

GLEN MHOR 20-year-old (destilliert 1976) 57,9 Vol%, Cadenhead

Farbe Schlüsselblumengelb.

Duft Nach Lippenstift.

Körper Leicht bis mittelschwer. Sirupartig.

Geschmack Zucker. Zitrone. Blumiger, wohlriechender Zitronencharakter.

Abgang Fruchteis. Würzig, trocken werdend. Wärmend. Gewinnt Punkte durch Ausgewogenheit, speziell die späte Trockenheit.

74 PUNKTE

GLEN MHOR 21-year-old (destilliert 1976), 43 Vol%, Hart Brothers

Farbe Blasses grünliches Gold.

Duft Fruchtgummi. Zitrone. Limone. Entwicklung zu Zitronengras.

Körper Sirupartig (wie goldene, süße Melasse).

Geschmack Zucker. Zitronenartig. Dann zitronenschalenartige Trockenheit.

Abgang Zucker. Starke Pfefferminzbonbons. Minze. Wärmend. Lang. Digestif.

76 PUNKTE

GLENMORANGIE

Hersteller Glenmorangie plc
Region Highlands **Distrikt** Northern Highlands

Adresse Tain, Ross-shire, IV19 1PZ **Tel** Besucherzentrum 00 44 / 18 62 - 89 24 77
Internet www.glenmorangie.com **E-Mail** visitors@glenmorangieplc.co.uk

DIESER MEISTVERKAUFTE MALT WHISKY SCHOTTLANDS ist in den letzten Jahren in einer Vielzahl von Versionen auf dem Markt erhältlich. Glenmorangie war die erste Destillerie, die eine Fassstärkenabfüllung herausbrachte. Mit unterschiedlichen Endreifungen, von zum Beispiel Sherry-Variationen wie Fino über Portwein bis zu von französischen Weinen, hat sich Glenmorangie einen Namen gemacht. Vor kurzem gab es auch Reifungen in frischen Bourbonfässern, in denen ansonsten ihr Hauptprodukt gelagert wird. Der Konzern bedient sich in den Ozark Mountains in Missouri seiner eigenen Hölzer, die luftgetrocknet (und nicht kiln-getrocknet) sind, und leiht die fertigen Fässer an die Heaven Hill Distillery in Kentucky zur einmaligen Lagerung von Bourbon aus.

Glenmorangie gehört zu den kleineren Gesellschaften. Das harte Wasser gibt ihrem Whisky den festen Körper, die Blumen tragen zu dem berühmten wohlriechenden Charakter entscheidend bei. (Ein französisches Parfümhaus hat 26 Aromen identifiziert, unter anderem Mandel, Bergamotte, Zimt und Eisenkraut, Vanille und wilde Minze. Vor kurzem konnte ein amerikanisches Parfümhaus nur 22 Aromen identifizieren.)

Einige der Fruchtaromen können auch aus der verwendeten Hefe stammen, ebenso wie die längsten Brennblasen in Schottland (5,13 m) zu dem delikaten Charakter des Glenmorangie beitragen. Auch aus der Küstenlage beziehen die Malts von Glenmorangie viel Charakter, so ist ein Hauch von Salzigkeit und sogar ein leichter Anklang an Seetang in diesem Whisky zu schmecken.

Aufzeichnungen, aus dem frühen 17. Jahrhundert bis in das frühe 18. Jahrhundert hinein, belegen illegale Brauerei- und Brennereiaktivitäten auf der Morangie-Farm. An der Stelle der heutigen Brennerei befand sich die Morangie-Brauerei, die 1843 in die legale Brennerei umgewandelt wurde. Die immer noch genutzten Gebäude stammen aus dem Jahr 1887, die Gründung der Gesellschaft geht auf das Jahr 1918 zurück. Schon zwei Jahre später kaufte die Gesellschaft auch die Glen-Moray-Destillerie in Speyside und 1997 die Ardbeg-Destillerie auf Islay.

Bis 1996 hieß die Gesellschaft noch Macdonald and Muir. Heute ist bereits die vierte Generation der Familie an der Destillerie beteiligt, dennoch wurde der Name der Gesellschaft in den des Flagschiffes Glenmorangie geändert. Glenmorangie, betont auf der zweiten Silbe, bedeutet »Tal der Stille«.

Stilrichtung Delikat würzig. Als junger Whisky ein Aperitif, im fortgeschrittenen Alter nach dem Essen zu genießen.

GLENMORANGIE 10-year-old, 40 Vol%

Die Standardversion.

Farbe Blasses Gold.

Duft Würzig (Zimt, Walnuss, Sandelholz?), mit etwas blumiger Süße, frisch, ein Hauch von Meer, verlockend.

Körper Auf der leichten Seite von mittelschwer, aber mit einiger Viskosität.

Geschmack Würzig, blumig, und malzig-süße Noten, die cremig, fast butterartig sind.

Abgang Lang und rund.

80 PUNKTE

The Native Ross-shire GLENMORANGIE 10-year-old, 57,6 Vol%

Diese Version ist heute nur noch sehr schwer zu finden.

Farbe Helles, blasses Gold.

Duft Wohlriechend, salzig.

Körper Mittelschwer, geschmeidig.

Geschmack Malzig-süßer Beginn, dann Sahne-Karamell-Bonbons, Walnuss, Sandelholz; sandig-salzige Noten.

Abgang Robust, würzig.

80 PUNKTE

GLENMORANGIE 18-year-old, 43 Vol%

Farbe Kräftiges rötliches Bernstein.

Duft Sherry, Minze, Walnuss, saftig, eichentönig.

Körper Mittelschwer, geschmeidig, fleischiger.

Geschmack Sherrytönig und süß am Beginn, mehr Walnuss, dann die volle Mischung von Gewürzen.

Abgang Aromatisch, nussig, leicht eichentönig.

80 PUNKTE

Einige besondere Abfüllungen von Glenmorangie

GLENMORANGIE Cellar 13, 43 Vol%

Das 13. Lagerhaus liegt am nächsten zum Meer. Der Whisky wird aus first-fill-Bourbonfässern mit 10 bis 12 oder mehr Jahren abgefüllt.

Farbe Schlüsselblumengelb.

Duft Weich, mit frischem Sandelholz, Vanille und wilder Minze.

Körper Leicht bis mittelschwer. Sehr geschmeidig.

Geschmack Bemerkenswert weich und malzig-süß, dann Sahne-Karamell, Vanille und Honig.

Abgang Butterblumen. Saftig, dann späte, nachdrückliche Salzigkeit. Wirklich sehr lang.

81 PUNKTE

GLENMORANGIE Millennium Malt, 12-year-old, 40 Vol%

Die erste der Millenniums-Abfüllungen aus first-fill-Bourbonfässern.

Farbe Kräftiges Gold.

Duft Leicht eichentönig. Anklang an braunen Zucker.

Körper Leicht sirupartig.

Geschmack Ähnlich dem des Cellar 13, vielleicht etwas mehr buttertönig.

Abgang Leicht, erfrischend. Spritzige, knusprige, geröstete Trockenheit.

80 PUNKTE

GLENMORANGIE Traditional, 100 Proof, 57,2 Vol%

Ohne Kältefiltrierung und in Fassstärke (im alten britischen System entsprechen 100 Proof etwa 56,6–57,1 Vol%).

Farbe Schlüsselblumengelb.

Duft Sehr aromatisch und würzig.

Körper Geschmeidig, fest, leicht grobkörnig.

Geschmack Reich, mehr substanziell. Kräftige Aromen. Sandig-salzige Noten.

Abgang Robust. Intensiv salzig. Sehr lang. Beruhigend.

83 PUNKTE

GLENMORANGIE Elegance, 21-year-old, 43 Vol%
In einem Caithness-Glas-Dekanter in der Form der Brennblasen.

Farbe Grünliches Gold.

Duft Weich. Erdig. Leicht holzig. Ein Anklang an Torf.

Körper Weich. Sehr ölig.

Geschmack Mehr Eiche und Vanille. Süß, saftig und ölig, dann ein überraschender Vorrat an Torfigkeit.

Abgang Torfig, grasig, salzig, wärmend. Sehr beruhigend.

82 PUNKTE

GLENMORANGIE 21-year-old, 43 Vol%, Sesquicentennial Bottling
1983 zum 150-jährigen Jubiläum der Destillerie herausgebracht.

Farbe Tiefes Gold, ölig, fast senfartig.

Duft Intensive Gewürznoten.

Körper Mittelschwer, fleischig.

Geschmack Toffeetönig, mit Walnüssen, dann mächtige Entwicklung von Gewürzen. Zitronengras und ausgesprochen torfig.

Abgang Saftige Holztöne.

85 PUNKTE

GLENMORANGIE Original, 24-year-old, 43 Vol%
Eine »extra special« Millenniums-Ausgabe aus der Zeit, als die Destillerie noch ihre eigene Mälzerei betrieb.

Farbe Walnuss.

Duft Sehr ausgeprägte, klare, eichentönige Torfigkeit. Dieser Charakter bleibt die ganze Zeit im Hintergrund.

Körper Mittelschwer. Sehr fest. Rund.

Geschmack Blumig. Fondant. Toffee. Nussig. Sehr weiche, zurückhaltende Würze. Dann röstartig und torfig.

Abgang Feste, klare (fast knusprige) Torfigkeit. Dann lange, sehr weiche Würze und erstaunliche Wärme.

86 PUNKTE

Einige limitierte Jahrgangsabfüllungen

GLENMORANGIE 1979 (abgefüllt 1995), 40 Vol%

Farbe Zitronenfarbenes Gold.

Duft Leicht, wohlriechend, Anklang an Torf. Schwacher Rauch. Sehr appetitanregend.

Körper Erstaunlich reichhaltig.

Geschmack Wunderschön ausgewogen. Malzig, mit einigen Butternoten, die sich zu Würze und Salz entwickeln. Sehr lebhafte Aromen.

Abgang Sanft, beruhigend.

84 PUNKTE

GLENMORANGIE 1977 (21-year-old), 43 Vol%

Farbe Hell, grünliches Gold.

Duft Ein starker Eindruck von eichentöniger Vanille und Würze, dann grasige Torfigkeit und zum Abschluss ein nachdrücklicher Anklang an eine Seebrise.

Körper Leicht, aber geschmeidig und fest. Etwas ölig.

Geschmack Süß und saftig. Der Charakter nach frischer Eiche verbindet sich mit dem typischen Geschmack nach Walnuss, überdeckt aber die normalen würzigen Noten.

Abgang Wieder dieser leichte Torf, schnelle, wohlriechende Trockenheit, die appetitanregend ist.

84 PUNKTE

GLENMORANGIE 1972 (Fass 1740, Flasche 066, 1993), 46 Vol%

Farbe Sehr kräftiges Gold.

Duft Leicht torfig, blumig, dann sehr würzig. Sehr viel Zimt.

Körper Leicht bis mittelschwer, aber geschmeidig und strukturiert.

Geschmack Sehr nussig. Grasig. Trocken. Mit viel frischen Aromen.

Abgang Torfig. Grasig. Gartenminze. Salzig. Leicht sandig und steinig. Etwas trocken. Knusprig, keksartig.

85 PUNKTE

GLENMORANGIE 1971, 43 Vol%

Farbe Bernsteinfarben.

Duft Weich, komplex, Zitrusgewächs und würzig.

Körper Reich.

Geschmack Weich. Sirupartiges Malz. Lakritze. Anissamen. Würze.

Abgang Wurzelartig. Zitronenartig. Salzig. Wärmend. Beruhigend.

86 PUNKTE

Regulär erhältliche Endreifungen

GLENMORANGIE Port Wood Finish, 43 Vol%

Keine Altersangabe, aber üblicherweise 10 bis 12 Jahre in Bourbonfässern und bis zu 2 Jahren in Portweinfässern gereift.

Farbe Orange, mit lilafarbener Röte.

Duft Ausgeprägt fruchtig und weinartig.

Körper Wirklich sehr weich und geschmeidig.

Geschmack Der Portwein scheint die Toffeenoten stärker in den Vordergrund zu bringen. Ebenso werden süßere, weinartige Noten hinzugefügt, die sich hervorragend mit der Würzigkeit von Glenmorangie verbinden.

Abgang Beruhigend, Schlafmittel, entspannend.

87 PUNKTE

GLENMORANGIE Madeira Wood Finish, 43 Vol%

Farbe Tiefes, zitronengelbes Gold.

Duft Süß. Sehr würzig. Kuchenartig.

Körper Weich, wird aber fast körnig beim Verbleib auf der Zunge.

Geschmack Ungewöhnlich butterartig. Zu Beginn die Süße des Gerstenzuckers: toffeetönig, kernig, kuchenartig. Dann nussig und samenartig beim Austrocknen. Zimt und Gewürze. Ein neckendes Wechselspiel von Madeira und Destilleriecharakter.

Abgang Kurz und süß. Etwas rumartig wärmend.

86 PUNKTE

GLENMORANGIE Sherry Wood Finish, 43 Vol%

Farbe Dunkles Gold.

Duft Nussig. Trocken. Schwache Torfnoten. Seeluft.

Körper Weich und kurvenreich.

Geschmack Sinnlich. Lang anhaltende Entwicklung von Gerstenzuckersüße, die fast den Destilleriecharakter übertönt.

Abgang Lakritze. Wurzelartig. Späte, zurückhaltende Salzigkeit.

85 PUNKTE

Limitierte Editionen der endgereiften Abfüllungen

GLENMORANGIE Fino Sherry Finish, 43 Vol%

Farbe Blasses, lichtbrechendes, grünliches Gold.

Duft Sanftes Meeraroma. Sehr appetitanregend.

Körper Leicht, fest, geschmeidig.

Geschmack Sehr delikat und neckend. Leicht geröstet. Zimt-Toast. Schwache rhabarberartige Fruchtigkeit und Weinnoten. Ein Anklang an Säure.

Abgang Der Küstenwhisky und der küstennahe Sherry umarmen sich mit Salz- und Eichennoten. Ein wundervoller modischer Whisky.

89 PUNKTE

GLENMORANGIE Tain L'Hermitage (Rhône-Wein), 43 Vol%

Farbe Ausgesprochen elegantes Orange.

Duft Sehr fruchtig und süß.

Körper Cremig.

Geschmack Sehr klar nach Toffee und Vanille, entwickelt sich zu Nüssen und einer bemerkenswerten trockenen Fruchtigkeit. Sehr lang.

Abgang Erstaunlich mager und weintönig. Voll fruchtiger, weinartiger, würziger Aromen. Sehr lebhaft.

88 PUNKTE

GLENMORANGIE Claret Wood Finish, 43 Vol%

Farbe Orangefarbenes Bernstein.

Duft Fruchtig, wohlriechend, zedernartig.

Körper Fest, trocknet auf der Zunge.

Geschmack Trockener, zedernartiger Beginn. Wird etwas harzig. Lange Entwicklung der würzigen Noten.

Abgang Trocken, mit einer keksartigen Fruchtigkeit und fruchtigem Duft.

87 PUNKTE

GLEN MORAY

Hersteller Glenmorangie plc
Region Highlands **Distrikt** Speyside (Lossie)

Adresse Bruceland Road, Elgin, Morayshire, IV30 1YE **Tel** 00 44/13 43 - 54 25 77
Internet www.glenmoray.com **E-mail** visitors@glenmorangieplc.co.uk

CHARDONNAY UND CHENIN BLANC sind neue Endreifungen (zwischen sechs und zwölf Monate) aus dem Jahr 1999 die versuchen Glen Moray einen femininen Aspekt zu verleihen. Der deutlichste Eindruck von Wein vermittelt sich in der jüngsten der drei Abfüllungen. Hier wird in der Whiskyindustrie zum ersten Mal Weißwein eingesetzt, nicht zuletzt auch deshalb, weil Glen Moray zum selben Eigentümer gehört wie die weiter nördlich liegende Brennerei Glenmorangie, die diese Art der Endreifung in Weinfässern (Rotwein, Portwein oder Madeira) bekannt gemacht hat. Beide Destillerien gehören nicht nur zum gleichen Konzern und haben einen ähnlichen Namen, sondern beide sind auch ehemalige Brauereien.

Glen Moray wurde 1897 in eine Brennerei umgewandelt, 1920 vom jetzigen Besitzer gekauft und 1958 erweitert. Die Whiskys sind sehr beliebt, besaßen aber noch nie großen Zauber.

Stilrichtung Grasig, mit Gerstennoten. Aperitif.

GLEN MORAY 8-year-old, 43 Vol%
Auf dem italienischen Markt erhältlich.

Farbe Sehr blasses, satinartiges Gold.

Duft Frisch aber weich. Süß, mit einem späten Erscheinen von öligem Torf.

Körper Sehr leicht, aber geschmeidig und ölig.

Geschmack Wirklich sehr leicht. Ölig. Ginartig.

Abgang Feste Getreidenoten. Späte und sehr leichte rauchige Wärme.

71 PUNKTE

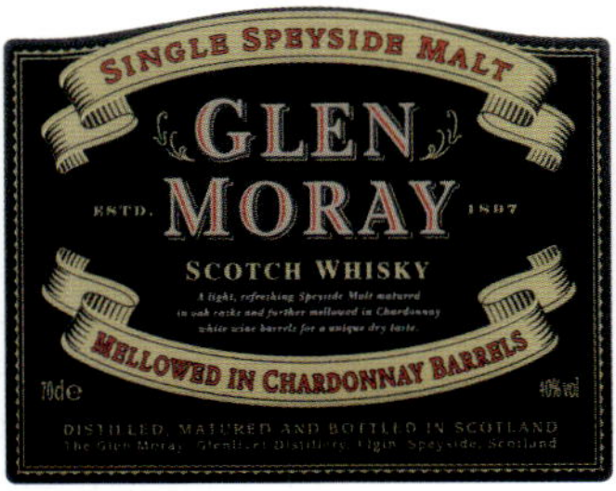

GLEN MORAY Single Speyside Malt, keine Altersangabe, 40 Vol%

Zunächst in Bourbonfässern gereift, dann in Chardonnayfässern.

Farbe Sehr blasses Gold.

Duft Frisch, parfümiert, fruchtig. Wie eine ungeschälte Desserttraube. Vielleicht ein Anklang an Banane. Sehr leichter Anflug von Meer.

Körper Sehr weich, strukturiert.

Geschmack Wassermelone, Banane. Weiße Schokolade. Leicht cremig. Shortbread.

Abgang Traubenhaut, Apfelkerne, Heu, Getreidenoten. Leicht trocken und sehr knusprig.

78 PUNKTE

GLEN MORAY 12-year-old, 40 Vol%

Abfüllung, ohne Endreifung in Weinfässern.

Farbe Blasses Gold.

Duft Mächtig, rund, frisch, grasig, frisch gemähtes Gras. Gerstennoten.

Körper Leicht, aber geschmeidig und fest.

Geschmack Reife, fette Gerste.

Abgang Frisch, nach Laub, hafermehlartige Trockenheit.

75 PUNKTE

GLEN MORAY 12-year-old, »mellowed« in Chenin Blanc, 40 Vol%

Farbe Weicher, etwas mehr Gelb.

Duft Birnen. Walnüsse. Frische Eiche.

Körper Geschmeidig, ölig. Bienenwachs. Honigtönig.

Geschmack Birnen in Sahne. Späte, lebhafte pfirsichartige Fruchtigkeit. Gartenminze.

Abgang Rosinenartig. Auch harzig. Frische Eiche. Beruhigende Wärme.

76 PUNKTE

GLEN MORAY 15-year-old, 43 Vol%

Ebenfalls eine Version ohne Endreifung in Weinfässern, die heute nur noch schwer zu finden ist.

Farbe Gold.

Duft Klare, trockene, wohlriechende Fruchtigkeit.

Körper Geschmeidig, aber fest.

Geschmack Sehr klare, süßlich-malzige Noten, die in einer leicht öligen, gerstenartigen Trockenheit münden.

Abgang Ein Komplex von laubigen, wohlriechenden Noten und einer Trockenheit von Hafer oder Gerste.

76 PUNKTE

GLEN MORAY 16-year-old, »mellowed« in Chenin Blanc, 40 Vol%

Farbe Altgold.

Duft Sehr aromatisch. Anklang an Nelken. Äpfel. Tannin.

Körper Geschmeidig, aber sehr fest.

Geschmack Mehr bestimmt. Toffee, Apfel, Eiche.

Abgang Lang. Hauch von Birnen. Grasig. Nach Laub. Harzig. Pfeffrig.

76 PUNKTE

GLEN MORAY 17-year-old, 43 Vol%

Heute nur noch schwer zu finden.

Farbe Gold.

Duft Wohlriechend, fruchtig, sehr appetitanregend.

Körper Geschmeidig, erscheint etwas abgerundet.

Geschmack Bemerkenswert klare, frische Süße, die in einer gerstenartigen Trockenheit mündet.

Abgang Anklänge an Torf. Sehr viel Entwicklung. Lang, wärmend.

77 PUNKTE

Einige Jahrgangsabfüllungen von Glen Moray

GLEN MORAY 1974, Port Wood Aged, Limited Edition, abgefüllt 1997

Farbe Kräftiges Gold.

Duft Liebevolle, wohlriechende Komplexität.

Körper Erheblicher reicher als andere Abfüllungen.

Geschmack Ölige Getreidekörner. Honiggeröstete Nüsse.

Abgang Wiederum sehr wohlriechend. Gezuckerte Mandeln. Ein After-Dinner-Malt von überragender Delikatesse. Wunderbar ausgewogen zwischen Destilleriecharakter und Portwein.

80 PUNKTE

GLEN MORAY 1973, 43 Vol%

Farbe Blasses Gold, mit einem Schimmer Grün.

Duft Sehr süß, aber immer noch extrem klar.

Körper Wirklich sehr geschmeidig.

Geschmack Sehr komplex, mit Entwicklung von süßeren (Gerste, Malz und Schokolade), delikat würzigen Noten.

Abgang Leichte Süße und etwas Torf. Lang und lang anhaltend, mit einem Vorrat an Aromen.

78 PUNKTE

GLEN MORAY 1966, 43 Vol%

Farbe Massive Bronze.

Duft Nussig, saftig, eichentönig, aber frisch.

Körper Geschmeidig, weich.

Geschmack Nussige Tockenheit, malzige Süße und ein Hauch von grasiger Torfigkeit, wunderschön ausgewogen und rund.

Abgang Süße und Trockenheit, wobei die letztgenannte gewinnt. Anklänge an saftige Eiche. Ein kurioser würziger Auftrieb am Ende.

80 PUNKTE

GLEN MORAY 1959 (abgefüllt 1999), 48,4 Vol%

Farbe Kräftiges Bernstein.

Duft Früchtekuchen mit Sherry.

Körper Wirklich sehr cremig.

Geschmack Reich. Früchtekuchen. Die Trockenheit von verbrannten Beeren. Intensives nussiges, mandelartiges Marzipan.

Abgang Leichte, nussartige Trockenheit. Kernig. Lang. Entwickelt einen Hauch von angekohlter Eiche.

79 PUNKTE

GLEN ORD

Hersteller UDV (Diageo)
Region Highlands **Distrikt** Northern Highlands

Adresse Muir of Ord, Ross-shire, IV6 7UJ **Tel** Besucherzentrum 00 44 / 14 63 - 87 20 08
Internet www.glenord.com

Alison Currie, eine junge Frau, ist im Moment verantwortlich für die Mälzerei in Glen Ord. Sie setzt eine Tradition fort, denn in Zeiten knapper Arbeitskräfte hielten Frauen den Betrieb aufrecht.

Als »Brand Ambassador« ist ebenfalls eine Frau für Glen Ord tätig, Barbara Ogilvie.

Glen Ord liegt inmitten eines Gerstenanbaugebiets, genannt «Black Isle« (»Schwarze Insel«). Die Brennerei, im Ort Muir of Ord (Moor in den Hügeln) ansässig, wurde 1838 errichtet und 1966 modernisiert. Unweit der Destillerie, südlich von Inverness, beginnt das Drumossie Moor, aus dem der Torf für die Mälzerei stammt. Für die Produktion wird Wasser aus dem »Loch of Smoke« verwendet. Der Whisky war ein wichtiger Bestandteil der Dewar's Blends und ist seit einigen Jahren häufiger auch als Single Malt erhältlich. Originalabfüllungen von Glen Ord zeigen einen ausgeprägten Oloroso-Sherry-Charakter. Der häufige Wechsel des Namens, Glenordie, Ordie oder einfach nur Ord, hat es der Destillerie schwer gemacht, sich einen Ruf zu erwerben.

Stilrichtung Sehr aromareich, rosenähnlich, würzig und malzig mit einem trockenen Abgang. Nach dem Essen.

GLEN ORD 12-year-old, 40 Vol%

Farbe Bernsteinfarben.

Duft Rund, mit Sherry, süßen, trockenen Malznoten und einem Hauch Torf.

Körper Mittelschwer bis kräftig, weich.

Geschmack Sherry. Malzig, sehr klar. Beginnt mit Malz, dann kommt Getreidesüße und eine würzige Ingwernote, die von einer zurückhaltenden malzigen Trockenheit und einem knusprigen Hauch Torf gefolgt wird.

Abgang Trocken, ingwertönig, würzig, zitrusartig, geschmeidig.

76 PUNKTE

GLEN ORD 1974, 23-year-old, 60,80 Vol%, Rare Malts

Farbe Sehr blasses Schlüsselblumengelb.

Duft Sehr frisch, bestimmt. Nach Laub, leicht torfig. Wohlriechender Rauch.

Körper Mächtig, weich, leicht sirupartig.

Geschmack Nussiges Malz, Rosinen, Ingwer, Zitronenschalen, Rosen.

Abgang Würzig, blumig, torfig.

78 PUNKTE

GLENORDIE 12-year-old, 40 Vol%

Farbe Kräftig, Gold.

Duft Tief, mit süßen und trockenen Malznoten und einem Hauch Torfigkeit.

Körper Mittelschwer bis kräftig. Sehr geschmeidig.

Geschmack Malzig, sehr klar, akzentuierte Süße, aber mit ausgewogener Trockenheit. Sehr einfach zu trinken, aber kräftig im Geschmack.

Abgang Trocken, ingwertönig, würzig, geschmeidig.

75 PUNKTE

Fühere Versionen von Glen Ord

Eine 24-jährige mit 46 Vol% von Cadenhead.

Farbe Bronze.

Duft Tief und trocken, mit Anklängen an Torf.

Körper Mittelschwer bis kräftig, sehr geschmeidig.

Geschmack Malzig, mit sich schnell entwickelnder torfiger Trockenheit.

Abgang Torfig, sehr lang, einige Sherrynoten.

77 PUNKTE

GLENROTHES

Hersteller Highland Distillers
Region Highlands **Distrikt** Speyside (Rothes)

Adresse Burnside Street, Rothes, Aberlour, AB38 7AA

Berry Brothers and Rudd zählen zu den aristokratischsten Wein- und Spirituosenhändlern. Innerhalb des letzten Jahrzehnts haben sie Glenrothes (je nach Schreibweise als ein oder zwei Worte) zu einem Schmuckstück und ihrem Haus-Malt gemacht. Auf den ersten Blick scheint es paradox, dass ein Händler, der bekannt für Wein ist, Single Malts wiederbelebt. Doch es zeigt die wachsende Bedeutung dieses Marktsegmentes, und gleichzeitig ist es auch eine Rückkehr zur Tradition, denn früher haben viele Weinhändler Abfüllungen von Single Malts und ihre eigenen Mischungen als Blends vertrieben.

Der stille, noble Glenrothes war immer schon Bestandteil des Cutty Sark Blends von Berry Brothers und ein beliebter Whisky bei Blendmeistern. Die Destillerie wurde 1878 errichtet und ist eine von fünf Brennereien in Rothes.

Berry's begann ca. 1690 mit dem Verkauf von Tee, Wein und Lebensmitteln. Der Blend Cutty Sark wurde in den 20er Jahren auf den Markt gebracht. Sowohl Cutty Sark als auch Glenrothes werden nicht nur in den 1730 von Berry's erbauten Gebäuden im Stadtteil St James's in London, sondern auch in eigens eingerichteten Läden auf dem Flughafen Heathrow verkauft.

Stilrichtung Wohlriechend, süß, würzig-fruchtig, komplex. Nach dem Essen.

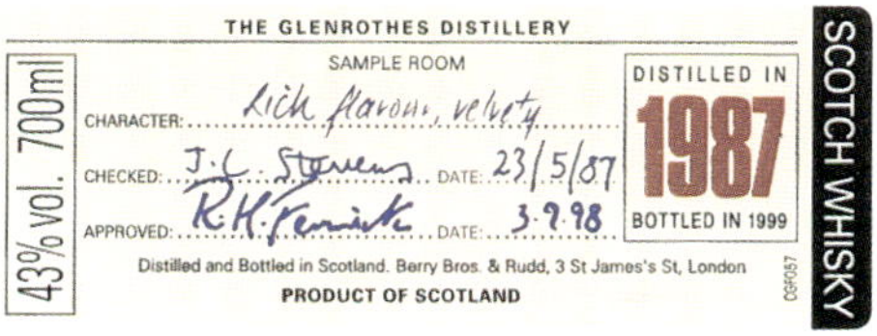

GLENROTHES 1987 (abgefüllt 1999), 43 Vol%

Farbe Goldfarben, mit einem Hauch Bronze.

Duft Trockene Würze. Tiefe von dicht beieinander liegenden Aromen. Höchst delikater Anklang an Torf.

Körper Seidig, entwickelt leichte Viskosität.

Geschmack Lakritze. Lagen von toffeeähnlichem Malz, zu Beginn kernig, vorübergehend knusprig, dann sirupartig.

Abgang Weiche Würzaromen. Staubig. Anklänge an Puderzucker, aber ultimative geschmeidige Trockenheit.

81 PUNKTE

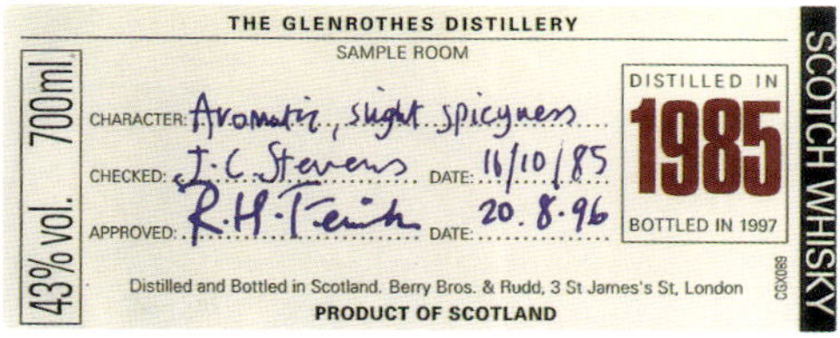

GLENROTHES 1985 (abgefüllt 1997), 43 Vol%

Farbe Vielleicht etwas heller goldfarben.

Duft Trockener, wurzelartiger. Öliger und aromatischer.

Körper Sehr leicht seidig.

Geschmack Trockener, würziger.

Abgang Fester Anklang an einen cremigen Malt, dann erst spät ein Vorrat von Zitronengras und torfiger Wärme.

81 PUNKTE

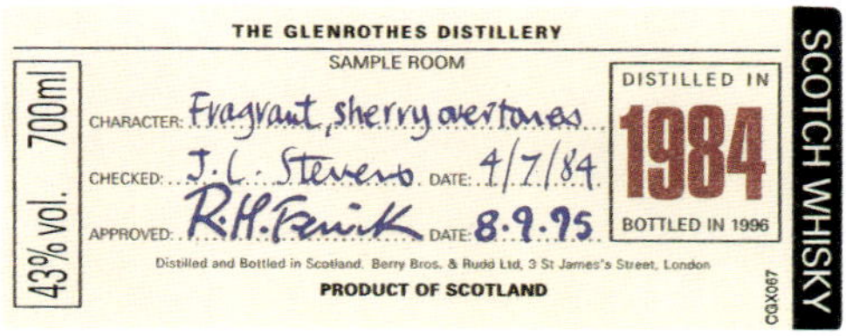

GLENROTHES 1984 (abgefüllt 1996), 43 Vol%

Farbe Kräftiges Gold.

Duft Bemerkenswert blumig, dann fruchtig und nussig (ein Hauch Sherry). Sowohl süß als auch trocken.

Körper Seidig, sehr geschmeidig.

Geschmack Süße Malzigkeit. Fast wie gemalzte Milch. Cremig. Orangenschalen. Pfirsich. Fleischig. Sherrydessert. Sehr gute Tiefe.

Abgang Grasig. Leicht torfig. Trocken.

81 PUNKTE

GLENROTHES 1982 (abgefüllt 1997), 43 Vol%

Farbe Helles Gold.

Duft Entschieden torfiger.

Körper Etwas fester und mächtiger.

Geschmack Vanille- und buttrige Malzaromen. Reife, sherrytönige Fruchtigkeit. Dann robuste würzige Komplexität.

Abgang Erstaunlich staubig-würziger Charakter. Späte Wärme.

82 PUNKTE

GLENROTHES 1979 (abgefüllt 1994), 43 Vol%

Diese Abfüllung ist nur noch sehr selten zu finden.

Farbe Goldbarren.

Duft Delikate Torfnoten, wie auch auf dem Etikett angekündigt.

Körper Immer noch seidig-geschmeidig, aber leichter.

Geschmack Lakritze. Sehr viel Aromaentwicklung. Sehr viel Würze. Anklänge von getrockneten Früchten und Torf.

Abgang Würzig, lang, trocken.

83 PUNKTE

GLENROTHES 1972 (abgefüllt 1996), 43 Vol%, Restricted release

Farbe Blasses bis mittleres Bernstein.

Duft Sherry. Polierte Eiche. Poliertes Leder.

Körper Butterartig, aber fest, sogar schlank.

Geschmack Luxuriös, gebildet, elegant, die Aromen süß und nach Rumbutter, aber zurückhaltend und sehr dicht. Fast unbemerkbar untermauert von rauchigem Torf. Als würde man in einem Ledersessel sitzen und Nougat mit Kirscharoma vor dem offenen Feuer genießen.

Abgang Leicht, mit einem Anklang an frische Eiche.

85 PUNKTE

Andere Versionen von Glenrothes

Aus der MacPhail's Collection gibt es einen bemerkenswerten 8-jährigen mit 40 Vol%, der eine kräftig polierte Goldfarbe aufweist; ein mächtiges Blumen-Frucht-Aroma (getrocknete Aprikosen?), einen leichten, aber seidigen Körper, wundervolle weiche Würze im Geschmack und ein klaren, knusprigen, ingwertönigen Abgang hat. 80 PUNKTE. Eine frühere Version desselben Abfüllers (1956 mit 40 Vol%) unter dem Namen Gordon & MacPhail war etwas dunkler und mehr sherrytönig im Geschmack und hatte zudem nussige Trockenheit. 80 PUNKTE. Eine Abfüllung von Berry Brothers and Rudd mit 12 Jahren und 43 Vol%, die heute nur noch schwer zu finden ist, ist wohlriechend und sehr komplex. 81 PUNKTE.

GLEN SCOTIA

Hersteller Loch Lomond Distillery Co.
Region Campbeltown

Adresse 12 High Street, Campbeltown, Argyll, PA28 6DS
Tel 00 44/15 86 - 55 22 88 Besuche nur nach vorheriger Anmeldung

MIT BEGINN DES MILLENNIUMS steht die Whiskyherstellung in Glen Scotia wieder unter einem guten Stern. Die Brennerei wurde nach der Übernahme durch Loch Lomond Distillery in der zweiten Hälfte der 90er Jahre wieder aufgebaut. In den 80er Jahren produzierte man hingegen nur sporadisch. Glen Scotia ist aber nicht nur wegen seines Whiskys bekannt, sondern auch weil der Geist des ehemaligen Besitzers, der sich im Campbeltown Loch umbrachte, angeblich noch heute in der Destillerie spukt.

Die Destillerie wurde 1832 in Campbeltown errichtet und ist eine der zwei noch existierenden Brennereien in dieser einstmaligen Hochburg der Whiskyherstellung. Glen Scotia mit seinem prächtigen Salzwasseraroma ist ein typischer Vertreter des Küstenstils dieser Stadt.

Stilrichtung Frisch, salzig. Aperitif oder zu salzigem Essen.

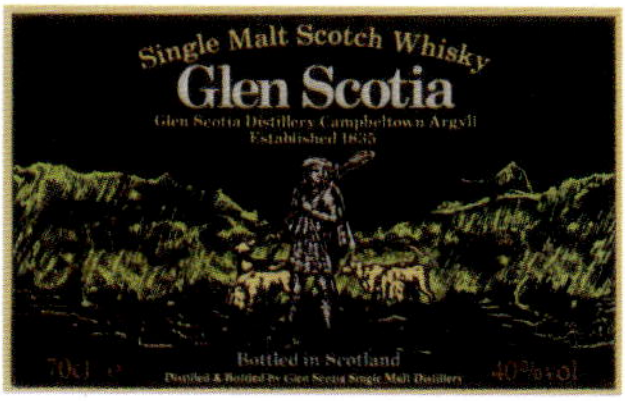

GLEN SCOTIA 14-year-old, 40 Vol%

Farbe Kräftiges, lichtbrechendes Gold.

Duft Aromatisch, ölig, Salzwassernoten, mächtig.

Körper Leicht auf der Zunge, wird sehr schnell ölig und geschmeidig.

Geschmack Trockene Malzigkeit, Öligkeit, Salzaromen. Appetitanregend.

Abgang Bemerkenswert lang und kraftvoll.

87 PUNKTE

Unabhängige Abfüllungen von Glen Scotia

Cadenhead hat einen 1977er (13-year-old) mit 58,6 Vol% und olivenfarbenem Goldton, der salzig, holzig, ölig im Aroma, mit einem späten Anklang an Torf war. Ein durchaus reichhaltiger, öliger Körper; salziger, sandiger, erdiger, schwach torfiger Geschmack und ein grasig-süßer Abgang. 88 PUNKTE. Eine frühere Version mit 16 Jahren und 57,6 Vol% desselben Abfüllers war weicher, kräftiger im Aroma, salziger und länger. 88 PUNKTE. Ein 12-jähriger von James MacArthur war geschmeidig, und rund, mit einem guten salzigen Abgang. 86 PUNKTE.

GLEN SPEY

Hersteller UDV (Diageo)
Region Highlands **Distrikt** Speyside (Rothes)

Adresse Rothes, Morayshire, AB38 7AU **Tel** 00 44/13 40 - 83 20 00

GLEN SPEY IST EIN TEIL DES WELTBEKANNTEN J&B Blended Whisky. Der Blend ist nach der Weinhandlung Justerini and Brooks benannt, die 1749 gegründet wurde und immer noch in St James's in London beheimatet ist. Die Brennerei Glen Spey wurde im Jahr 1880 gegründet und 1970 umgebaut.

Stilrichtung Leicht, grasig, nussig. Aperitif.

GLEN SPEY 8-year-old, 40 Vol%

Diese Abfüllung ist nur noch sehr schwer zu finden.

Farbe Gold.

Duft Leicht, wohlriechend.

Körper Auf der leichteren Seite von mittelschwer.

Geschmack Aromatisch, schwache Anklänge an Torf, grasige Noten und Nuss.

Abgang Leicht, trocken.

73 PUNKTE

GLEN SPEY 12-year-old, 43 Vol%, Master of Malt

Farbe Helles Gold.

Duft Leicht, trocken. Wohlriechend, schwache Torfnoten.

Körper Weich, marshmallowähnlich.

Geschmack Malzig. Sehr süß. Leicht ölig. Nussig.

Abgang Delikat nach Torf. Eher kurz und schnell.

71 PUNKTE

GLENTAUCHERS

Hersteller Allied Distillers
Region Highlands **Distrikt** Speyside

Adresse Mulben, Keith, Banffshire, AB5 2YL

DIE BRENNEREI WURDE 1898 GEGRÜNDET und 1965 umgebaut. Seit 1989 ist sie im Besitz von Allied Distillers. Glentauchers ist eine interessante Destillerie, doch ohne Besucherzentrum und offizielle Abfüllung wurde sie nicht so bekannt, wie sie es verdient hätte. Mit der Nachbarbrennerei Auchroisk (»The Singleton«) liegt sie im ländlichen Gebiet zwischen den beiden Städten Rothes und Keith. Ursprünglich war ihr Whisky ein Bestandteil der »Black and White« Blends von Buchanan.

Stilrichtung Nelkenartige Trockenheit und malzige Süße.
Ein beruhigender Malt.

GLENTAUCHERS 1975 (abgefüllt 1997), 55,6 Vol%, Signatory
Diese Abfüllung ist weniger trocken und deutlich medizinischer als frühere Abfüllungen.

Farbe Sehr kräftiges Gold.

Duft Erdig, torfig, wohlriechend.

Körper Reich.

Geschmack Deutlich malzig. Der Schwerpunkt ist Fruchtigkeit (Äpfel, Rosinen?). Süß. Sehr schön ausgeglichen.

Abgang Kraftvoll. Klare nelkenartige Würze, mit einem Wechselspiel von Süße und Trockenheit. Erst spät Torfrauch.

73 PUNKTE

Frühere Versionen von Glentauchers
Gordon & MacPhail hat einige sherrytönige Versionen angeboten (weniger reich und mehr nussig, trocken), unter anderem einen 1979er mit 40 Vol%, der ausgeprägt nelkenartig war. 72 PUNKTE. Ein 17-jähriger von Cadenhead mit 46 Vol% war torfiger und mehr phenolisch. 71 PUNKTE.

GLENTURRET

Hersteller Highland Distillers
Region Highlands **Distrikt** Midlands

Adresse Crieff, Perthshire, PH7 4HA **Tel** Besucherzentrum 00 44/17 64 - 65 65 65
Internet www.glenturret.com

Etwa eine Autostunde von Edinburgh und Glasgow entfernt liegt, verborgen in einem schönen Tal, eine der kleinsten und ältesten Destillerien Schottlands – Glenturret. Die Destillerie ist elf Monate im Jahr in Betrieb (die »silent season« dauert hier vier Wochen, sie liegt zumeist im Januar) und auf Besucher ausgerichtet. Dank ihrer traditionellen Betriebsweise kann man sich in dieser kleinen Brennerei einen guten Einblick in die Herstellung von Whisky verschaffen. Ihre Malts sind sehr komplex und besitzen wunderschöne miteinander verwobene Aromen. Man findet auch eine nussige Blumennote, die dem Whisky einen Unterton von Likör verleiht.

Ihr Malt ist in einer Vielzahl von Abfüllungen erhältlich, von denen einige in der Destillerie zur Verkostung bereitstehen. Auch ein Restaurant mit Mittagstisch und Abendveranstaltungen (nur Gruppen) ist der Destillerie angeschlossen. Der weltbekannte Kater Towser, der nun die Mäuse im Himmel jagt, ist hier mit einem Denkmal verewigt. Allerdings gibt es kein Denkmal für seine 28899 Opfer.

Die Brennerei liegt am Ufer des Turret, unweit von Crieff in Perthshire. Erste Nachweise der Whiskyherstellung findet man bereits im Jahr 1717; einige der Gebäude der heutigen Destillerie wurden 1775 erbaut. Die Destillationsapparate wurden 1920 abgebaut und 1959 von einem Whisky-Enthusiasten mit Namen James Fairlie wieder zum Leben erweckt. Im Jahre 1981 kaufte die französische Likörfirma Cointreau die Destillerie. 1990 wurde sie ein Teil des Highland-Distillers-Konzern.

Stilrichtung Trocken, nussig, frisch, blumig. Als junger Whisky ein Aperitif, als älterer ein Digestif.

Glenturret ist eine der ältesten Destillerien Schottlands.

GLENTURRET 8-year-old, 40 Vol%
Heute nur noch selten zu finden.

Farbe Blasser Fino Sherry.

Duft Süß, malzig, frisch.

Körper Leicht und geschmeidig.

Geschmack Malzig, cremig.

Abgang Erstaunlich lang und sehr lebhaft.

76 PUNKTE

GLENTURRET 10-year-old, 57,1 Vol% (»100 Proof«)
Ebenfalls nur noch sehr selten zu finden.

Farbe Heller Weißwein.

Duft Sehr appetitanregende, karamellartige Malznote.

Körper Mächtig, weich.

Geschmack Toffee, Röstnoten, sehr kraftvoll.

Abgang Nussig, fast saftig.

77 PUNKTE

GLENTURRET 12-year-old, 40 Vol%

Farbe Gold.

Duft Blumig, nussig.

Körper Leicht bis mittelschwer. Geschmeidig.

Geschmack Nussig. Getreideartige Malznoten und Vanilleschoten. Wird trockener mit einem Anklang an Apfel.

Abgang Knusprig, trocken. Appetitanregend. Erfrischend.

75 PUNKTE

GLENTURRET 5000 days old, 40 Vol%

Eine nette Art, zu sagen, dass dieser Whisky zwischen 13 und 14 Jahren gereift ist.

Farbe Kräftiges Gold.

Duft Süß, mit ein wenig mehr Tiefe.

Körper Leicht bis mittelschwer, geschmeidig.

Geschmack Sehr geschmackvoll. Einige harzige Noten und schöne cremige Malzaromen.

Abgang Lang.

75 PUNKTE

GLENTURRET 15-year-old, 40 Vol%

Eine wunderschöne Balance der Komponenten in diesem köstlichen Malt.

Farbe Kräftiges Gold.

Duft Tief, mit Malz- und Eichennoten.

Körper Mittelschwer, kernig.

Geschmack Malzig, röstartig, parfümiert.

Abgang Cremig, geschmeidig, leuchtend.

81 PUNKTE

GLENTURRET 15-year-old, 50 Vol%

Farbe Kräftiges Gold.

Duft Sehr blumig, mit Anklängen an Torf und Eiche.

Körper Mittelschwer, geschmeidig, wird kerniger.

Geschmack Malzig, nach Toast, blumig, sehr wohlriechend. Einige Verkoster haben Holunderblüten erkannt.

Abgang Geschmeidig, glühend. Sehr lang, mit sehr viel Entwicklung.

82 PUNKTE

GLENTURRET 18-year-old, 40 Vol%

Farbe Kräftiges Gold.

Duft Anklänge von Torf und Zitronengras. Honigüberzogener Dessertapfel.

Körper Kräftig, cremig.

Geschmack Süß, klare Malznoten. Vanilleschoten. Wohlriechend.

Abgang Trocken, wohlriechend, Anklang an Torf. Lang, glühend.

83 PUNKTE

GLENTURRET 21-year-old, 40 Vol%

Verpackt in einem »goldenen« Flakon (Material: Keramik).

Farbe Tiefes Gold bis Bernstein.

Duft Tief nach Sherry. Nussige Malznoten. Hauch von warmen Rauch. Sehr attraktiv.

Körper Fest. Leicht ölig.

Geschmack Nussig. Wunderbares Gleichgewicht von Blumen-, Malz- und Sherrynoten.

Abgang Nussig. Anklang an Anis. Wohlriechend.

86 PUNKTE

GLENTURRET 25-year-old, 43 Vol%

Verpackt in eine keramische Weltkugel. Eine Welt voll Whisky?

Farbe Helles Gold bis Bernstein.

Duft Sherry und nussiges Malz, aber auch ein Hauch von öliger Torfnote.

Körper Mächtig, geschmeidig.

Geschmack Bestimmt und charaktervoll, torfiger und eichentöniger Stil.

Abgang Eichentöne, saftig, trocken.

86 PUNKTE

GLENTURRET 1972, 43 Vol%

Farbe Kräftiges Gold, mit einiger Tiefe.

Duft Tief, mit Malz, Nüssen und etwas Sherry.

Körper Mittelschwer, rund.

Geschmack Sehr komplex, mit allen Komponenten wundervoll verwoben.

Abgang Nussig, reich und kraftvoll.

90 PUNKTE

GLENTURRET 1967, 50 Vol%

Dieser mächtige Malt ist ein Genuss für Liebhaber stark sherrytöniger Whiskys. Berücksichtigt man sein Alter und seine Alkoholstärke, hat er wohl mehr Sherrynoten als jeder andere Malt Whisky.

Farbe Tiefes Bernsteinrot.

Duft Reiches Sherryaroma.

Körper Kraftvoll, leicht likörartig, aber in keiner Weise überwiegend.

Geschmack Sehr stark sherryakzentuiert.

Abgang Weich, reich, wärmend, lang.

86 PUNKTE

GLENTURRET 1966 (abgefüllt 1993), 45,7 Vol%, Fassstärke

Farbe Tiefes Orange.

Duft Polierte Eiche. Bienenwachs. Erdig, Heu, Hauch von grasigem Salzaroma.

Körper Mittelschwer bis kräftig. Reich. Wiederum leicht likörartig.

Geschmack Klare, malzig-nussige Sherryaromen. Anklänge an Butter.

Abgang Erdig, nussig, Pfannkuchen. Entwickelt große Wärme und Länge, mit einer schwachen Salznote.

89 PUNKTE

GLENTURRET 1966, 40 Vol%

Farbe Kräftiges Gold, mit einem Hauch von Rostbraun.

Duft Saftiges Holz, Torf und blumige Noten.

Körper Kräftig, fest, geschmeidig.

Geschmack Sehr nussig, fest, wird kernig, bleibt aber immer auf der süßen Seite.

Abgang Trocken, eichentönig, torfig, mit späten Anklängen an Blumen.

91 PUNKTE

GLENTURRET Neil's Dram, 48,4 Vol%

Eine Mischung verschiedener Jahrgänge, zusammengestellt vom Destillerie-Manager Neil Cameron. Die Idee war, die verschiedenen Charakteristika der einzelnen Glenturret-Jahrgänge auszubalancieren. Nur in 200-ml-Flaschen.

Farbe Tiefes gelbliches Gold.

Duft Sanft, frisch, Sherry.

Körper Fest, geschmeidig, leicht sirupartig.

Geschmack Sehr appetitanregender, trockener Sherry. Mächtig, nussige Malznoten. Süßes Heidekraut und Honig.

Abgang Lang und komplex. Zugleich süß und trocken, leicht bittere Sherrynote. Blumen. Würze. Dieses typische lange Feuer des Glenturret ist auch hier präsent.

87 PUNKTE

Einige unabhängige Abfüllungen

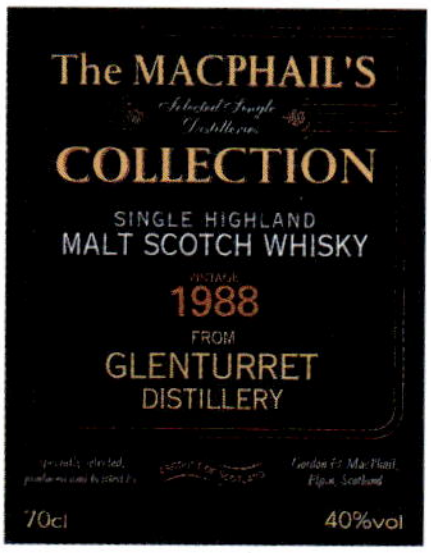

GLENTURRET 1988, 40 Vol%, The MacPhail's Collection

Farbe Helles Gold.

Duft Sehr nach Blumen. Zitronenschalen. Passionsfrucht. Leicht pflanzlich.

Körper Leicht. Fest.

Geschmack Zitronengelbes Fruchteis. Zitronenwürze. Leicht ölig.

Abgang Sehr leicht. Schwach nach Zitronengras und Torf.

70 PUNKTE

GLENTURRET 1980 (re-fill-Sherryfass, abgefüllt 1997), 46 Vol%, Murray McDavid

Farbe Helles, blasses Gelb.

Duft Delikat blumig. Sehr schwache, trockene Malznoten.

Körper Weich.

Geschmack Sehr viel torfiger und rauchiger als in jeder anderen Abfüllung.

Abgang Rauchig, ölig, gerstentönig. Späte Aromen nach Zitrone und Pfeffer. Diese Version ist atypisch und nicht ausgewogen, aber voll im Charakter.

77 PUNKTE

GLENTURRET Aged 13 year (destilliert 1979), 43 Vol%, The Castle Collection

Farbe Helles Schlüsselblumengelb.

Duft Weiche Zitrone. Anklang von Zitronengras und Torf.

Körper Leicht sirupartig.

Geschmack Sehr süßer Beginn. Dann zitronig. Dann Zitronengras und Torf.

Abgang Pfeffrig.

73 PUNKTE

GLENTURRET 1978, 51,5 Vol%, Signatory

Farbe Blasses grünliches Gold.

Duft Sehr leicht. Zitronenartig.

Körper Leicht sirupartig.

Geschmack Zitronenschalen. Getrocknete Butterblumen. Pfeffer.

Abgang Scharf nach Zitrone und Pfeffer.

72 PUNKTE

GLENUGIE

Hersteller Long John (Whitbread)
Region Highlands **Distrikt** Eastern Highlands

Adresse Peterhead, Aberdeenshire, AB42 0XY

Heute, nachdem die Destillerie geschlossen ist, sind mehr Abfüllungen erhältlich als jemals zuvor. Nichts Ungewöhnliches in der Geschichte des Malt Whisky. Es kommt häufiger vor, dass Blendmeister einen Malt durch einen anderen ersetzen und die restlichen Fässer von unabhängigen Abfüllern aufgekauft werden.

Destilliert wurde in Glenugie schon seit ca. 1830 und einige der Gebäude stammen noch aus den Jahren um 1870. In den 80er Jahren reduzierte die Whitbread-Brauerei, in deren Besitz sich die Destillerie seit 1970 befand, langsam die Produktion, da die Whiskyindustrie an einem der zyklischen Tiefpunkte war. Wie auch andere Destillerien im Bezirk Aberdeenshire wurde Glenugie 1982/83 von einer Ölfirma aufgekauft, die Gebäude wurden in Ingenieurbüros umgewandelt.

Stilrichtung Süß, karamellbonbonartig. Mit einiger Blumigkeit, harzige Noten. Kann durchaus medizinisch sein. Zu einem guten Buch vor dem Zubettgehen.

GLENUGIE 1980 (12-year-old), 59,7 Vol%, Cadenhead
Interessant durch seinen ausgeprägten Sherrycharakter.

Farbe Dunkle Kastanie.

Duft Kraftvoll. Süßer Sherry, dann finoähnliche Bitterkeit. Saftig. Holzig. Schellackähnlich. Medizinisch.

Körper Cremig.

Geschmack Malzig. Sherry. Harzig. Süße Rauchigkeit. Erdig.

Abgang Bestimmt. Wurzelnoten, ingwerartig, wärmend, lang.

71 PUNKTE

GLENUGIE 1967, 40 Vol%, Connoisseurs Choice

Farbe Kräftiges Gold.

Duft Blumig. Schwach medizinisch. Harzig. Schwache Holztöne.

Körper Fest und geschmeidig. Fast glatt.

Geschmack Zu Beginn trocken. Fest und klar, lässt aber seltsamerweise Aromen vermissen. Schwach harzige Blätter. Entwickelt dann Karamellbonbon- und Toffeenoten, die erstgenannten sind sehr lange präsent.

Abgang Sehr leicht. Leichter Biss zu Karamelltönen. Schwach ingwertönig.

68 PUNKTE

GLENUGIE 1966, 53,9 Vol%, Signatory, Silent Stills

Farbe Helles grünliches Gold.

Duft Blumig. Trocken.

Körper Weich, sirupartig.

Geschmack Süß, später abfallend.

Abgang Leicht würzig und ingwertönig.

67 PUNKTE

GLENUGIE 1996 (30-year-old, cask 852), 61,8 Vol%, The Bottlers

Farbe Bronze bis Bernstein.

Duft Nussiger Sherry. Hauch von Harz.

Körper Mittelschwer, weich.

Geschmack Beginnt sehr leicht, dann karamellbonbonartiger Sirup, gut geeignet, um ihn über Eiscreme zu genießen.

Abgang Leicht austrocknend, frisch gemahlener Ingwer.

71 PUNKTE

GLENUGIE 1965 (23-year-old), 43 Vol%, Hart Brothers

Farbe Grünliches Gold.

Duft Sehr blumig, harzig, medizinisch.

Körper Leicht, aber fest. Glatt.

Geschmack Kurzer Anklang an alte Bücher und gepresste Blätter oder Blumen. Dann Karamellbonbon, Butterblumen und Zuckersüße.

Abgang Sehr leicht, schnell, Ingwer.

67 PUNKTE

GLENURY ROYAL

Hersteller DCL
Region Highlands **Distrikt** Eastern Highlands

Adresse Stonehaven, Kincardineshire, AB3 2PY

AN DER OSTKÜSTE, SÜDLICH VON ABERDEEN in der Nähe des Fischereihafens Stonehaven, liegt Glenury Royal. Das Tal, das durch den Bezirk Ury verläuft, gab der Destillerie ihren Namen. Sie wurde von Captain Robert Barclay gegründet, einem Parlamentsabgeordneten für diesen Kreis. Dieser schillernde Charakter hatte Beziehungen zu einer Persönlichkeit bei Hof – verschämt »Mr. Windsor« genannt –, durch deren Einfluss er von König William IV. die Erlaubnis erhielt, seinen Whisky »Royal« zu nennen. Die Destillerie wurde 1825 gegründet und 1966 umgebaut. Ihr Whisky – ein guter bodenständiger Highland Malt – war zwar nie weit verbreitet, ist jedoch als Single Malt erhältlich. Glenury Royal war unter anderem eine Komponente in den Blends King William IV und Auld Toun, die von einer Tochtergesellschaft der DCL, der John Gillon Company, hergestellt wurden. Die Brennerei ist seit 1985 geschlossen. Die Gebäude wurden zur Umwandlung in Wohnungen verkauft.

Stilrichtung Aromatisch, Kräuternoten, ölig. Zu einem guten Buch vor dem Zubettgehen.

GLENURY ROYAL 12-year-old, 40 Vol%

Farbe Bronze.

Duft Aromatisch, trocken, rauchig.

Körper Leicht bis mittelschwer, fest.

Geschmack Geröstete, trockene Malzigkeit, Rauchigkeit.

Abgang Rauchig, mit einem Hauch buttriger, honigtöniger Süße. Sehr lang.

76 PUNKTE

GLENURY ROYAL 23-year-old (destilliert 1971), 61,3 Vol%, Rare Malts

Farbe Tiefes rötliches Bernstein.

Duft Torf, Sherry und polierte Eiche.

Körper Mittelschwer, fest, geschmeidig.

Geschmack Geschmeidig, sehr dichte Aromen, wundervoll abgerundet. Sahne-Sirup-Karamell, Nüsse, zedernartige Aromen.

Abgang Sehr lang. Beginnt eichentönig, dann eine Explosion von langer, wärmender Rauchigkeit. Ein wunderbares Beispiel eines Highland Malt, der wie ein eichenhartes Schwergewicht im Ring steht.

80 PUNKTE

GLENURY ROYAL 28-year-old (destilliert 1970), 58,4 Vol%, Rare Malts

Farbe Leuchtendes Gold.

Duft Nussiger, mandelartiger Oloroso Sherry.

Körper Sehr fest, rund. Weniger Sherry-Muskeln, elegantes Mittelgewicht.

Geschmack Honig, Zitronen, Pistazien, Angelikawurzel, Gartenminze.

Abgang Als ob man in ein grünes Blatt beisst. Rindenartige Holzigkeit. Zimt. Wohlriechend und lang.

79 PUNKTE

Andere Versionen von Glenury Royal

Ein 1971er aus der Serie Rare Malts mit Fassstärke, vorverkostet, ist dem 23-jährigen ähnlich im Charakter. Ein 1976er mit 40 Vol% von Gordon & MacPhail ist tief goldfarben und hat ein liebevolles Wechselspiel von Sherry, Honig und Rauch. Die Signatory-Abfüllung in der Reihe »Silent Stills« ist hell goldfarben mit mehr Getreidetönen und blumigem Honig. Die frühere Abfüllung von Master of Malt mit 14 Jahren und 43 Vol% war sehr blass, röstartig, honigtönend und würzig. 72 PUNKTE. Eine 13 Jahre alte Abfüllung mit 46 Vol% von Cadenhead war ebenfalls röstartig mit Anklängen an Fino Sherry. 75 PUNKTE. Die 22-jährige Abfüllung desselben Abfüllers und der gleichen Alkoholstärke hat einen ausgeprägten Oloroso-Sherry-Charakter. 77 PUNKTE.

HIGHLAND PARK

Hersteller Highland Distillers
Region Highlands **Distrikt** Insel Orkney

Adresse Kirkwall, Orkney, KW15 1SU **Tel** Besucherzentrum 00 44/18 56 - 87 46 19
Internet www.highlandpark.co.uk

Der grösste »All-Rounder« in der Welt des Malt Whisky. Zweifellos ein Vertreter des Insels-Stils, der aber dennoch auf schönste Art alle Elemente eines klassischen Single Malt miteinander verbindet: Rauchigkeit (mit einem ganz eigenen Heidehonigakzent); Malzigkeit, Geschmeidigkeit, Tiefe, Rundheit und Geschmacksfülle und die Länge im Abgang. Ein Genuss zu jeder Zeit. Als Single Malt kann sich Highland Park noch bis ins hohe Alter entwickeln. In letzter Zeit beginnt die Destillerie auch die älteren Jahrgangsstufen mit bemerkenswerter Tiefe und Fülle zugänglich zu machen.

Highland Park ist die nördlichste Destillerie Schottlands und wurde wohl um 1798 gegründet. Die Destillerie besitzt noch die traditionellen Malzdarren, die mit heimischen Torf betrieben werden. Der Torf stammt aus jungen Torfschichten, die den »wurzeligen«, heidekrautartigen Charakter des Whiskys ausmachen.

Stilrichtung Rauchig und kräftig im Aroma. Mit 18 oder 25 Jahren zum Dessert oder der Zigarre. Die älteren Jahrgänge zu einem guten Buch vor dem Schlafengehen.

Auf der »schwarzen Insel« wird Whisky in einer beeindruckenden Landschaft produziert.

HIGHLAND PARK 12-year-old, 40 Vol%

Farbe Bernsteinfarben.

Duft Rauchig, »gartenfeuerwerkartige« Süße, heidekraut- und malzartiger Hauch von Sherry.

Körper Mittelschwer, außergewöhnlich geschmeidig.

Geschmack Saftig, mit rauchiger Trockenheit, süßem Heidekrauthonig und Malzigkeit.

Abgang Neckend, heidekrauttönig, delikat.

90 PUNKTE

HIGHLAND PARK 18-year-old, 43 Vol%

Farbe Lichtbrechendes, blasses Gold.

Duft Warm, bemerkenswert blumig. Heidekrauthonig, frische Eiche, Saft, Torf, rauchiger Wohlgeruch. Sehr aromatisch und appetitanregend.

Körper Erstaunlich geschmeidig, fest und abgerundet.

Geschmack Leicht salzig. Nach Laub (Weinblätter?), Kiefernnüsse. Sehr viel Aromaentwicklung: Nüsse, Honig, Zimt, trockener Ingwer.

Abgang Würzig, sehr trocken, eichentönig, rauchig, warm.

92 PUNKTE

HIGHLAND PARK 24-year-old (1967), 43 Vol%
Nur noch sehr selten zu finden.

Farbe Bernsteinfarben.

Duft Honig, mit geschmeidigem Rauch im Hintergrund.

Körper Kräftig.

Geschmack Beginnt mit geschmeidigem Honig, wird intensiver im Aroma und entwickelt sich zu geschmeidiger, wohlriechender Rauchigkeit.

Abgang Geschmeidig. Honignoten mit etwas Fruchtigkeit. Beruhigend.

93 PUNKTE

HIGHLAND PARK 25-year-old, 53,5 Vol%

Farbe Aprikosenfarben.

Duft Kräftig, abgerundet. Fondant, weiße Schokolade, Oloroso Sherry, Honig, Melone, Zitrone. Fruchtig.

Körper Fest und rund.

Geschmack Mehr Honignoten, leicht kernig. Nussiges Toffee. Nougat. Pistazien. Fruchtgeleekonfekt. Zedernholz.

Abgang Zitrone, Honig, Rosen. Wohlriechend, geschmeidig. Ausbalancierte Trockenheit.

93 PUNKTE

HIGHLAND PARK 1977 Bicentenary Vintage Reserve

Farbe Blasse Walnuss.

Duft Polierte Eiche. Lederpolsterung.

Körper Feste satinartige Fülle.

Geschmack Minze. Cremig. Frisch geschälte Satsumas. Orangenschalen. Dunkle Kirscharomen. Sehr bittere schwarze Schokolade. Erstaunlich komplex und lang. Große Kraft. Lange Entwicklung von trockenen Aromen.

Abgang Veilchen. Lang anhaltende Blumigkeit, parfümierte Aromen.

94 PUNKTE

HIGHLAND PARK Online Tasting 1974 (abgefüllt 1998), 52,6 Vol%

Farbe Rötliche Eiche.

Duft Weinig, parfümiert-wohlriechend, rauchig.

Körper Mächtig, geschmeidig.

Geschmack Geschmeidig, sehr dicht nebeneinander liegende Aromen. Trockene Früchte. Weiche Lakritze. Zigarrentabak. Rauchig, saftig, eichentönig. Erhält Punkte für seine Robustheit.

Abgang Enorm süße Rauchigkeit.

93 PUNKTE

HIGHLAND PARK 35-year-old, Fassstärke, 44 Vol%. Vorverkostet.

Farbe Tiefe rötliche Farbe.

Duft Poliertes Holz. Dann geröstete Mandeln. Toastartig, rauchig.

Körper Mächtig. Erstaunlich geschmeidig und glatt.

Geschmack Nussige, fondantartige, überraschende süße Malzigkeit.

Abgang Plötzlicher Vorrat an nussiger Trockenheit und verbranntem Toast; rauchige Saftigkeit, Zigarrenrauch, Kaminfeuer mit einem Hauch Ruß, sehr spät erst Torf. Sehr lang und sehr komplex.

HIGHLAND PARK 1958, 44 Vol%

Farbe Tiefes Orange.

Duft Süßer Tabak. Parfümiert. Sandelholz. Walnüsse.

Körper Schlank. Erstaunlich geschmeidig.

Geschmack Sultaninen, Zitronen, Vanille, Karamell, geröstete Mandeln. Sehr zurückhaltende Süße. Erhält Punkte für Eleganz und Feinheit.

Abgang Langer Abgang. Spät würziger, heidekrautartiger Rauch.

93 PUNKTE

Einige unabhängige Abfüllungen von Highland Park

HIGHLAND PARK 8-year-old, 40 Vol%, The MacPhail's Collection

Farbe Helles, kräftiges Gold.

Duft Sehr bluming, honigtönig und zitronenartig.

Körper Mittelschwer.

Geschmack Sehr honigtönig, mit einer grasigen, ausbalancierten Trockenheit.

Abgang Buttrige, vanilletönige, nach frischen Eichen duftende Knusprigkeit.

81 PUNKTE

Vom selben Abfüller war eine 1987er mit 63,7 Vol% blasser, mit dem Aroma von Heidekraut, windumtosten Hügeln; einem Hauch Rauchigkeit und einem warmen, zitronenhonigartigen Abgang. 86 PUNKTE.

HIGHLAND PARK 10-year-old (destilliert 1988, abgefüllt 1998), 59,8 Vol%, Adelphi (Fass 1922)

Farbe Tiefes Gold.

Duft Ausgeprägte Honignoten.

Körper Leicht sirupartig.

Geschmack Sehr honigtönend. Etwas Sherry und Eiche.

Abgang Cremige Aromen. Honig. Anklang an Ingwer. Hauch von knuspriger Eiche.

86 PUNKTE

HIGHLAND PARK 1978 (abgefüllt 1997), 46 Vol%, Murray McDavid

Farbe Blass, zitronig.

Duft Wohlriechend torfig.

Körper Seidig.

Geschmack Sehr gute Aromenentwicklung, wundervoll ausbalanciert in der Entwicklung. Wohlriechender Rauch, dann nussig; wird blumiger und zum Ende honigtönig.

Abgang Spät, klar, appetitanregende Rauchigkeit.

89 PUNKTE

Andere Versionen von Highland Park

Drei Abfüllungen von Signatory: eine 1977er mit 43 Vol%, die sehr blass ist, torfig und erdig im Duft und mit einem öligen Mittelteil endet. 81 PUNKTE. Eine 1975er mit 52 Vol% ist heller goldfarben, mit einem herausragenden Torfaroma und einer wundervollen Balance von Gras, Heidehonig und Eiche. 89 PUNKTE. Eine Abfüllung von 1972 mit 55,7 Vol% ist kräftiger goldfarben, mit einem Anklang an das Meer und einer torfigen, eichentönigen Trockenheit und Wärme. 87 PUNKTE.

IMPERIAL

Hersteller Allied Distillers
Region Highlands **Distrikt** Speyside

Adresse Carron, Morayshire, AB34 7QP

Dieser unterbewertete Speyside Malt ist nur in unabhängigen Abfüllungen zu finden. Die Destillerie hat ihren Sitz in Carron, am gegenüberliegenden Flussufer liegt Dailuaine, die früher zum selben Unternehmen gehörte. Imperial wurde 1897 gegründet und 1965 erweitert. Nach kurzfristiger Stilllegung Mitte der 80er Jahre wurde die Destillerie 1989 von Allied wieder in Betrieb genommen. Seit 1998 ist die Brennerei stillgelegt. Die ungewöhnlich großen Brennblasen von Imperial erschweren einen flexiblen Einsatz: »Entweder man stellt sehr viel Imperial her oder gar keinen«, kommentierte ein Beobachter. Der Whisky ist Bestandteil vieler Blends.

Stilrichtung Mächtig und (oftmals süßlich) rauchig. Nach dem Essen oder vor dem Schlafen.

IMPERIAL 1979, 40 Vol%, Gordon & MacPhail

Farbe Kräftiges Gold, mit einer Spur Bernstein.

Duft Etwas torfige Öligkeit.

Körper Mittelschwer bis kräftig, weich.

Geschmack Sherry, saftige Eiche und Vanille am Anfang, die sich zu intensiven, würzigen, süßlichen und malzigen Getreidenoten entwickelt.

Abgang Süß, lebhaft, intensiv.

76 PUNKTE

Andere Versionen von Imperial

Ein 1976er mit 43 Vol% von Signatory ist blass, mit torfigem, medizinischem Aroma, einem mittelschweren, weichen Körper, einem malzigen Mittelteil sowie einem rauchigen Abgang. 76 PUNKTE. Eine Version mit 15 Jahren und 43 Vol% von James MacArthur war von kräftiger Goldfarbe und hatte ein blumiges Aroma, nussige Malzigkeit und eine rauchige Trockenheit. 77 PUNKTE. Die 14-jährige Abfüllung von Cadenhead mit 64,9 Vol% war süß in ihrer Malzigkeit, mit einem Hauch von Heidekraut. 76 PUNKTE.

INCHGOWER

Hersteller UDV (Diageo)
Region Highlands **Distrikt** Speyside

Adresse Buckie, Banffshire, AB56 5AB

DEM CHARAKTER NACH ein Insel-Whisky. Wenn man vom Geschmack her einen blumigeren, eleganteren Speyside Malt erwartet, erscheint einem vielleicht der Inchgower in seiner salzigen Art vordergründig, ja adstringierend. Mit der Zeit kann man sich mehr als nur daran gewöhnen. Die Brennerei wurde 1871 erbaut und 1966 erweitert. Der Whisky ist ein wichtiger Bestandteil in den Blends von Bell's.

Stilrichtung Trocken, salzig. Stärkend oder als Aperitif.

INCHGOWER 14-year-old, 43 Vol%, Flora und Fauna

Farbe Blasses Gold.

Duft Eine fast schokoladenartige Würze, dann süße Noten wie essbarer Seetang und abschließend ein Hauch des salzigen Seecharakters. Insgesamt trocken und komplex.

Körper Leicht bis mittelschwer. Geschmeidig.

Geschmack Beginnt süß und malzig, wird dann trockener und salziger.

Abgang Sehr salzig, aber lang anhaltend appetitanregend auf der Zunge.

76 PUNKTE

Andere Versionen von Inchgower

In der Serie Rare Malts erschien 1974 eine Fassstärkenabfüllung mit frischer Seeluft im Duft, gesalzenen Nüssen, Cashewnüssen und essbarem Seetang im Geschmack, und einem langen, appetitanregendem Abgang. 79 PUNKTE. Eine Abfüllung mit 12 Jahren und 40 Vol% von Bell's war süßer, mit einem Hauch Sherry, mehr schokoladig und duftig. 76 PUNKTE. Die Abfüllung von Oddbins war vielleicht etwas intensiver. 77 PUNKTE.

INVERLEVEN

Hersteller Allied Distillers
Region Lowlands **Distrikt** Western Lowlands

Adresse 2 Glasgow Road, Dumbarton, Dumbartonshire, G82 1ND

EIN SEHR SELTENER MALT aus dem imposanten Destilleriekomplex von Ballantine in Dumbarton. Jahrelang produzierten die beiden Brennhäuser dieser Anlage für die Blends von Ballantine zwei unterschiedliche Malt Whiskys, die man intern Inverleven beziehungsweise Lomond nannte. Keiner von beiden wurde je offiziell als Single Malt herausgebracht, Inverleven gibt es jedoch in unabhängigen Abfüllungen. Die Brennblasen des Inverleven wurden in den letzten Jahren außer Betrieb gesetzt, sodass der gesamte in Dumbarton hergestellte Malt aus dem Lomond-System stammt. Dieses System produziert einen schweren, öligeren Alkohol. Neben diesen Whiskys ergänzt eine breite Palette von Malts die weichen und komplexen Blends von Ballantine.

Stilrichtung Wohlriechend, fruchtig, ölig. Als junger Whisky mit einem Sommersalat, in höherem Alter mit den Nüssen zur Weihnachtszeit.

Der Destilleriekomplex von Ballantine thront über dem Fluss Leven, der einem seltenen Malt seinen Namen gab.

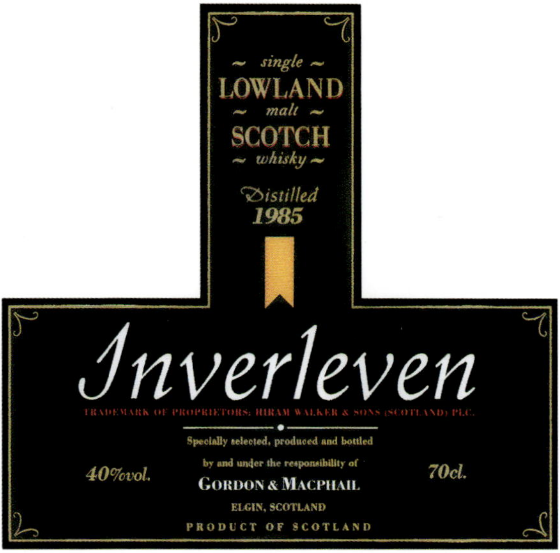

INVERLEVEN 1985, 40 Vol%, Gordon & MacPhail

Farbe Weißwein.

Duft Frisch gepflückte, reife, süße Birnen. Nach Sommer duftend.

Körper Leicht cremig.

Geschmack Creme Aromen. Nektarinen, Melonen, Birnen. Weicher, stilartiger Holzgeschmack

Abgang Erfrischend.

71 PUNKTE

Ein 1979er desselben Abfüllers war weniger fruchtig und trockener. 71 PUNKTE.

Dumbarton (Inverleven Stills), 1969, 27-year-old, 51,4 Vol%, Cadenhead

Farbe Helles orangefarbenes Bernstein.

Duft Ausgeprägte klare, torfige Rauchigkeit mit frischen Orangennoten.

Körper Fest und cremig.

Geschmack Saftig, fruchtig. Orangencreme. Nussige, stilartige Trockenheit. Leicht holzig, aber ein ungewöhnlicher und angenehmer Malt.

Abgang Grasig. Wohlriechende, rauchige Trockenheit.

71 PUNKTE

Eine Abfüllung von 1966 (umgefüllt 1984) von Cadenhead war ähnlich, aber etwas mehr zedernartig und würzig. 67 PUNKTE. Die 21 Jahre alte Abfüllung war sehr ingwer- und orangentönig. 69 PUNKTE.

JURA

Hersteller JBB
Region Highlands **Distrikt** Insel Jura

Adresse Craighouse, Jura, Argyll, PA60 7XT **Tel** 00 44/14 96 - 82 02 40

In den Inneren Hebriden, neben Islay, liegt die Insel Jura. Ihr Name stammt von dem nordischen Wort für Hirsch. Die Anzahl der Tiere auf dieser 54 mal 11 Kilometer großen Insel übersteigt die der Bewohner auch bei weitem. 225 Menschen leben dort, eine Zeit lang sogar der Schriftsteller George Orwell. Bekannt ist die Insel außerdem wegen ihrer zwei Berggipfel mit dem Namen »Paps (Brüste) of Jura« und wegen einer Malt-Destillerie.

Die Brennerei dürfte um 1810 gegründet worden sein und wurde 1876 umgebaut. Auch wenn ein paar der Gebäude noch aus den Anfangstagen stammen, wurde der wesentliche Teil der Destillerie um 1960 gebaut und in den 70er Jahren erweitert. Als noch die Mackinlay Blends hergestellt wurden, in denen Jura eine Hauptkomponente war, waren Scottish und Newcastle Breweries die Besitzer der Destillerie.

Leicht getorftes Malz, hauptsächlich aus der Port-Ellen-Mälzerei, bildet die Grundlage dieses Malts, der in langhalsigen Brennblasen hergestellt wird. Da sie einen sehr leichten Malt produzieren, werden zur Lagerung bevorzugt Ex-Bourbonfässer verwendet: Sherryfässer würden den Eigengeschmack zu stark überdecken. Trotzdem findet man in den Lagerhäusern noch wenige (ca. 10 Prozent) Sherryfässer, die bereits zweimal befüllt wurden.

Stilrichtung Kiefernartig, leicht ölig, weich, salzig. Aperitif.

Die berühmten »Paps of Jura« vom Sound of Islay aus gesehen.

ISLE OF JURA 10-year-old, 40 Vol%

Farbe Helles Gold.

Duft Ölig, leicht kiefernartig, erdig, salzig, trocken.

Körper Leicht, etwas ölig, weich.

Geschmack Süßlich, malzig, ölig, entwickelt eine leichte, inseltypische Trockenheit und Salzcharakter.

Abgang Ein wenig malzige Süße und etwas Salzigkeit.

72 PUNKTE

ISLE OF JURA 20-year-old, 54 Vol%, Fassstärke

Limitierte Edition, die Mitte der 90er Jahre herausgebracht wurde.

Farbe Golden.

Duft Cremig, ölig, etwas trocken.

Körper Mehr abgerundet.

Geschmack Die Aromen sind stärker gebunden und entwickeln sich sehr langsam. Blumig, süß, kiefernartig, erdig.

Abgang Stark nach Salz und sehr befriedigend.

78 PUNKTE

ISLE OF JURA 26-year-old, 45 Vol%, Stillman's Dram Serie

Farbe Ein sehr schöner, mittlerer Bernsteinton.

Duft Sherry, Eiche, Salz, Malz, schwache Torfigkeit.

Körper Geschmeidig.

Geschmack Zu Beginn eine starke Süße und Sherrynoten, dann Rhabarber und süße Zitronen; ölige Aromen, die dann salzig werden. Eine sehr ungewöhnliche Sherry-Version.

Abgang Leicht torfig.

78 PUNKTE

Unabhängige Abfüllungen von Jura

ISLE OF JURA 1975, 43 Vol%, Signatory

Ähnlich im Stil wie der besprochene 20-jährige Isle of Jura.

Farbe Helles blasses Gold.

Duft Erstaunlich frisch. Blumig und salzig. Sehr appetitanregend.

Körper Leicht und weich. Sehr leicht sirupartig.

Geschmack Frisch, salzig. Crackerähnlich, knusprige Malzigkeit.

Abgang Salzig. Sehr sanfte Kiefernoten, wärmend. Lang und beruhigend.

78 PUNKTE

ISLE OF JURA 1966 (32-year-old), 56,6 Vol%

Herausgebracht zum 10-jährigen Bestehen von Signatory.

Farbe Helles Gold.

Duft Kiefernoten. Ungewöhnlich torfig. Scheint aus stärker getorftem Malz hergestellt zu sein als heute üblicherweise Verwendung findet.

Körper Etwas kräftiger und cremiger, als es für Jura typisch ist.

Geschmack Malzig. Crackerähnlich. Spätes Salz und Torf.

Abgang Leicht geröstet. Beträchtliche, lange Salzigkeit. Appetitanregend.

79 PUNKTE

Frühere Versionen von Jura

Ein 10-jähriger mit 63,9 Vol% von Cadenhead war bemerkenswert blumig. 71 PUNKTE. Ein 20 Jahre alter mit 46 Vol% vom selben Abfüller (allerdings mit dem älteren, schwarzen Etikett) zeigte bedeutend mehr Inselcharakter, trotz seiner mittelschweren bis kräftigen Sherrynoten. 76 PUNKTE.

KINCLAITH

Hersteller Whitbread/Long John
Region Lowlands **Distrikt** Western Lowlands

Adresse Moffat Street, Glasgow, G5 0ND

KINCLAITH WAR DIE LETZTE der früher zahlreichen Glasgower Malt-Destillerien. Sie wurde 1957 als Teil eines Komplexes erbaut, der bereits die Grain-Destillerie Strathclyde beherbergte. Ursprünglicher Eigentümer war das amerikanische Unternehmen Schenley über die Tochterfirmen Seager Evans und Long John.

Während der 60er Jahre wurde der größte Teil der Produktion von Kinclaith in den Long John Blends verbraucht, nur wenige Fässer gelangten in den Besitz von unabhängigen Abfüllern. 1975 wurde Long John an Whitbread verkauft und die Destillationsapparaturen von Kinclaith komplett abgebaut.

In den 80er Jahren erschien erstmals bei Cadenhead ein typischer ingwerartiger und stark rauchiger 20 Jahre alter Kinclaith. Während der letzten beiden Jahrzehnte sind auch von Gordon & MacPhail einige Abfüllungen aus verschiedenen Jahrgängen vermarktet worden. Die ersten waren ingwerartig und melonig; die letzte Abfüllung, mit einem etwas größeren Sherryanteil, wird besprochen.

Stilrichtung Leicht, melonig. Aperitif.

KINCLAITH 1967, 40 Vol%, Connoisseurs Choice

Farbe Bernsteinfarben.

Duft Rauchig, etwas Sherry, schwach nach Schwefel.

Körper Leicht, delikat.

Geschmack Leicht, weich, zurückhaltende Fruchtigkeit. Melone?

Abgang Beruhigend, geschmackvoll. Melone. Sherrynoten.

68 PUNKTE

KNOCKANDO

Hersteller UDV (Diageo)
Region Highlands **Distrikt** Speyside

Adresse Aberlour, Morayshire, AB38 7RT

Der Single Malt von Knockando hat eine große Eleganz. Er ist ein Hauptbestandteil der J&B Blends von Justerini and Brooks (siehe auch Glen Spey, The Singleton/Auchroisk und Strathmill). Die Kultiviertheit dieses Malt stimmt mit der des Unternehmens überein. Giacomo Justerini, Italiener aus Bologna, folgte der Opernsängerin Margherita Bellion 1749 nach Großbritannien. Die Romanze der beiden endete bald darauf, doch als es zum Bruch kam, war Justerini schon als Hersteller von Likören in England erfolgreich. Bereits im Jahre 1779 verkaufte er Scotch Whisky. Sein Partner Brooks trat erst später in das Unternehmen ein.

In den USA wird auf dem Etikett der Standardabfüllung »12-year-old« zusammen mit dem Jahr der Destillation vermerkt. Das gilt dort als Qualitätsmerkmal für einen Premium Malt. In Großbritannien und Deutschland wird der Malt mit Angabe der Herstellungssaison und dem Jahr der Abfüllung auf dem Etikett vermarktet. Das soll den Augenmerk darauf lenken, dass der Malt erst dann abgefüllt wird, wenn er ausgereift ist. Egal wie der Whisky deklariert wird, man findet immer Whisky mit bis zu 15 Jahren Reifezeit in den Abfüllungen.

Bei diesen Abfüllungen unterscheiden sich die Jahrgänge nicht sehr stark voneinander, doch sind feine Unterschiede bemerkbar. Mit zunehmendem Alter gewinnt der Whisky an Komplexität und Sherrycharakter.

Der Name der 1889 gegründeten Destillerie bedeutet »kleiner schwarzer Hügel« – ihr Wasser entspringt aus Granitgestein und fließt über Torf. Knockando liegt versteckt in einem Tal oberhalb des Spey.

Stilrichtung Elegant, mit Anklängen an Beerenfrüchte. Aperitif.

KNOCKANDO 12-year-old, 1986 (abgefüllt 1999), 43 Vol%

Farbe Blasses Gold.

Duft Schwaches, grasiges Torf. Zitronengras. Himbeeren, Marshmallows. Shortbread.

Körper Leicht, aber bemerkenswert geschmeidig. Leicht cremig.

Geschmack Weich. Cremig. Schwach honigtönig. Himbeeren. Zitronenwürze.

Abgang Nussig, Karamellähnliche Trockenheit. Sehr delikat. Sanft appetitanregend.

76 PUNKTE

KNOCKANDO 18-year-old, 1980, 43 Vol%

Farbe Mittleres Gold.

Duft Mehr Shortbread. Mandeln. Wunderschöne Balance von später Zitrone.

Körper Cremiger. Runder. Wirklich sehr geschmeidig.

Geschmack Nussiger, würziger, trockener. Sehr dicht nebeneinander liegende Aromen.

Abgang Späte Frucht, Zitronengras, leichtes Torfaroma. Appetitanregend.

78 PUNKTE

KNOCKANDO Slow Matured (destilliert 1980, abgefüllt 1998), 43 Vol%
Hauptsächlich in Frankreich erhältlich.

Farbe Helles mittleres Gold.

Duft Scheint etwas schwächer torfig als die oben genannte Version.

Körper Teilweise öliger?

Geschmack Möglicherweise mehr Zitronen- und Himbeer-Fruchtigkeit.

Abgang Knusprig. Shortbread. Späte Wärme.

78 PUNKTE

Knockando Extra Old (destilliert 1977, abgefüllt 1999), 43 Vol%

Farbe Mittleres bis kräftiges Gold.

Duft Weich. Komplex. Frische Eiche. Leicht sherrytönig. Cremig. Schwach rauchig.

Körper Geschmeidig, strukturiert.

Geschmack Nussig. Sehr dicht nebeneinander liegende Aromen, die sich langsam entfalten. Späte Frucht. Himbeeren. Erdbeeren.

Abgang Späte, nussige Trockenheit. Befriedigend. Beruhigend.

79 PUNKTE

KNOCKANDO Master Reserve 1977 (abgefüllt 1999) 43 Vol%

Farbe Kräftiges Gold.

Duft Sehr komplex und elegant.

Körper Erstaunlich kräftig.

Geschmack Diese Version ist sherrytöniger. Lebhafte Aromen von Sahne, Früchten und Nüssen.

Abgang Anissamen, Sherry. Wärmend. Trocken.

80 PUNKTE

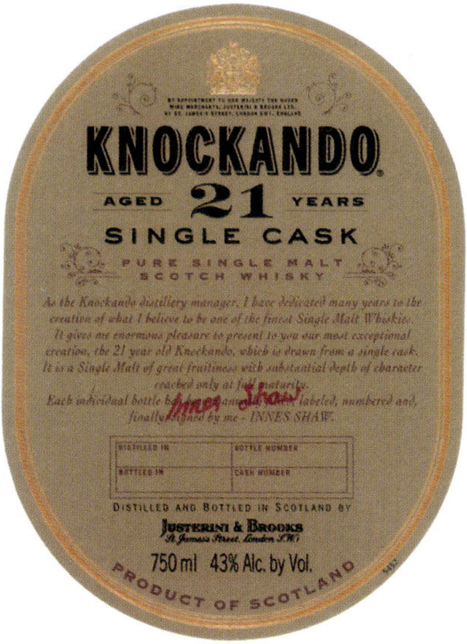

KNOCKANDO Single Cask, 21-year-old, 43 Vol%

Farbe Kräftiges Gold bis blasses Bernstein.

Duft Für einen leichten Malt sehr kräftig. Sherry- und Korinthennoten.

Körper Kräftig, geschmeidig, ausgewogen.

Geschmack Sherrytöniger, reichhaltig, Nussaromen. Lange Entwicklung hin zu leichter Trockenheit und Rauchigkeit. Appetitanregend.

Abgang Anissamen, Sherry, Nussaromen. Leichte Rauchigkeit. Beruhigend.

81 PUNKTE

Frühere Versionen von Knockando

Ein 1976er Special Selection (abgefüllt 1992) war besonders himbeertönig und eher trocken. 77 PUNKTE. Ein 1968er Extra Old Reserve (abgefüllt 1992) hatte mehr Tiefe. 79 PUNKTE. Malts unabhängiger Abfüller findet man selten. Ein 12-jähriger 1980 von Cadenhead abgefüllt, mit 58 Vol%, schmeckte nach Blüten und Honig. 69 PUNKTE.

LADYBURN

Hersteller Wiliam Grant and Sons
Region Lowlands **Distrikt** Western Lowlands

Adresse Girvan, Ayrshire, KA26 9PT

Es ist schon einige Zeit her, dass Ladyburn in Girvan, Ayrshire, der Partner von Glenfiddich in den Lowlands war. Erbaut wurde die Grain-Destillerie 1963, 1966 kam eine Malt Distillery dazu. Beide Brennereien sollten die Blends der Grant-Familie beliefern, ihr Whisky hat aber auch seinen Weg in offizielle Abfüllungen gefunden. Der Grain Whisky mit seinem saftigen süßen Charakter ist heute noch in vielen Teilen der Welt erhältlich. Er wird in sehr stark ausgekohlten Fässern gelagert und unter dem Namen Black Barrel vermarktet. Die offizielle Abfüllung des Ladyburn war nur kurze Zeit, exklusiv in den USA, erhältlich. Ladyburn wurde bereits Mitte der 70er Jahre wieder geschlossen. Cadenhead veröffentlichte Ende der 80er Jahre einen cremigen, blumigen, erstaunlich lang anhaltenden 14-jährigen. Dieser Abfüllung folgte eine blassere, trockenere Version, die weiter unten besprochen wird.

Stilrichtung Parfümartig und trocken. Aperitif.

LADYBURN 20-year-old, 46 Vol%, Cadenhead

Farbe Sehr blasser Weißwein.

Duft Leicht, fruchtig, trocken.

Körper Leicht und weich.

Geschmack Leicht, mittelsüß, wird sehr schnell parfümig und trocken.

Abgang Kraftvoll, trocken.

57 PUNKTE

LAGAVULIN

Hersteller UDV (Diageo)
Region Islay **Distrikt** South Shore (Südküste)

Adresse Port Ellen, Islay, Argyll, PA42 7DZ
Tel Besucherzentrum 00 44 / 14 96 - 30 27 30

Dieser klassische, trockene Islay Malt Whisky ist erst in der letzten Zeit ins Rampenlicht getreten. Puristen bedauern das Verschwinden der 12-jährigen, sehr kräftigen Abfüllung Ende der 80er Jahre, aber auch der jetzt 16-jährige hat immer noch eine enorme Wucht. Der Whisky zeigt einen leichten Sherrycharakter, obwohl von dem Hersteller die Verwendung von Sherryfässern für diese Abfüllung bestritten wird. Vielleicht sind es nicht gerade frische Sherryfässer gewesen, aber der Eindruck von Sherry bleibt. Auf großes Interesse stieß 1997/98 die Veröffentlichung eines in Pedro-Ximenez-Fässern endgereiften Lagavulin. Kann dieser berühmte, robuste Whisky mit einem der kräftigsten Sherrys harmonieren? Bleibt am Ende nur die Wucht des Geschmacks und die einzelnen Aromen blenden sich gegenseitig aus? Oder entsteht bei dieser Art der Lagerung eine Supermacht? Nun, nichts von alledem ist letztendlich eingetreten. Die beiden Geschmackselemente liefern sich einen unentschiedenen Kampf, wie zwei Schwergewichtler im Ring.

Die Destillerie ist auf Besucher eingerichtet und möchte, dass die Gäste genügend Zeit haben, um zu probieren und sich auszutauschen, sie sollen nicht ausschließlich über audio-visuelle Medien das Produkt Whisky kennenlernen.

Das Produktionswasser der Destillerie stammt aus einem schnell fließenden Gewässer, das auf seinem Weg sehr viel Torfaroma annimmt. Die Lagerhäuser mit der eigenen Anlegestelle sind zur Meerseite hin gelegen und bei stürmischer See den Elementen ausgeliefert.

Lagavulin (»Lagga-voulin« ausgesprochen) bedeutet »die Mulde, in der die Mühle steht«. Ende des 18. Jahrhunderts hat es an dieser Stelle zehn illegale Brennereien gegeben, Lagavulin selbst kann seine Ursprünge auf das Jahr 1816 zurückführen.

Stilrichtung Trocken, rauchig, komplex. Stärkend oder als Schlummertrunk.

Bei hoher See stehen Lagavulins Außenwände knietief im Salzwasser.

LAGAVULIN 12-year-old, 43 Vol%

Farbe Blasses Bernstein.

Duft Meersalz, Torf, intensive Trockenheit, Sherry.

Körper Kräftig, rund, sirupartig.

Geschmack Trocken, rauchig, torfig, salzig.

Abgang Salzig, trocken, rauchig, mit einem donnernden Crescendo. Komplex und riesig.

89 PUNKTE

LAGAVULIN 16-year-old, 43 Vol%

Farbe Kräftiges Bernstein.

Duft Alle Elemente, aber mehr Sherrynoten.

Körper Kräftig, geschmeidig, fest.

Geschmack Die Trockenheit tritt zunächst gegenüber dem Sherry-Charakter zurück. In der weiteren Entwicklung entstehen ölige, grasige und salzige Noten. Dieser Gigant ist fein, aber voller Leben.

Abgang Ein mächtiger, kraftvoller Bär mit einer Umarmung von Torf.

95 PUNKTE

LAGAVULIN 1979, Double Matured, Distillers Edition, 43 Vol%
Endgereift in Pedro-Ximenez-Sherryfässern.

Farbe Orangefarbener Sandstein.

Duft Frische, mit Anklängen von Torf, Teer, Schwefel und Salz, besänftigt mit Bienenwachs.

Körper Kräftig, sirupartig.

Geschmack Reich und besonders süß, dann rauchig, zum Ende medizinisch und eventuell etwas Seetang.

Abgang Pfeffer, Salz, Sand. Was an Destilleriecharakter verloren geht, wird in einer anderen Dimension an Ausgeprägtheit gewonnen.

95 PUNKTE

LAGAVULIN 13-year-old (1984), 46 Vol%, Murray McDavid
In Bourbonfässern gereift.

Farbe Schlüsselblumengelb.

Duft Trocken, fast knusprig, torfiger Rauch.

Körper Mittelschwer, fest.

Geschmack Knusprig, torfiger Rauch dominiert. Als würde man in rauchiges Gras beißen. Dann ölig, ein Hauch von Seetang und Salz.

Abgang Trocken, mächtig und wärmend. Später auch medizinisch.

87 PUNKTE

LAGAVULIN 1979, 40 Vol%, Murray McDavid

Farbe Lichtbrechendes, blasses Gold.

Duft Beherrschender, duftiger Rauch. Frisches Gras.

Körper Mittelschwer. Leicht sirupartig.

Geschmack Beginnt leicht und grasig-süß, entwickelt Torf, Rauch und Pfeffer.

Abgang Pfeffrig. Sandige Trockenheit.

86 PUNKTE

Frühere Versionen von Lagavulin
Ein 14-jähriger (1978) mit 64,7 Vol% von Cadenhead war mächtig, eichentönig-trocken, dann süßer werdend. 88 PUNKTE. Eine andere Abfüllung von Cadenhead mit 15 Jahren und 64,4 Vol% war leichter, aber salziger. 87 PUNKTE.

LAPHROAIG

Hersteller Allied Distillers
Region Islay **Distrikt** South Shore (Südküste)

Adresse Port Ellen, Islay, Argyll, PA42 7DU
Tel 00 44/14 96 - 30 24 18 Besucherzentrum
Internet www.laphroaig.com

MAN LIEBT IHN ODER MAN HASST IHN – die Eigentümlichkeit des Laphroaig ist sogar für manch hartgesottenen Malt-Liebhaber zu viel. Manche Anhänger begeistert gerade sein medizinischer Charakter, der für andere wiederum eine unüberwindbare Schranke darstellt. Wie Verbandmull, sagt ein Verkoster. Medizinisch, an eine Mundspülung oder ein Desinfektionsmittel erinnernd, phenolisch, teerähnlich? Darum geht es im Grunde: Der jodartige Seetang-Charakter von Islay. Der berühmte Anschlag des Laphroaig auf die Geschmacksnerven ist in den letzten Jahren etwas milder geworden und hat den Blick auf die Süße dieses Malt freigegeben – er ist aber immer noch ein sehr charaktervoller Whisky mit einem ausgesprochen öligen Körper. Laphroaig verfügt über eigene Torffelder auf Islay und sehr gepflegte Mälzböden in der Destillerie, die Lagerhäuser liegen direkt am Meer. Die Destillerie wurde um 1820 von einer Familie Johnston erbaut, deren Name noch heute das Etikett ziert. 1847 starb der Gründer – er fiel in ein Whiskyfass und ertrank.

Stilrichtung Medizinisch. Schlummertrunk.

LAPHROAIG 10-year-old
Versionen mit 40 und 43 Vol% sind erhältlich.

Farbe Kräftiges, lichtbrechendes Gold.

Duft Medizinisch, phenolisch, seetangartig, ein Hauch esteriger Süße.

Körper Mittelschwer, ölig.

Geschmack Seetangartig, salzig, ölig.

Abgang Rund und sehr trocken.

86 PUNKTE

LAPHROAIG 10-year-old, Fassstärke, 57,3 Vol%

Farbe Sehr kräftiges Gold.

Duft Trockener, mit phenolischem Duft nach »geteertem Seil«.

Körper Mittelschwer, mit einiger sirupartiger Viskosität.

Geschmack Seetangartig. Zugleich salzig und süß. Teerartig.

Abgang Medizinisch. Teer, Phenol, Torf, Erde.
Ein wundervoller komplexer Whisky.

88 PUNKTE

LAPHROAIG 15-year-old, 43 Vol%

Farbe Blasses Bernstein.

Duft Phenol, Teer, Schwefel.

Körper Mittelschwer bis voll, mit einer beruhigenden Öligkeit.

Geschmack Ein betrügerischer Moment der Süße und der Grasnoten, dann die Explosion von Schwefel, brennendem Torf und Islay-typischer Intensität.

Abgang Rund, trocken, lang, wärmend.

89 PUNKTE

LAPHROAIG 1976, 43 Vol%

Farbe Blasser Bernstein.

Duft Kraftvolle Teeraromen.

Körper Mittelschwer bis voll. Fest und geschmeidig.

Geschmack Teerseife. Trockenheit und wohlriechende Süße.

Abgang Erwärmend, beruhigend, einschläfernd, lang.

89 PUNKTE

LAPHROAIG 30-year-old (abgefüllt November 1997), 43 Vol%

Farbe Dunkles Orange.

Duft Weich. Polierte Eiche. Wohlriechender Rauch. Rosen. Zitronengras.

Körper Schwer, cremig.

Geschmack Erstaunlich frisch. Geröstete Mandeln. Essbarer Seetang. Bruyèreholz. Rauch.

Abgang Muskatähnlich. Süß-sauer. Wundervoll ausgeglichen.

90 PUNKTE

Andere Abfüllungen von Laphroaig

Es gibt nur noch wenige unabhängige Abfüller, die Laphroaig im Programm haben. Ein dunkler 1974er mit 55 Vol% von Signatory war voll im Charakter, lässt aber die Ausgewogenheit vermissen. 87 PUNKTE. Vor kurzem erschien ein 1987er mit 46 Vol% von Murray McDavid, der blasser im Stil und mit einem leichten Wechselspiel der Charakterzüge eines Laphroaig war. Sehr lang im Abgang. 84 PUNKTE.

LINKWOOD

Hersteller UDV (Diageo)
Region Highlands **Distrikt** Speyside (Lossie)

Adresse Elgin, Morayshire, IV30 3RD **Tel** 00 44 / 13 43 - 55 38 00

Zweimal im Jahr besuchen Wandervögel die Destillerie und werden dort von Hilary Lamont, der Gärtnerin, beherbergt. Der kleine Stausee, der das Kühlwasser für die Brennerei zurückhält, ist, wie sie nicht ohne Stolz anmerkt, ein Anlaufpunkt für Büschelenten und je nach Jahreszeit für Bachstelzen, Austernfischer, Schwäne und Otter. In dem vier Hektar umfassenden Areal der Destillerie haben Schmetterlinge wie der rote Admiral oder auch kleine Schildpattschmetterlinge eine Heimat gefunden und eine Unmenge von Glockenblumen lockt Bienen an. Mrs Lamont ist aber nicht nur Gärtnerin. Jeden Freitag testet sie mit einer Kommission die neuen Proben aus der Destillation. Die Gutachten basieren nur auf Dufteindrücken der Whiskys.

Linkwood liegt am Lossie, in der Nähe von Elgin. Die Brennerei wurde 1821 gegründet und einige Jahre unter dem Namen von John McEwan, einem Tochterunternehmen der DCL, betrieben, bevor auch sie in United Distillers aufging. Das ältere der beiden Brennhäuser, noch immer im ursprünglichen Gebäude, wird einige Monate im Jahr betrieben. Das Destillat ist etwas kräftiger als das im 1960 erbauten und 1970 erweiterten benachbarten Brennhaus. Der Whisky-Autor Philip Morrice weiß zu berichten, die Unternehmensleitung habe einmal untersagt, auch nur Spinnweben zu entfernen, aus Sorge, eine Veränderung könne den Whisky beeinflussen.

Stilrichtung Blumig. Rosenwasser? Kirschen? Delikat zu Früchtekuchen.

Der wohlgepflegte Rasen und die Blumenbeete sind nur ein Teil der täglichen Arbeit von Hilary Lamont.

LINKWOOD 12-year-old, 40 Vol%

Der Whisky ist kräftiger im Stil, der Sherryeinfluss ist klar erkennbar.

Farbe Kräftig, Gold.

Duft Süß, leichte, aber deutliche Nussigkeit und etwas Tiefe.

Körper Mittelschwer, abgerundet.

Geschmack Süßer Beginn, entwickelt sich zu leicht trockener Malzigkeit.

Abgang Trockener, geschmeidig, selbstsicher mit viel Finesse.

83 PUNKTE

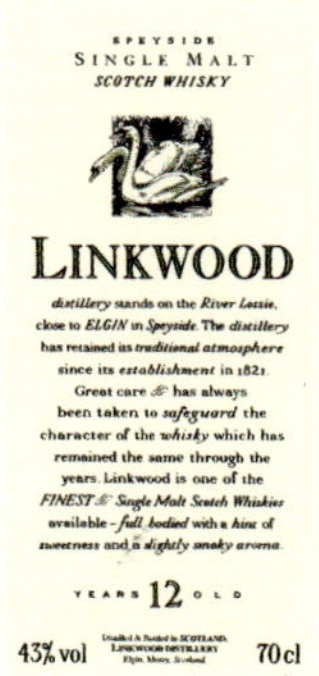

LINKWOOD 12-year-old, 43 Vol%, Flora und Fauna

Farbe Kräftiges Schlüsselblumengelb.

Duft Erstaunlich blumig und laubartig. Butterblume. Gras. Wohlriechend. Klar und süß. Anklang an Torf.

Körper Mittelschwer, rund, leicht sirupartig.

Geschmack Beginnt langsam und hat dann eine lange Entwicklung zu Marzipan, Rosen und frischer Süße. Ein Malt zum Genießen.

Abgang Wohlriechend, trocken. Zitronenwürze.

82 PUNKTE

LINKWOOD 1983 (abgefüllt 1997), 59,8 Vol%,
Cask Strength Limited Bottling

Farbe Helles Gold.

Duft Fruchtgeleekonfekt. Pistazien. Kirschen. Fondant.

Körper Mittelschwer bis kräftig.

Geschmack Fondantartig, nussig, wird zu blumiger Trockenheit.

Abgang Blumig, zitronenartig. Zurück zu der Schwere früherer Jahre, aber nicht ganz so komplex.

83 PUNKTE

LINKWOOD 1974, 22-year-old, cask strength, Rare Malts

Farbe Kräftiges Gold.

Duft Rosenwasser. Blumen. Etwas Torf.

Körper Weich.

Geschmack Gezuckerte Mandeln. Crème Caramel. Kondensmilch.

Abgang Mandelartig. Fest. Lang. Dauerhaft.

82 PUNKTE

Eine Version von 1972 aus der Edition Rare Malts, abgefüllt 1995, war mächtiger, mit einem eichentönigeren, zedernartigen Aroma, einem rosinenartigen Geschmack und einem gewaltigen Abgang, der an gezuckerte Mandeln und Veilchen erinnerte. 84 PUNKTE.

LINKWOOD 1988 (Sherryfass 2768), 43 Vol%, Signatory

Farbe Helles bis kräftiges Gold.

Duft Fondant, mit etwas laubartiger, blumiger Trockenheit.

Körper Leicht bis mittelschwer. Sehr weich und geschmeidig.

Geschmack Sehr süß. Cremig und nussig, aber nicht sehr sherrytönig.

Abgang Angenehm blumige, torfige, ausbalancierte Trockenheit.

82 PUNKTE

LINKWOOD 1975 (abgefüllt 1998), 55,7 Vol%, Signatory

Farbe Blasses Bernstein.

Duft Ausgeprägte Eiche. Kräftiger Holzextrakt.

Körper Mittelschwer bis voll.

Geschmack Sehr schön abgerundet. Eiche, Nüsse, Creme, Rosenwasser.

Abgang Runde, nussige Trockenheit. Späte Vanille und Rosen.

83 PUNKTE

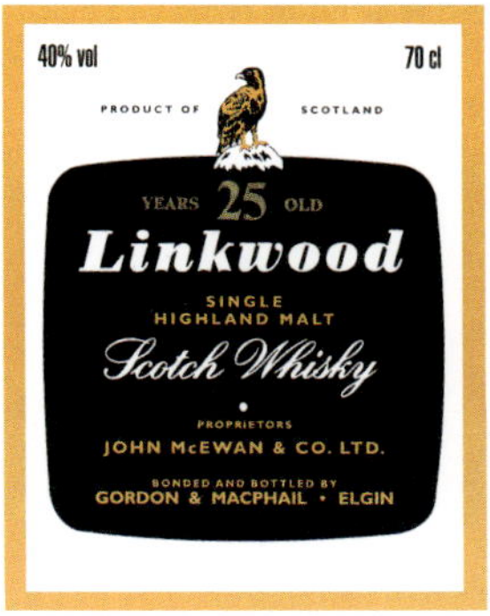

LINKWOOD 25-year-old, 40 Vol%, Gordon & MacPhail

Farbe Bernstein, mit einem Hauch Rotgold.

Duft Polierte Eiche. Geißblatt.

Körper Mittelschwer. Seidig.

Geschmack Nussig. Keksartige Malzigkeit. Hauch von Süße und schwachem Torf.

Abgang Zitronenwürze. Zitronengras. Sehr lange Entwicklung.

83 PUNKTE

Frühere Versionen von Linkwood

Ein 15-jähriger mit 40 Vol% von Gordon & MacPhail war etwas ausdrucksstärker. 84 PUNKTE. Der 14-jährige mit 58,5 Vol% von Cadenhead war eichentöniger und kraftvoller. 83 PUNKTE.

LITTLEMILL

Hersteller Loch Lomond Distillery
Region Lowlands **Distrikt** Western Lowlands

Adresse Bowling, Dunbartonshire, G60 5BG
Tel Besucherzentrum 00 44/13 89 - 75 27 81
Es ist geplant, die Destillerie als Museum wieder zu eröffnen.

WIR HOFFEN, DASS IM 21. JAHRHUNDERT ein neues Still-House in der Mälzerei dieser historischen Brennerei aufgebaut wird. Littlemill soll wieder zu einer Destillerie mit eigener Abfülllinie werden. Ein Whisky-Museum soll Touristen anziehen. Loch Lomond, Besitzer von Loch Lomond Distillery und derzeitiger Eigentümer von Littlemill und Glen Scotia, hat diese Pläne schon lange gehegt. Die vorherigen Besitzer sind 1994 in Konkurs gegangen. Im Moment erhält man noch einen 8-jährigen Whisky, der in den 1990 abgebauten Brennblasen hergestellt worden ist.

Bis ca. 1930 folgte man in Littlemill noch der klassischen Lowland-Praxis der dreifachen Destillation. Die Gebäude der Destillerie stammen vermutlich aus dem Jahr 1817, wirken aber älter. Lange hatte man angenommen, dass Littlemill 1772 gegründet worden ist, doch Untersuchungen belegen, dass bereits 1750 an dieser Stelle destilliert wurde.

Stilrichtung Marshmallowweich. Zur Stärkung, vielleicht auch zum Dessert.

LITTLEMILL 8-year-old, 43 Vol%

Farbe Sehr blasser Weißwein.

Duft Ölig. Marshmallow? Vielleicht geröstetes Marshmallow.

Körper Leicht, weich.

Geschmack Malzig-süß, dennoch nicht erdrückend. Wiederum Marshmallows, vielleicht mit Zuckerguss? Im Unterschied zu älteren Abfüllungen sind die neueren etwas mehr abgerundet und zudem etwas würziger.

Abgang Leichte Trockenheit. Kokosnuss?

81 PUNKTE

LITTLEMILL 1989 (Fass 881/2, abgefüllt 1997), 43 Vol%, Signatory

Farbe Weißwein.

Duft Geröstete Kokosnuss.

Körper Leicht, ölig, nach Laub.

Geschmack Sehr leicht. Feinsinnig. Entwickelt ausgeprägte Kokosnuss.

Abgang Zuckerglasur.

78 PUNKTE

LITTLEMILL 1966 (25-year-old), 53,5 Vol%, Cadenhead

Farbe Etwas kräftiger im Farbton als die vorhergehende Abfüllung.

Duft Leicht holzig.

Körper Leicht cremig.

Geschmack Kokosnuss. Geröstete Kokosnuss. Leicht holzig.

Abgang Erstaunlich scharf-würzig.

76 PUNKTE

LITTLEMILL 1965 (32-year-old, Fass 5275), 49,1 Vol%, Signatory-Serie zum zehnjährigen Bestehen

Farbe Schlüsselblumengelb.

Duft Ausgeprägt nach Zuckerglasur.

Körper Fest, geschmeidig.

Geschmack Zuckerig, entwickelt aber etwas nussige Bitterkeit.

Abgang Nüsse. Orangenöl. Scharf.

79 PUNKTE

LOCH LOMOND

Hersteller Loch Lomond Distillery
Region Highlands **Distrikt** Western Highlands

Adresse Lomond Estate, Alexandria, Dunbartonshire, G83 0TL
Tel 00 44 / 13 89 - 75 27 81

DIESE ABGESCHIRMTE MALT- UND GRAIN-BRENNEREI, die ausschließlich mit ihrer eigenen Blending-Gesellschaft in Kontakt steht, wurde lange Zeit mit ihrem Single Malt Inchmurrin gleichgesetzt. Heute wird wieder sehr viel mehr Wert auf die Präsenz des Namens Lomond und der Gesamtproduktpalette gelegt. Die Brennerei kann, je nach Kombination und Betriebsweise der Brennblasen, mehr als ein halbes Dutzend unterschiedliche Destillate herstellen.

Der Name Loch Lomond wird nicht nur für einen Single Malt verwendet, sondern auch für einen Blend, der in diesem Buch nicht besprochen wird. Die Zusammensetzung dieses Blends besteht aus dem Grain Whisky, der in den kontinuierlichen Brennblasen vor Ort hergestellt wird und den verschiedenen Malt Whiskys aus den Pot-Still-Brennblasen. Diese vier, Glen Douglas und die stärker torfigen Craiglodge, Inchmoan und Croftengea, werden gewöhnlich nicht als Single Malts abgefüllt. Es besteht allerdings die Möglichkeit, dass der letztgenannte in den ersten 3–4 Jahren des 21. Jahrhunderts zur Abfüllung kommt. Vorverkostet mit einem Alter von 7 Jahren, hatte er ein süßes, öliges, rauchiges Aroma; einen feuerwerkartigen Geschmack, mit Anklängen an Frucht, Bruyèreholz und Eichenrauch, sowie einen lang anhaltenden Abgang.

Stilrichtung Medizinisch. Stärkend.

OLD ROSDHU, keine Altersangabe, 40 Vol%

Farbe Bernsteinfarben.

Duft Parfümiert. Ein luxuriöser Malt zum Genießen im Bad.

Körper Leicht bis mittelschwer. Weich, ölig.

Geschmack Trocken, wohlriechend, würzig. Kraftvolle Aromen.

Abgang Wintergrün? Vielleicht nicht im Bad – aber in der Sauna.

65 PUNKTE

INCHMURRIN, keine Altersangabe (mindestens 10 Jahre alt), 40 Vol%

Farbe Kräftiges Gold bis Bernstein.

Duft Eukalyptus. Banane. Sahne-Minz-Karamell.

Körper Mittelschwer.

Geschmack Geschmeidig, angenehm ölig. Leichter im Aroma, aber sehr viel Entwicklung. Eukalyptus. Sehr ungewöhnlich.

Abgang Beruhigend, wärmend. Süßlich. Parfümiert. Nach einem Bad im See?

67 PUNKTE

LOCH LOMOND 12-year-old

(Für den deutschen Markt. Vorverkostet als Fassstärke.)

Farbe Grünliches Gold.

Duft Nach Laub. Fruchtig. Banane.

Körper Mittelschwer. Leicht sirupartig.

Geschmack Leichter, klarer, und mehr abgerundet. Süßer Start, wiederum mit sehr viel Entwicklung zu Kräuteraromen.

Abgang Leicht, aber sehr lang. Parfümiert. Süße Zitronen, hin zu Menthol und Pfefferminz.

VORVERKOSTET

LOCH LOMOND 23-year-old

(Schwer zu finden.)

Farbe Gold bis Bernstein.

Duft Sahne-Minz-Karamell. Süß. Appetitanregend.

Körper Mittelschwer. Geschmeidig.

Geschmack Klar. Toffee. Sahne-Minz-Karamell. Lässt etwas nach.

Abgang Scheint merkbar torfiger, mehr bestimmt und auch wärmender als die anderen Loch-Lomond-Abfüllungen.

69 PUNKTE

LOCH LOMOND 1966, 47 Vol%

Farbe Kräftiges Zitronengelb.

Duft Parfümiert. Kristallisierte Früchte.

Körper Mittelschwer bis kräftig. Karamellartig.

Geschmack Minz-Eiscreme. Wirkt trocknend auf der Zunge.

Abgang Nach Laub. Gartenminze.

69 PUNKTE

LOCHNAGAR

Hersteller UDV (Diageo)
Region Highlands **Distrikt** Eastern Highlands

Adresse Crathie, Ballater, Aberdeenshire, AB35 5TB
Tel Besucherzentrum 00 44 / 13 39 - 74 27 16

KÖNIGIN VICTORIA SOLL DIESEN MALT GENOSSEN und gar ihrem Bordeaux beigemischt haben – womit sie zwei der großartigsten Getränke der Welt ruiniert hätte. Sie besuchte diese Destillerie, die am Fuß des Lochnagar und ganz in der Nähe der königlichen Sommerresidenz Balmoral liegt. Wahrscheinlich gründete ein früherer Schwarzbrenner 1826 die erste legale Destillerie von Lochnagar, die jetzigen Gebäude wurden 1845 errichtet. Drei Jahre später erwarb die königliche Familie Schloss Balmoral. Der damalige Eigentümer lud Prinz Albert ein, der ihm tags darauf einen Besuch abstattete – nur wenig später begann die Destillerie die Königin zu beliefern und wurde als Royal Lochnagar bekannt. Im Lauf der Jahre wurde die Anlage dreimal umgebaut, zuletzt 1967. Der Whisky ist ein Hauptbestandteil im VAT 69 Blend. Das Wasser für die Brennerei fließt vom Lochnagar her über Torf und Heidekraut. Der 12 Jahre alte Malt reift in second-fill-Fässern, während der Selected Reserve einen Anteil von 50 Prozent sherrygereifter Destillate enthält.

Stilrichtung Malzig, fruchtig, würzig, keksartig. Nach dem Essen.

ROYAL LOCHNAGAR 12-year-old, 43 Vol%

Farbe Kräftiges Gold.

Duft Mächtig, mit einiger Rauchigkeit.

Körper Mittelschwer bis voll. Geschmeidig.

Geschmack Leicht rauchig, zurückhaltende Fruchtigkeit und malzige Süße.

Abgang Wiederum trockene Rauchigkeit und malzige Süße. Der erste Eindruck ist Trockenheit, dann beginnt der süße, malzige Kontrast.

80 PUNKTE

ROYAL LOCHNAGAR Selected Reserve, keine Altersangabe, 43 Vol%

Farbe Bernsteinrot.

Duft Sehr stark sherrytönig. Gewürze, Ingwerkuchen.

Körper Mächtig, geschmeidig.

Geschmack Sehr viel Sherry, malzige Süße, Gewürzbrot, Ingwerkuchen. Beinhaltet einige sehr gut ausgereifte Whiskys.

Abgang Rauchig.

83 PUNKTE

ROYAL LOCHNAGAR Rare Malts, 23-year-old (destilliert 1973), 59,7 Vol%

Farbe Helles Gold.

Duft Süß, sirupartig.

Körper Mittelschwer. Sehr weich.

Geschmack Sehr appetitanregende, frische, klare Süße. Sehr gute Aromaentwicklung.

Abgang Marzipan und nussige Trockenheit.

81 PUNKTE

ROYAL LOCHNAGAR Rare Malts, 24-year-old (destilliert 1972), 55,7 Vol%

Farbe Kräftiges, helles Gold.

Duft Frisches Sauerteigbrot. Nach Hefe.

Körper Leicht bis mittelschwer. Geschmeidig.

Geschmack Appetitanregend, würzig, Ingwerkuchen. Sehr viel Aromaentwicklung und Komplexität.

Abgang Kuchen mit Zimtpulver, Muskatnuss. Befriedigend. Sehr lang.

81 PUNKTE

LOCHSIDE

Hersteller Macnab Distilleries (Domecq/Allied)
Region Highlands **Distrikt** Eastern Highlands

Adresse Montrose, Angus, DD10 9AD

FRÜHER WAR SIE DIE BERÜHMTE BRAUEREI JAMES DEUCHAR, seit 1957 ist Lochside, in Montrose gelegen, eine Destillerie. Ihr Whisky ist das Herzstück eines Blends mit Namen Macnab, der auf dem spanischen Markt von Distilieras y Crienza, einem Tochterunternehmen von Domecq, vertrieben wurde. Domecq wurde später von Allied Distillers übernommen. Letztmals wurde im Jahre 1992 destilliert, bevor die Brennblasen abgebaut und die Lagerhäuser abgerissen worden sind.

Stilrichtung Fruchtig, trocken, sanft. Aperitif.

LOCHSIDE 10-year-old, 40 Vol%

Farbe Gold.

Duft Etwas blühende Korinthe.

Körper Leicht bis mittelschwer, weich, geschmeidig.

Geschmack Malziger Beginn, aber nicht besonders süß. Fruchtig (schwarze Johannisbeere?). Wird zum Ende trockener.

Abgang Sanft, nicht sehr lang.

74 PUNKTE

Andere Abfüllungen von Lochside

Ein 1966er, abgefüllt mit 31 Jahren und 57,7 Vol% von Signatory, beginnt mit einer überraschenden Torfnote, wird dann süßer, fruchtiger und würziger (Lakritze?). 76 PUNKTE. Eine frühere Version von Gordon & MacPhail von 1966 mit 40 Vol% war mehr sherrytönig mit einem süßen Abgang. 73 PUNKTE. Die Signatory-Abfüllung von 1966 mit 43 Vol% war trockener und leicht eichentönig. 71 PUNKTE. Eine Abfüllung von 1959 aus dem Hause Signatory mit 58,5 Vol% war sherrytöniger und holziger. 72 PUNKTE.

LONGMORN

Hersteller Chivas (Seagram)
Region Highlands **Distrikt** Speyside (Lossie)

Adresse Elgin, Morayshire, IV30 3SJ **Tel** 00 44/15 42 - 78 30 42

Einer der grossartigsten Speyside Malts, von Kennern hoch gelobt und doch nicht sehr bekannt. Longmorn wird für seine Komplexität bewundert, für sein Zusammenspiel von Geschmeidigkeit und Charakterfülle vom mächtigen Bukett bis in den langen Abgang. Er besitzt eine getreideartige Malznote und ölige Aromen, die an Bienenwachs erinnern. Longmorn wurde 1894/95 erbaut und verfügt über ein nicht mehr benutzbares Wasserrad und eine noch gebrauchsfähige Dampfmaschine. In den 70er Jahren wurde die Destillerie zweimal erweitert.

In den letzten Jahren hat das Unternehmen damit begonnen, Longmorn verstärkt auch als 15 Jahre alten Malt zu vermarkten. Die Abfüllungen der letzten Zeit sind exzellent.

Stilrichtung Überzieht die Zunge, malzig, komplex. Vielseitig, delikat vor einem Dinner und hervorragend zum Dessert.

LONGMORN 12-year-old, 40 Vol%

Farbe Kräftiges, helles Gold.

Duft Komplex, fest.

Körper Fest, geschmeidig, sanft.

Geschmack Delikat frisch, getreidekörnige Malzigkeit. Die Aromen steigern sich zu einer klaren, blumigen Fruchtigkeit.

Abgang Klar, geschmeidig, appetitanregend.

85 PUNKTE

LONGMORN 15-year-old, 45 Vol%

Farbe Kräftiges Gold.

Duft Mächtig, leicht ölig, Gerstenmalz, blumig-fruchtige Noten.

Körper Geschmeidig, abgerundet, mittelschwer bis kräftig.

Geschmack Sehr bestimmt, frisch, klar, getreidekörnige Malzigkeit. Anklänge an Pflaumen.

Abgang Mandarinen, Nüsse. Dann pfeffrig. Appetitanregend und sehr lang.

87 PUNKTE

LONGMORN 25-year-old, 45 Vol%, Limited Centenary Edition (1994)

Farbe Lichtbrechende Bronze.

Duft Erheblich stärker torfig als jüngere Abfüllungen, aber die Rauchigkeit ist wundervoll mit Getreidenoten abgerundet.

Körper Geschmeidig, rund.

Geschmack Aromen sind sehr viel dichter gebündelt als in jüngeren Abfüllungen. Fast schon undurchdringlich komplex. Ein wahrhaft kultivierter Whisky.

Abgang Sherry, Malzigkeit, Nüsse, Pfeffer. Zugleich lang und mächtig.

91 PUNKTE

Andere Abfüllungen von Longmorn

Cadenhead hat einen bemerkenswerten dunklen, fruchtigen, eichentondominierten 1974er (17-year-old) mit 58 Vol% im Programm. 79 PUNKTE. Ein 1969er (28-year-old) mit 56,3 Vol% von Signatory ist eher konventionell im Stil, hat aber eine bemerkenswerte Malzigkeit. 88 PUNKTE.

THE MACALLAN

Hersteller Macallan (Highland Distillers)
Region Highlands **Distrikt** Speyside

Adresse Aberlour, Banffshire, AB38 9RX **Tel** 00 44 / 13 40 - 87 14 71
Internet www.themacallan.com Besuche nur nach Voranmeldung

DIESES CHÂTEAU DES MALT WHISKY WURDE 1996 Teil der Highland-Distillers-Gruppe. Die Gruppe erwarb damit eine Brennerei, die für ihre hohen Qualitätsstandards bekannt ist. Von allen Whiskyliebhabern wird die Entwicklung von The Macallan mit Argusaugen überwacht, insbesondere da in der ersten Dekade des neuen Jahrhunderts interessante Abfüllungen zu erwarten sind. Es gab schon einige herausragende Abfüllungen mit meist sehr hoher Punktzahl trotz ganz unterschiedlicher Charaktereigenschaften.

Geprägt wird der Charakter zum einen durch die Wahl der Gerstensorte Golden Promise. Leider ist diese schottische Sorte immer schwerer zu finden. Golden Promise liefert im Vergleich zu neueren Sorten einen stark verringerten Ertrag pro Hektar. Der Ertrag von Alkohol pro Tonne Gerstenmalz ist ebenfalls geringer, wenngleich die Aromen delikater sind. Bis 1994 wurde bei Macallan ausschließlich die Sorte Golden Promise verwendet, heute hat sich der Anteil auf ca. 30 Prozent pro Maischeansatz verringert.

Zum Zweiten ist der besondere Charakter des Macallan auf die relativ kleinen Brennblasen zurückzuführen, an denen festgehalten wurde trotz des steigenden Absatzes von Whisky. Deshalb wurde die Zahl der Brennblasen im Zeitraum von 1965 bis 1975 von 6 auf 21 erhöht. Die Brennblasen werden indirekt von Gasbrennern beheizt, das verhindert die Karamellisierung von Malz.

Die Sherryreife ist das Markenzeichen von The Macallan. Es gibt noch mehr sherrytönige Whiskys, jedoch keinen mit dem ausgeprägten Profil von The Macallan. Im Laufe der Jahrzehnte hat die Brennerei Manzanilla-, Fino- und Amontillado-Fässer verwendet, aber innerhalb der letzten 30 Jahre wurde nur noch eine Sorte benutzt. Macallan kauft in Spanien gewachsene Eiche der Spezies *Quercus robur*, lässt sie in Jerez zu Fässern verarbeiten, verleiht sie an verschiedene Bodegas, wo die Fässer dann mindestens eine Saison zur Gärung und zwei weitere zur Reifung von trockenem Amontillado Sherry verwendet werden. Anschließend werden die Fässer unzerlegt – da der Sherrycharakter sonst leiden könnte – nach Schottland transportiert. Zur Zeit werden ca. 70 Prozent der Produktion von The Macallan in first-fill-Sherryfässern und die restlichen 30 Prozent in re-fill-Sherryfässern gelagert.

Skeptiker behaupten, dass die Sherrytöne den Macallan dominieren, aber das ist nicht so. Der Whisky hat ein mächtiges, kräftiges, wundervoll abgerundetes Aroma, mit Anklängen an Torfrauch, der klassischen Speyside-typischen Blumigkeit und einen hohen, ausgeprägten Anteil an Estern, die an einen Calvados erinnern. In älteren Versionen, die weniger sherry- oder sogar finotönig sind, verwandelt sich diese Apfelnote wie durch ein Wunder in Grapefruit, Limone oder Orange.

Selbst der 7-jährige Malt, exklusiv für den italienischen Markt abgefüllt, ist voller Geschmack. Vom 10- bis zum 12-jährigen entwickelt sich der Charakter des Whiskys merklich weiter, viele bevorzugen aber die 18 Jahre alte Version. Ein bekannter Anhänger des The Macallan, der Novellist Mordecai Richler, nannte Macallan Single Malt schlicht »sein favorisiertes Aroma«.

Whisky-Autor Wallace Milroy bezeichnete den 1964er als legendär. Damit konkurrieren könnte der 1950er mit seinem leicht öligen Torfgeschmack und dem spektakulär langen Abgang. Es hat eine ganze Reihe von Sonderausgaben gegeben. 1993 kaufte ein japanischer Barchef aus Osaka einen 60 Jahre alten Malt für 6400 Pfund.

Am Standort von Macallan, bei Craigellachie auf einem kleinen Hügel über dem Spey, wird wahrscheinlich seit Ende des 18. Jahrhunderts Whisky hergestellt. Ein Herrenhaus aus dieser Zeit wurde in ein Gästehaus umgestaltet. Es ist auf den Flaschenkisten abgebildet und soll der ansonsten funktionell aussehenden Destillerie die Anmutung eines »Château« verleihen.

Die erste Lizenz soll Macallan schon kurz nach der Legalisierung der Whiskyproduktion 1824 übernommen haben. 1892 ging das Unternehmen an die Familie Kemp über, deren Nachfahren noch bis vor kurzem im Management der Brennerei waren.

Macallan war lange Zeit ein beliebter Bestandteil von Blends, insbesondere von The Famous Grouse. Erst 1968/69 entschied sich der Konzern, zukünftig auch Single Malts zu vermarkten. Jeder Whiskyliebhaber sollte dankbar für diese Entscheidung sein, obwohl sie die Unabhängigkeit der Destillerie in Frage stellte: Macallan wurde in eine Aktiengesellschaft umgewandelt, um die Lagerzeiten von zehn und mehr Jahren zu finanzieren, die ein guter Single Malt zur Reifung braucht.

Stilrichtung Mächtig, eichentönig, sherrytönig, blumig-fruchtig. Ein Trank nach dem Essen.

THE MACALLAN 7-year-old, 40 Vol%

(Nur für den italienischen Markt.)

Farbe Helles Bernstein.

Duft Sherry, mit trockener Malzigkeit im Hintergrund.

Körper Mittelschwer bis kräftig.

Geschmack Nussig und süßlich, mit buttrigen Malztönen und Früchten, die aus dem Hintergrund erscheinen.

Abgang Befriedigend, sherrytönig, malzig. Ein leichter Digestif.

81 PUNKTE

THE MACALLAN Distiller's Choice, keine Altersangabe, 40 Vol%
(Hauptsächlich für den japanischen Markt.)

Farbe Bronze. Blasser als die meisten Macallan.

Duft Sehr wohlriechend.

Körper Mittelschwer. Sehr geschmeidig.

Geschmack Leicht buttrig und malzig. Lebhaft, jugendliche Aromen. Betonung eher auf der klassischen Speyside-Blumigkeit denn auf Sherry.

Abgang Betont die knusprige Trockenheit des Macallan.

81 PUNKTE

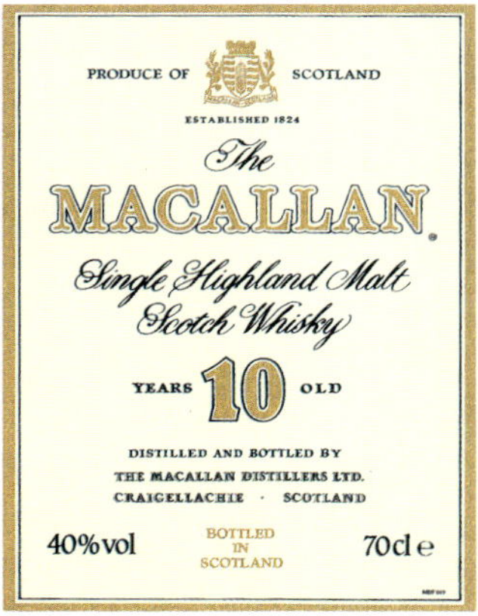

THE MACALLAN 10-year-old, 40 Vol%

Farbe Bernsteinfarben.

Duft Sherry- und Buttertöne, honigartig, Malzcharakter. Sehr abgerundet und tief, selbst in diesem jungen Alter.

Körper Kräftig, ohne sirupartig zu sein.

Geschmack Viel Sherry, ohne ergiebig zu sein. Reichlich Malz. Süßlich.

Abgang Befriedigend, malzig, ingwerartig, trocken werdend, mit einem Hauch Rauch.

87 PUNKTE

THE MACALLAN 10-year-old, 57 Vol% (100 proof)

Farbe Bernsteinfarben, geringfügig kräftiger als der vorgenannte.

Duft Immer noch Sherry, aber trockener. Ein leichter Anklang an Alkohol.

Körper Kräftig.

Geschmack Sherrynoten. Eine klare Fruchtigkeit. Intensiv. Kraftvoll.

Abgang Sherry, Rauch, Alkohol.

89 PUNKTE

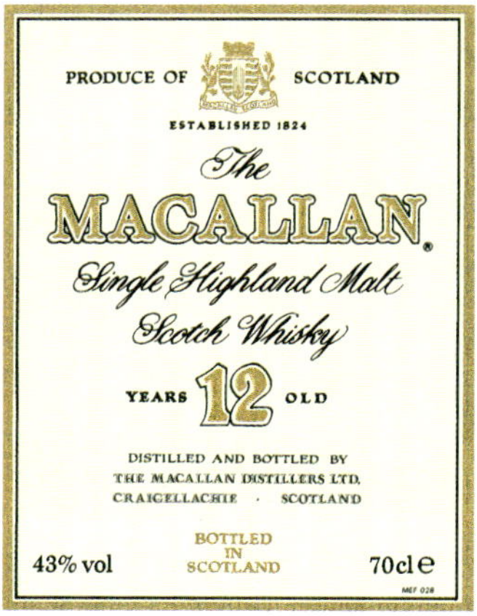

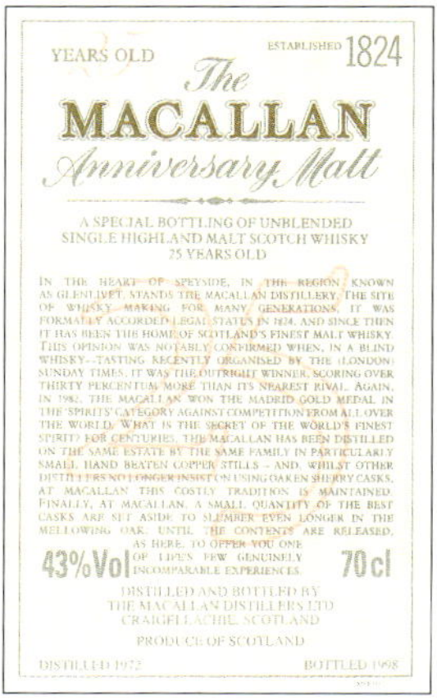

THE MACALLAN 12-year-old, 43 Vol%

Farbe Bernsteinfarben.

Duft Sherry, Honig, blumige Noten.

Körper Kräftig, geschmeidig.

Geschmack Die ersten Anzeichen von blühender Korinthe. Insgesamt ausdrucksstärker.

Abgang Etwas stärker abgerundet.

91 PUNKTE

THE MACALLAN 15-year-old, 43 Vol%

Farbe Mittlerer Bernsteinton.

Duft Honig. Ausgeprägt fruchtig.

Körper Kräftig, sehr geschmeidig.

Geschmack Toffeeartig. Sanfte Frucht und Würze. Anklänge an Torf. Lässt Tiefe vermissen.

Abgang Grasig. Leicht torfig.

92 PUNKTE

THE MACALLAN 25-year-old, 43 Vol%

Farbe Kräftiges Bernsteinrot.

Duft Deutliche Rauchigkeit überlagert die Charakteristika.

Körper Kräftig, fest, rund.

Geschmack Die Rauchigkeit steigert sanft die Komplexität.

Abgang Trocken, komplex, sehr lang.

95 PUNKTE

Einige Jahrgangsabfüllungen des 18 Jahre alten The Macallan (alle 43 Vol%)

Meist wird ein 18-jähriger Macallan mit 43 Vol% abgefüllt. Die Whiskyliebhaber mögen dieses robuste Wechselspiel von estertönigem Whisky mit trockenem Oloroso Sherry. Diese Whiskys sind aus mehreren Fässern gemischt, um eine gleich bleibende Qualität zu garantieren, dennoch variieren einige geringfügig. Die nachfolgenden Verkostungsnotizen betonen die geringfügigen Unterschiede. Daher gilt für alle: 94 PUNKTE.

1978: Kräftig orangefarbenes Bernstein; mächtiges Bukett mit etwas Torf; Mittelschwerer bis kräftiger, weicher Körper; wunderbar abgerundet und vollständig, nussig-süßer Sherry; fester, geschmeidiger, trockener, warmer Abgang.

1977: Dunkler und stärker rot; Sherrytöne und zurückhaltende Fruchtnoten im Duft; buttriger Malzcharakter; süßer, mehr sherrytönig im Abgang.

1976: Helles kräftiges Orange; torfiges, eichentöniges Aroma; fest und geschmeidig; lebhafte Aromen von Gras, Torf und Eiche.

1975: Mehr Orange in der Farbe; würziges Zitronengras und Torf im Aroma; frischer, saftiger Calvados und blühende Korinthe im Geschmack; frischer, eichentöniger Abgang.

1974: Rötliche Tönung; wundervoll ausgewogener Torf und Malz im Aroma; malzige, sherrytönige Süße, die sich estertönig und wohlriechend entwickelt; Süße und Würze im Abgang.

1973: Helles, kräftiges Bernstein; sehr wohlriechendes Aroma; sehr kräftiger Geschmack; saftige Würze von Eiche und Vanille im langen Abgang.

1972: Tiefes Orange; Eiche- und Torfaromen; sehr geschmeidig; hervorragende Balance zwischen Torf und sirupartigem Malz; trocken im Abgang.

1971: Schimmerndes Orange; weiches, einladendes Aroma; ölig, wohlriechend; sherryartige Süße.

1970: Kräftiges Bernsteinorange; ausgesprochene Sherrynoten; bemerkenswert komplex; langer Abgang mit Vanille und Eichennoten.

1969: Bernstein, aber blasser; Torf und Malz im Aroma; nussig, süßlich, sirupartig; etwas Torf im Abgang. Eine zurückhaltende Version.

1968: Aprikosenfarben; fondantartiges, nussiges Aroma; leicht auf der Zunge; etwas sirupartig; toffeeartiger, sanft-würziger Abgang.

1967: Gelbbraune Farbe; würziges, minziges Aroma; sehr geschmeidig; buttriger Malzcharakter; melonenartiger Abgang mit grasigem Torf.

1966: Die Abfüllung dieses Jahrgangs war ein 17-jähriger, der auch als solcher etikettiert wurde. Gelbbraune Farbe; torfiges und würziges Aroma; ölig, nussig, geschmeidig; sehr zurückhaltender Torf im Abgang.

1965: Gelbbraun bis rot; nussiges, sherrytöniges Aroma; Anissamen, Lakritz; würziger, öliger Abgang.

1964: Mittlerer Orangeton; gute Balance von Torf und Malz im Aroma; etwas fruchtiger Geschmack, der aber in der Mitte abfällt; mit einer nussigen, sherrytönigen Süße im Abgang.

1963: Lichtbrechender orangener Farbton; leicht eichentöniges Aroma; leicht, süß und sherrytönig mit zedernartigem Abgang.

Einige neuere Abfüllung von The Macallan

THE MACALLAN Gran Reserva, 18-year-old (destilliert 1979, abgefüllt 1997), 40 Vol%

In dieser Rubrik sind alle Abfüllungen aus first-fill-Fässern.

Farbe Eindeutige Kastanie.

Duft Am Anfang kräftiger Sherry. Dann malzige Nussigkeit. Rosinen und Datteln. Zum Abschluss Blumigkeit.

Körper Mächtig, ölig.

Geschmack Sehr trocken. Dickgestrichene, bittere Orangen- und Ingwermarmelade auf Toast. Dann buttrig, sirupartige Malzigkeit, die sich zu malziger, nussiger Süße entwickelt.

Abgang Kräftig fruchtig; rosinenartig. Wärmend.

95 PUNKTE

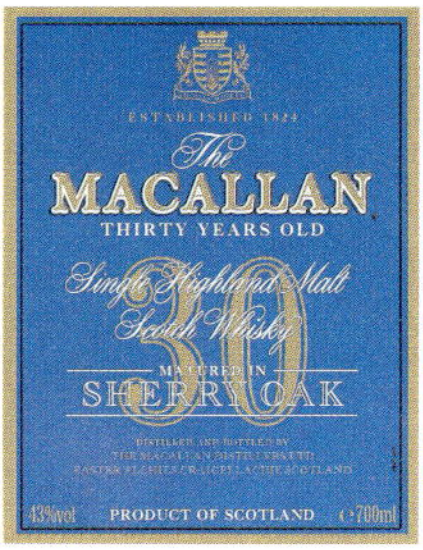

THE MACALLAN 30-year-old, 43 Vol%

Farbe Kräftiges Orange.

Duft Frisch. Polierte Eiche. Die Schale von frischen Mandarinen.

Körper Mittelschwer bis voll.

Geschmack Trotz seines hohen Alters, keine aggressiven Holz- oder Sherrytöne. Sehr dicht nebeneinander liegende Aromen. Seine große Stärke ist die wärmende Reife. Komplex. Nur ein Hauch von Rauch.

Abgang Trocken, wärmend, beruhigend, aber nicht lang im Abgang.

95 PUNKTE

Spezielle Abfüllungen von The Macallan

THE MACALLAN, 40 Vol%

Zur Feier des 35-jährigen Bestehens des Satiremagazins *Private Eye* (hauptsächlich 12-jähriger, aber auch ein Fass mit 35 Jahre altem Whisky).

Farbe Gelbliche Röte.

Duft Sehr lebhaft und bestimmt. (Frech?) Süße mit etwas frischem Leder.

Körper Weich, geschmeidig.

Geschmack Leicht nussig.

Abgang Hauch von Bitterkeit.

92 PUNKTE

MACALLAN »The 1874«

(Hergestellt, um an eine Flasche aus demselben Jahrgang, die bei einer Auktion erstanden worden war, zu erinnern. Die Whiskys in der Flasche hatten ein Alter von knapp unter 18 Jahren, enthielten aber auch mindestens ein Fass von 26 Jahre altem. Ein Hauptelement bildeten Whiskys, die lange in Fino-Sherryfässern gereift waren.)

Farbe Orange.

Duft Ingwerkuchen. Kümmel und Kreuzkümmelsamen.

Körper Mittelschwer. Fest. Geschmeidig.

Geschmack Trocken, mit weichen Orangennoten. Gewürze. Anissamen. Zitronengras. Der am stärksten estertönige der Macallans. Etwas Torf.

Abgang Kraftvoll. Trocken. Ein leichter Hauch von Bitterkeit.

95 PUNKTE

THE MACALLAN, Fassstärke

Eine neue Reihe von Single-Cask-(Einzelfass-)Abfüllungen. Das erste Fass mit der Nummer 9780 von 1981 wurde vorverkostet. Die Farbe ist orangerot; ein kräftiges, klares, trockenes sherrytöniges Aroma; ein abgerundeter Körper; ein fester, nussiger Geschmack und ein riesiger, würziger Abgang, mit etwas Eiche und Torf. Ein sehr stark ausgeprägter klassischer Macallan.

The Macallan Jahrzehnt-Serie

Wie schon beim 1874er widmet sich diese Serie der Reproduktion von Abfüllungen aus der Vergangenheit, sie entstehen durch Mischen von vorhandenem Lagerbestand.

THE MACALLAN Twenties (Rennwagen-Motiv), 40 Vol%
Eine im Körper leichtere, trockenere Ausgabe.

Farbe Blasse Walnuss.

Duft Süß, würzig.

Körper Wirklich leicht und abgeschwächt.

Geschmack Elegante Eichennoten. Polierte Eiche.

Abgang Eiche. Abgerundetes Torf. Eine späte Erinnerung, aber nur noch sehr gering an würzige und honigtönende Malzigkeit.

93 PUNKTE

THE MACALLAN Thirties (Ozeandampfer-Motiv), 40 Vol%
Ein klassischer, delikater, blumiger, torfiger, leicht phenolischer Malt.

Farbe Blasse Aprikosenfarbe.

Duft Weich, aber bestimmter Torf.

Körper Leicht, geschmeidig.

Geschmack Flinkes Gleichgewicht zwischen honigtöniger Malzigkeit, würzigen Estern und wohlriechendem torfigem Rauch.

Abgang Lange nach Torf, Zitronengras, Süße und Würze.

95 PUNKTE

THE MACALLAN Forties (Lokomotive-Motiv), 40 Vol%

Im blumig-torfigen Speyside-Stil, aber trockener und weniger komplex.

Farbe Schlüsselblumengelb.

Duft Nussig, grasig, torfig.

Körper Leicht. Lebhaft.

Geschmack Leicht, blumig, grasig. Etwas Süße, dann Torf und Rauch.

Abgang Köstlich zart, aber bestimmter, wohlriechender Torfrauch.

94 PUNKTE

THE MACALLAN Fifties (Flugzeug-Motiv)

Näher am heutigen Macallan, aber immer noch magerer und trockener.

Farbe Tiefe Bronze.

Duft Leicht polierte Eiche. Wohlriechend.

Körper Leicht aber geschmeidig, mit einiger Struktur.

Geschmack Wohlausgewogen: Eiche, Sherry, Malz, leichte Würze.

Abgang Sherry und Gewürze. Lang, beruhigend.

93 PUNKTE

Seltene Jahrgänge von The Macallan

THE MACALLAN Millennium 50-year-old (1949), 46 Vol%
Angeboten in 900 Kristalldekantern der Firma Caithness, mit einem Kupferschild aus einer alten Brennblase von Macallan, ca. 2000 Pfund.

Farbe Aprikosen- bis orangefarben.

Duft Torfig, rauchig, fast rußig.

Körper Mittelschwer, fest, schlüpfrig.

Geschmack Malzig, sirupartig, eichentönig. Die Eichennoten sind mächtig, aber niemals überbetont. Ein sehr schön komponierter, luxuriöser Whisky.

Abgang Als würde man harten Karamell mit Ingwerwurzel essen. Vorverkostet.

THE MACALLAN 1948, 46,6 Vol%

Farbe Altgold.

Duft Sherry ist hier nicht offensichtlich – vielleicht Fino? Blumig, nach Laub, torfig, holzig.

Körper Leicht aber fest. Geschmeidig.

Geschmack Insgesamt ein eleganter, wehmütiger Stil. Etwas Süße und Blumigkeit, aber die herausragende Eigenschaft ist das außerordentlich frische Aroma nach Torfrauch.

Abgang Lang anhaltend und wärmend, hinterlässt rauchige Erinnerungen.

96 PUNKTE

THE MACALLAN 1946, 40 Vol%

Farbe Helles kräftiges Gold.

Duft Sehr viel mehr esterige Fruchtigkeit.

Körper Leicht, geschmeidig, fast schlüpfrig.

Geschmack Feste, komplexe Aromen. Blumig. Estertönig, aber sehr delikat ausbalanciert. Süße Limone, Zitrone und Orange. Ein erstaunlich verführerischer Whisky für sein Alter.

Abgang Bittere Orange. Gras. Torf. Lang anhaltende Rauchigkeit.

95 PUNKTE

Andere Abfüllungen von The Macallan

Von Adelphi gibt es einen 9-jährigen Macallan mit 58,2 Vol%, der als »From Macallan« etikettiert ist. Dieser hat eine helle, blassorangene Farbe; ein saftiges Sherryaroma; buttrige Malzigkeit, aber einen eher harschen Abgang. 79 PUNKTE. Auf einer Abfüllung von 1990 mit 40 Vol% verwendet Gordon & MacPhail die Bezeichnung »Speymalt from Macallan Distillery«. Goldene Farbe, Sherry und Torf im Aroma; ein leichter, blumiger Mittelteil und ein sherrytöniger Abgang. 80 PUNKTE. Unter demselben Etikett ist ein exzellenter 1978er mit 40 Vol% erschienen, der sehr viel öliger und torfiger ist. 94 PUNKTE. Murray McDavid verwendet die Bezeichnung »Macallan-Glenlivet« auf einem 1974er mit 46 Vol%, der bernsteinfarben ist, zurückhaltend in Aroma und Geschmack, aber eine sehr schöne Ausgewogenheit von esteriger Würze und blumenartigen Aromen hat. 92 PUNKTE.

Frühere Versionen von Macallan

J. G. Thomson hat unter dem Etikett »As we get it« eine Fassstärkenabfüllung ohne Altersangabe auf den Markt gebracht, die von kräftiger Farbe war, sherrytönig und buttrig-malzig, aber etwas zu spritig. 84 PUNKTE. Eine Fassstärkenabfüllung aus dem Jahre 1984 von Inverallen war kräftig goldfarben, mit einem sirupartigen Körper und einem sehr blumigen, wohlriechenden Abgang. 84 PUNKTE. Eine Abfüllung eines 28jährigen mit 55,7 Vol% aus demselben Hause war etwas kräftiger golden in der Farbe, hatte einen leicht- bis mittelschweren Sherrycharakter und eine wunderschöne Ausgewogenheit und Komplexität. 93 PUNKTE. Ein 1965er Macallan, abgefüllt nach 28 Jahren von Signatory mit 55,7 Vol%, war hell-goldfarben, mit Torf und Wohlgeruch. 92 PUNKTE. Ein 30-jähriger mit 52,6 Vol% von Cadenhead war sehr blass in der Farbe, wunderschön blumig in den Aromen, mit einem Hauch von Torf. 88 PUNKTE. Eine andere Abfüllung von Cadenhead mit demselben Alter und 54,7 Vol% war etwas kräftiger in der Farbe und torfiger, cremig und estertönig. 90 PUNKTE.

MANNOCHMORE

Hersteller UDV (Diageo)
Region Highlands **Distrikt** Speyside (Lossie)

Adresse In der Nähe von Elgin, Morayshire, IV30 8FF **Tel** 00 44/13 43 - 54 78 91

DIE HÜGEL VON MANNOCH SPENDEN WASSER für mehrere Destillerien, einschließlich Mannochmore – eine der moderneren Brennereien, erbaut 1971/72, vorwiegend zur Produktion von Whisky für die Blends von Haig. Durch Mannochmore sollte der Ausstoß der Nachbardestillerie Glenlossie vergrößert werden. Unter Verwendung der gleichen Rohmaterialien und auf dem gleichen Gelände produzieren beide einen ähnlichen Malt. Der von Mannochmore scheint etwas weniger komplex, ist aber dennoch sehr angenehm.

Mitte der 90er Jahre war Mannochmore in der Serie Flora und Fauna zum ersten Mal als Single Malt erhältlich. Außerdem hat es den etwas »kuriosen« Malt Whisky »Loch Dhu« (»Schwarzer See«) gegeben, der auf die Zielgruppe »Imagebewusste junge Männer« ausgerichtet war. Der Konzern besteht darauf, dass die schwarze Farbe von einer »geheimen Vorbehandlung der ausgewählten Bourbonfässer, inklusive doppelter Auskohlung« herrührt. Naheliegend ist, dass die Vorbehandlung – vielleicht zuerst durch Einsprühen, dann durch Auskohlen – Karamellbildung hervorruft.

Stilrichtung Frisch, blumig, trocken. Aperitif.

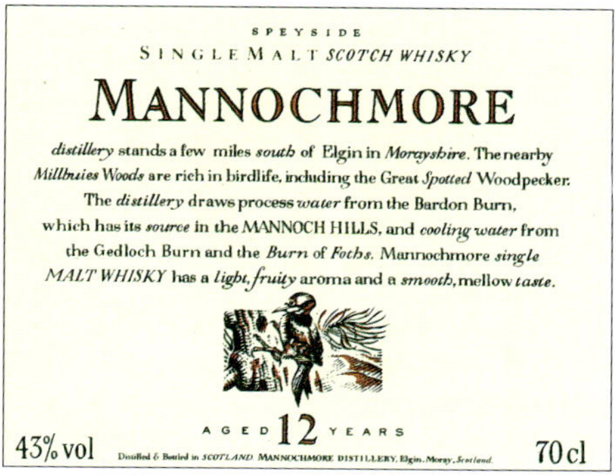

MANNOCHMORE 12-year-old, 43 Vol%, Flora und Fauna

Farbe Weißwein.

Duft Frisch. Wirklich sehr blumig.

Körper Mittelschwer, fest, auf der Zunge trocknend.

Geschmack Wird leicht fruchtig. Klar. Trocken.

Abgang Duftig, leicht, trocken. Schwaches Torf.

72 PUNKTE

MANNOCHMORE 22-year-old (destilliert 1974, abgefüllt 1997), Fassstärke, Rare Malts

Farbe Helles, grünliches Gold.

Duft Wohlriechend, blumig, schwaches Torf.

Körper Sehr weich. Leicht geschmeidig.

Geschmack Ölig, wintergrün, pfeffrige Frucht.

Abgang Robust, heiß, schwach nach Torf.

74 PUNKTE

Diese Abfüllung war in einer 750-ml-Flasche. Im selben Jahr erschien eine 700-ml-Rare-Malt-Abfüllung gleichen Alters, die reiner und runder erschien. 76 PUNKTE.

LOCH DHU »The Black Whisky«, 10-year-old, 40 Vol%

Farbe Ebenholz, mit einem mahagonifarbenen Hauch.

Duft Lakritze, medizinisch. Fruchtig, blumig.

Körper Mittelschwer. Weich sirupartig.

Geschmack Leicht, trocknend. Lakritze. Hustenbonbons. Frucht.

Abgang Lakritze. Trocken. Hauch von Wärme.

70 PUNKTE

Unabhängige Abfüllungen von Mannochmore

Gordon & MacPhail haben einen 1984er mit 40 Vol% in ihrer Reihe Connoisseurs Choice. Dieser hatte eine helle, butterblumenartige Farbe; ein deutliches buttriges, blumiges, grasiges Aroma; einen sehr fetten Körper und Aromen, die von Schlagsahne bis zu hartem Sahnekaramell, mit Nüssen und Ingwer im Abgang, reichten. 75 PUNKTE.

MILLBURN

Hersteller DCL/UDV
Region Highlands **Distrikt** Speyside (Inverness)

Adresse Millburn Road, Inverness, Inverness-shire IV2 3QX

Wenn sich die Reise im Nachtzug aus London ihrem Ende zuneigt, fährt man kurz vor Inverness mit verschlafenen Augen an den Gebäuden vorbei, die einmal die Destillerie Millburn beherbergt haben.

Man vermutet, dass Millburn 1807 gegründet wurde, die Gebäude stammen aber aus den Jahren 1876 und 1922. Die Brennerei wurde 1985 geschlossen. Aus der Serie Rare Malts wurde 1995 eine Abfüllung auf den Markt gebracht.

Stilrichtung Rauchig, aromatisch. Schlummertrunk.

MILLBURN 19-year-old (1975), 58,5 Vol%, Rare Malts

Farbe Grünliches Gold.

Duft Eichentönig und aromatisch.

Körper Leicht geschmeidig.

Geschmack Trocken, wohlriechend, rauchig.

Abgang Eichentönig, kraftvoll.

74 PUNKTE

MILLBURN 1978, 65,6 Vol%, Gordon & MacPhail Cask Edition

Farbe Helles, grünliches Gold.

Duft Trocken, leicht torfig, alkoholisch.

Körper Geschmeidig, aber austrocknend.

Geschmack Torfig, pflanzlich, überfallartig. Süßer werdend.

Abgang Leicht modrig. Etwas medizinisches Torf. Berauschend.

74 PUNKTE

MILLBURN 1974, 40 Vol%, Connoisseurs Choice

Farbe Gold bis Bronze.

Duft Appetitanregender Torf, parfümartig, mit einem Hauch von Sherry.

Körper Leicht ölig.

Geschmack Leicht malzig, wird schnell wohlriechend, dann torfig.

Abgang Leicht aggressiv. Trocknet auf der Zunge.

75 PUNKTE

Eine Abfüllung von 1971 in dieser Serie war bei der Verkostung frischer und kräftiger in den Aromen. 76 PUNKTE. Ihr Vorgänger, der 1966er, war torfiger und rauchiger. 76 PUNKTE.

Millburn 22-year-old (destilliert 1974, abgefüllt 1997, Fass 4614), 58,7 Vol%, Signatory Silent Stills Edition

Farbe Helles Gold.

Duft Leicht torfig.

Körper Leicht sirupartig. Pflanzliche Süße.

Geschmack Malzig, schnell torfig werdend. Ein Spur Holz.

Abgang Würzig trocken.

74 PUNKTE

MILTONDUFF

Hersteller Allied Distillers
Region Highlands **Distrikt** Speyside (Lossie)

Adresse Elgin, Morayshire, IV30 3TQ **Tel** 00 44/13 43 - 54 74 33

DER ERSTE STANDORT DER BRENNEREI MILTONDUFF soll das Kloster Pluscarden gewesen sein, dessen Ruinen noch stehen. Auch wenn es heute keine Verbindung mehr zur Destillerie gibt, wird der Name des Klosters noch auf den Flaschenkisten beschworen. Die 1824 gegründete Destillerie wurde in den Jahren um 1930 und 1970 umfassend renoviert. Der Whisky ist ein wichtiger Bestandteil der Ballantine Blends. Zwischen den Besitzern der Destillerie und Gordon & MacPhail gibt es ein Abkommen, das letztere Miltonduff als Single Malt abfüllen.

Eine Zeit lang wurde auch mit einer Lomond-Brennblase gearbeitet, die einen schweren Malt namens Mosstowie produzierte. Diese Brennblase wurde wieder abgebaut, ihren Malt kann man jedoch noch in Händlerabfüllungen finden. Der Whisky von Miltonduff ist bei Blendmeistern hoch angesehen und präsentiert sich als angenehmer Single Malt.

Stilrichtung Blumig, wohlriechend, klar, fest, elegant. Aperitif.

MILTONDUFF 10-year-old, 40 Vol%

Farbe Honigtönendes Gold.

Duft Wohlriechend, blumig. Sehr schwaches Torf.

Körper Leicht bis mittelschwer. Fest. Geschmeidig.

Geschmack Süßlich, fest, klar.

Abgang Fest. Leicht nussig. Wohltuend.

75 PUNKTE

MILTONDUFF 12-year-old, 43 Vol%

Farbe Weiches Gold.

Duft Wohlriechend, trocken, blumig, mit schwachem Anklang an Torf und Vanille. Die Torfigkeit wird beim Zusatz von wenig Wasser deutlicher.

Körper Mittelschwer, fest, geschmeidig.

Geschmack Süß, sehr klar und delikat blumig.

Abgang Aromatisch, wohltuend, mit einiger malziger Trockenheit.

76 PUNKTE

MILTONDUFF 1968, 40 Vol%

Farbe Bernsteinfarben.

Duft Leicht nach Sherry und sehr sanftem Torf.

Körper Mittelschwer, strukturiert.

Geschmack Blumig, honigtönig, leicht nussig. Ein Hauch von Vanille.

Abgang Lang, wohlriechender Torfrauch. Vielleicht besser als leichter Digestif.

78 PUNKTE

Unabhängige Abfüllungen von Miltonduff

Ein 17-jähriger, destilliert 1981 mit 58,4 Vol% von Signatory, ist stark sherrytönig, mit tief orangener Farbe; einem schweren Körper; einem Marzipanaroma und -geschmack und einem eichentönigen Abgang. Vermisst etwas die Blumigkeit und Delikatesse, die den wahren Miltonduff ausmacht, bringt aber die Nussigkeit hervorragend zum Tragen. 74 PUNKTE. Ein 13 Jahre alter, destilliert 1978 und mit 59,4 Vol% von Cadenhead abgefüllt, ist dichter an der Stilrichtung der Brennerei, wenn auch mit blühenden Korinthen und einem Hauch von holziger Bitterkeit im Abgang. 74 PUNKTE.

MORTLACH

Hersteller UDV (Diageo)
Region Highlands **Distrikt** Speyside (Dufftown)

Adresse Dufftown, Banffshire, AB55 4AQ **Tel** 00 44/13 13 - 37 73 73

Eine Abfüllung aus der Serie Rare Malts und eine limitierte Fassstärkenabfüllung haben in jüngster Zeit die Aufmerksamkeit wieder auf diesen klassischen Whisky gelenkt. Alle Genüsse eines guten Speyside Single Malt – Blumigkeit, Torf, Rauch, Malz und Fruchtnoten – findet man in Mortlach, dazu in den meisten Versionen einen angenehmen Sherrycharakter. Das zur Destillation verwendete Wasser, das zum kraftvollen Geschmack beiträgt, stammt aus Quellen in den Conval Hills, Kühlwasser liefert der Fluss Dullan. Der Whisky gehört, zusammen mit Cardhu, Talisker und vielen anderen, zu den wichtigen Bestandteilen der Johnnie Walker Blends.

Stilrichtung Ein Speyside-Klassiker: elegant und blumig, doch gleichzeitig geschmeidig und muskulös. Unermesslich komplex, mit großer Länge. Nach dem Essen oder vor dem Zubettgehen.

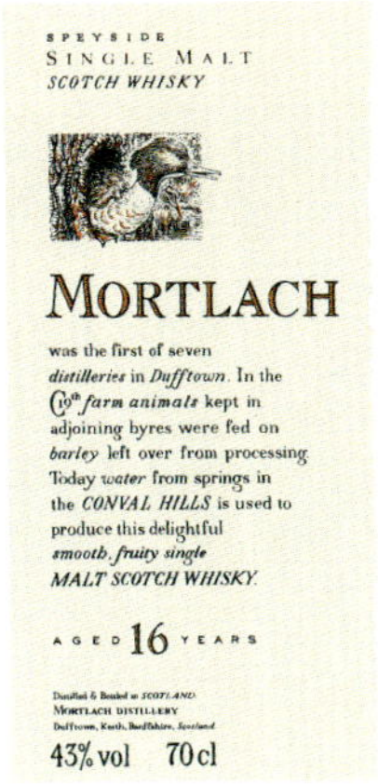

MORTLACH 16-year-old, 43 Vol%, Flora und Fauna

Farbe Unergründlich, tief, bernsteinfarben.

Duft Trockener Oloroso Sherry. Rauchig, torfig.

Körper Mittelschwer bis voll, fest, geschmeidig.

Geschmack Sherrytönig, rauchig, torfig, kraftvoll, etwas Fruchtigkeit.

Abgang Lang und trocken.

81 PUNKTE

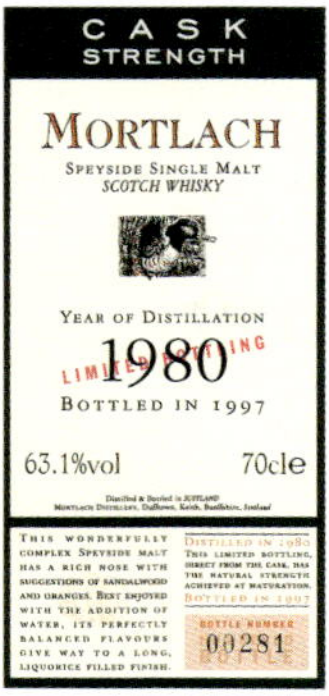

MORTLACH 1980 (abgefüllt 1997), 63,1 Vol%, Cask Strength, Limited Bottling

Farbe Sehr attraktives, helles orangefarbenes Bernstein.

Duft Ausgeprägter Torfcharakter. Stielartig. Limonenschalen.

Körper Groß, schwer.

Geschmack Blumig. Butterblume. Sirupartig. Schwere Sherryaromen. Entwicklung unterschiedlichster Aromen. Weiche Pfefferminzbonbons.

Abgang Mehr Minze, wird trockener. Ein herausragender Digestif.

85 PUNKTE

MORTLACH 22-year-old (destilliert 1972), 65,3 Vol%, Rare Malts

Farbe Sehr kräftiges Gold.

Duft Getreidekörner. Frisch gebackenes Brot. Etwas rauchiger Torf.

Körper Wunderbar weich, schichtartig.

Geschmack Übermäßig nussig. Entwickelt sich von Trockenheit zu saftiger Süße. Dann süße Rauchigkeit.

Abgang Komplex, mit Gerstenzucker, Nussigkeit und wohltuender Wärme. Unendliche Länge.

85 PUNKTE

MORTLACH 15-year-old, 40 Vol%, bei Gordon & MacPhail gereift und abgefüllt

Farbe Bronze.

Duft Appetitanregend rauchig, mit Anklängen an Malz und Sherry.

Körper Mittelschwer bis voll.

Geschmack Rauchigkeit. Heidekraut- und Rosinennoten, saftige Malzigkeit, Fruchtigkeit (saftige Birnen), Sherry, Eiche.

Abgang Wohlriechend, lang anhaltend, trocken.

82 PUNKTE

MORTLACH 1969, 40 Vol%, Gordon & MacPhail

Farbe Kräftig orangefarbenes Bernstein.

Duft Eine Blumigkeit, die an Flachs oder gestärktes Leinen erinnert, dann ein wunderschönes Wechselspiel von Eiche, Sherry und Torf.

Körper Fest, stämmig. Leichtes Schwergewicht.

Geschmack Eiche, Zeder. Schwarze Schokolade. Minze.

Abgang Trocken. Geröstete Mandeln. Rauchig.

83 PUNKTE

Eine frühere Abfüllung mit 21 Jahren vom selben Hersteller war mehr sherrytönig und weniger eichentönig. 81 PUNKTE.

MORTLACH 1988 (9-year-old, sherry butt 2626), 43 Vol%, Signatory

Farbe Kräftiges Gold bis Bronze.

Duft Im Vordergrund rosinenartiger Sherry. Getreidenoten und Rauch liegen im Verborgenen.

Körper Mittelschwer bis voll. Wohlabgerundet.

Geschmack Harte Toffee-Malzigkeit, dann buttrig. Zum Abschluss nussiger Sherry.

Abgang Lebhaft. Pfefferminz. Leicht stechend und scharf.

82 PUNKTE

MORTLACH 1975 (22-year-old, cask 6259), 57,7 Vol%, Signatory

Farbe Helles, lichtbrechendes Gold.

Duft Klar, blumig und duftend. Leicht torfig. Appetitanregend.

Körper Mittelschwer. Abgerundet.

Geschmack Am Anfang süß, dann buttriger, nussiger und trockener.

Abgang Sehr komplex. Plötzliche trockene Torfigkeit, dann buttriger Toffee und würzige Wärme. Als würden alle Elemente widerhallen.

82 PUNKTE

MORTLACH 1980 (19-year-old), 59,3 Vol%, Adelphi

Farbe Bernsteinfarben bis Gelbbraun.

Duft Blumig. Klare, trockene Rauchigkeit.

Körper Mittelschwer, strukturiert.

Geschmack Malzig. Keksartig. Wird buttrig. Dann geröstete Kastanien und Rauch.

Abgang Leicht pflanzlich. Dann wärmende Würze und Süße.

81 PUNKTE

NORTH PORT

Hersteller DCL/UDV (Diageo)
Region Highlands **Distrikt** Eastern Highlands

Adresse Brechin, Angus, DD9 6BE

Der Name erinnert an das »North Gate«, das nördliche Tor der früher von einer Stadtmauer umgebenen kleinen Stadt Brechin. Die Destillerie wurde 1820 erbaut. Der Pionier unter den Whisky-Autoren, Alfred Barnard, der die schottischen Destillerien um 1880 bereiste, schrieb über North Port, dass sie ihre Gerste von Farmen um Brechin bezog, Torf und Wasser aus den Grampian Mountains. Der Whisky-Historiker Derek Cooper berichtet, ihre Kondensatoren seien mit Wasser aus einem Bach gekühlt worden, der durch die Destillerie floss. North Port wurde in den 70er Jahren modernisiert, doch 1983 geschlossen. Die Brennerei ist vor kurzem verkauft worden.

Stilrichtung Trocken, fruchtig, ginähnlich. Aperitif.

NORTH PORT 19-year-old, 61,0 Vol%, Rare Malts

Farbe Helles, blasses Gold.

Duft Trocken, leicht rauchig, grasig. Trockene Fruchtigkeit.

Körper Leicht bis mittelschwer. Etwas Viskosität.

Geschmack Leicht. Nach Laub. Getrocknete Aprikose. Getrocknete Banane. Getoastete Marshmallows.

Abgang Trocken, würzig, scharf. Zedernartig.

68 PUNKTE

NORTH PORT 23-year-old (destilliert 1971, abgefüllt 1995), 54,7 Vol%, Rare Malts

Farbe Helles Gold.

Duft Aromatisch, trocken, fast scharf.

Körper Sehr leicht, geschmeidig.

Geschmack Leicht, mit Anklängen an Minze, kristallisierte Früchte und Ananas.

Abgang Scharf.

67 PUNKTE

NORTH PORT-BRECHIN, 1981, 40 Vol%, Connoisseurs Choice

Farbe Kräftiges Gold.

Duft Wohlriechend, frische Bananen.

Körper Ölig, geschmeidig.

Geschmack Wiederum Bananen. Leicht cremige Aromen.

Abgang Nach Laub. Leichte Würzigkeit. Verschwindet schnell.

66 PUNKTE

OBAN

Hersteller UDV (Diageo)
Region Highlands **Distrikt** Western Highlands

Adresse Stafford Street, Oban, Argyll, PA34 5NH
Tel Besucherzentrum 00 44 / 16 31 - 57 20 04

WENN MAN VON EINER HAUPTSTADT des westlichen Hochlands sprechen kann, dann ist diese Stadt Oban. Sie war immer ein Fischerdorf. Erst durch Erfindungen wie Eisenbahn und Dampfschiff wurde sie zum Tor zu den westlichen Hebriden-Inseln. Für die Touristen von heute, die auf den Spuren von Mendelssohn-Bartholdy, Turner, Keats oder Wordsworth wandeln, ist Oban immer noch das Tor zu den Inseln Mull, Iona oder zu Fingal's Höhle.

Eine Händlerfamilie hat 1794 in Oban mit dem Brauen und Destillieren begonnen, die heutigen Gebäude der Brennerei stammen allerdings aus den Jahren um 1880. Der Raum mit den Brennblasen wurde 1960 und in den frühen 70er Jahren umgebaut. Oban Malt Whisky ist ein Bestandteil von Dewar's und »Old Mull« aus dem Hause John Hopkins.

Der Single Malt hatte schon seine Anhänger, als er 12-jährig in einer viktorianischen Glaskaraffe verkauft wurde. Diese Karaffe ist nicht mehr erhältlich und heute nur schwer zu finden. Der feste, trocken-torfartige Stil dieses Whiskys erinnert an den, der wenigen verbliebenen Brennereien der Western Highlands. Mit der Einführung der Classic Malts wurde Oban auch einem breiteren Publikum bekannt. Bei einer Version, die zwei weitere Jahre im Fass zu einem sanfteren und weniger torfigen Malt reifte, ist der salzige Küstencharakter weniger maskiert. 1997 wurde der Reihe ein Montilla-Fino Sherry-Fassausbau hinzugefügt.

Stilrichtung Mittelschwer, mit frischem Torf und einem Hauch von Meer. Am besten zu Meeresfrüchten und Wild oder nach dem Essen.

Aus der Destillerie der Hafenstadt Oban, dem »Tor zu den Inseln«, kommt ein Malt mit ausgesprochenem Küsten- und Inselcharakter.

OBAN 14-year-old, 43 Vol%

Farbe Kräftiges Gold bis Bernstein.

Duft Ein Hauch von Meer, aber auch Anklänge an frischen Torf und einige Malzigkeit.

Körper Fest, geschmeidig, leicht viskos.

Geschmack Täuschend delikat am Anfang. Duftig. Schwacher Hauch von fruchtigem Seetang. Dann leicht wachsartig, rauchiger werdend. Trocken.

Abgang Aromatisch, geschmeidig, appetitanregend.

79 PUNKTE

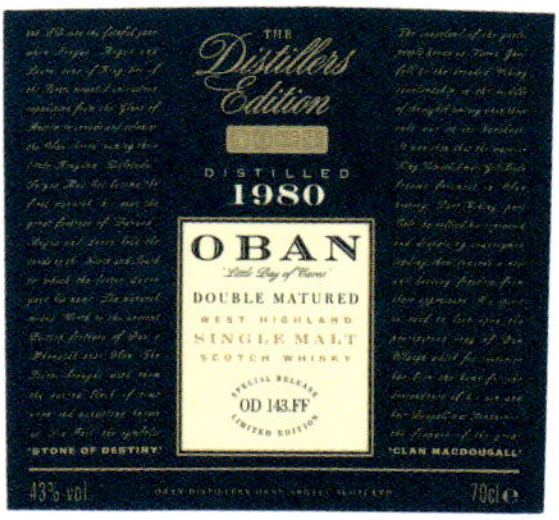

OBAN 1980, »Double Matured«, 43 Vol%, Distillers Edition

Im Montilla-Fino-Sherry-Fass ausgebaut.

Farbe Bernsteinfarben.

Duft Köstlich. Essbares Seegras. Pfirsiche. Sehr komplex.

Körper Geschmeidig, größer.

Geschmack Salzig, nussig, pfirsichartig. Süß im Mittelteil, entwickelt Noten von Tabak und Seetang.

Abgang Das Salz kommt zurück wie die eintreffende Flut am Strand.

80 PUNKTE

Unabhängige Abfüllungen von Oban

Ein 1963 destillierter, mit 30 Jahren und 52 Vol% von Cadenhead abgefüllter Oban ist machtvoll torfig, leicht holzig, mit einem riesigen, salzigen Abgang. 81 PUNKTE. Frühere Abfüllungen aus den späten 80ern: Ein 21-jähriger Cadenhead, mit 46 Vol%, war malziger und rauchig. 74 PUNKTE. Eine Connoisseurs-Choice-Abfüllung von 1962 mit 40 Vol% war mehr sherrytönig. 74 PUNKTE.

PITTYVAICH

Hersteller UDV (Diageo)
Region Highlands **Distrikt** Speyside (Dufftown)

Adresse Dufftown, Banffshire, AB55 4BR

EINE DER JÜNGSTEN DESTILLERIEN, 1975 von Bell's erbaut. Liebhaber begannen sich Ende der 80er Jahre, für diesen Whisky zu interessieren. Der unabhängige Abfüller James MacArthur gab eine 12 Jahre alte Version heraus, die den Charakter von Pittyvaich zeigt: wohlriechend mit leicht torfigem Charakter. Derselbe Abfüller hat inzwischen einen 14-jährigen folgen lassen, dessen trockener Abgang betonter ist. Die Abfüllung der gleichen Altersstufe durch die Scotch Malt Whisky Society fiel ähnlich aus, schien aber im Aroma eine würzigere Trockenheit zu haben. Keine dieser Versionen wies Anzeichen von Sherryreife auf. 1991 schließlich wurde in der Serie Flora und Fauna ein offizieller Single Malt abgefüllt. Er ist 12 Jahre alt und besitzt alle Eigenschaften und dazu noch eine gehörige Dosis Sherry. Seither gab es mehrere unabhängige Abfüllungen. Die Destillerie war in den Jahren 1993/94 geschlossen; danach wurden nur noch einige Versuchsläufe gefahren, aber die Entscheidung über die Zukunft der Destillerie ist noch nicht gefallen.

Stilrichtung Fruchtig, ölig, würzig, spritig. Nach dem Essen – wenn man will, ein schottischer Grappa.

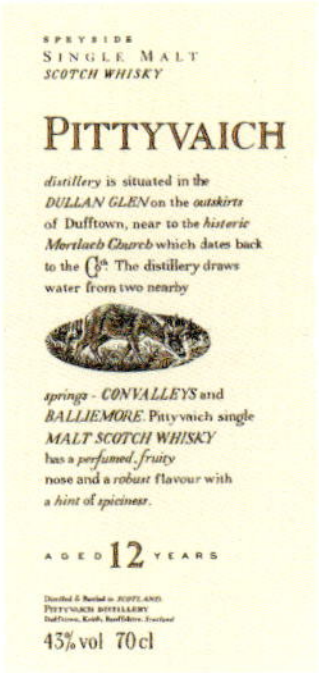

PITTYVAICH 12-year-old, 43 Vol%, Flora und Fauna

Farbe Tiefes Bernsteinrot.

Duft Sherrynoten, wohlriechend, Birnenschalen.

Körper Leicht bis mittelschwer. Fest. Trocken.

Geschmack Sehr sherrytönig. Bestimmt. Etwas malzige Kernigkeit. Vanille. Weich, süß, birnenartige Fruchtigkeit, würzige Trockenheit.

Abgang Würzig, wohlriechend, intensiv trocken, lang anhaltend.

69 PUNKTE

PORT ELLEN

Hersteller UDV (Diageo)
Region Islay **Distrikt** South Shore

Adresse Port Ellen, Isle of Islay, PA42 7AH

Einer des seltensten Islay Malts, trotz einer erstaunlichen Anzahl von unabhängigen Abfüllungen. Die Destillerie, gegründet 1825, war von 1920 bis ca. 1960 geschlossen und wurde dann 1983 wieder geschlossen. Heute ist sie nicht mehr lizensiert. Selbst das wachsende Interesse an den Islay Malts hat keine Pläne zur Wiedereröffnung nach sich gezogen. Die weißen Lagerhäuser der Destillerie werden immer noch genutzt und bilden eine wunderschöne Straße an der Bucht von Port Ellen, einem der Hauptorte auf Islay. An die Destillerie grenzt eine hochmoderne Mälzerei, die mit ihrem beißenden Torfrauch keinen Zweifel an dem Hauptprodukt der Insel aufkommen lässt. Ihr Malz geht an zwei weitere Islay-Destillerien von United Destillers: Caol Ila und Lagavulin.

Stilrichtung Ölig, pfeffrig, salzig, rauchig, kräuterartig. Passt hervorragend zu geräuchertem Fisch.

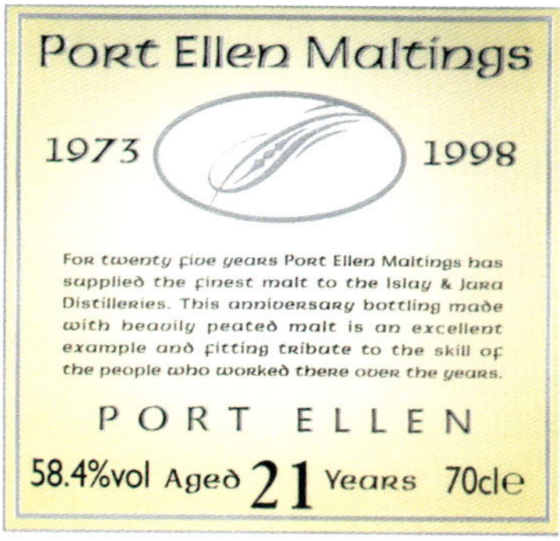

PORT ELLEN 21-year-old, 58,4 Vol%, Anniversary Bottling
Abfüllung zur Feier des 25-jährigen Jubiläums der Mälzerei in Port Ellen.

Farbe Helles Gold.

Duft Sehr medizinisch, aber klar und fest.

Körper Ausgesprochen ölig, cremig.

Geschmack Geschmeidig und irreführend zurückhaltend, dann kommen die eng kombinierten Aromen: Lorbeerblätter, Petersilie und Pfefferkörner.

Abgang Langsam entfaltend. Salzig, rauchig, eichentönig. Sehr wärmend. Außergewöhnliche Feinheit und Komplexität.

83 PUNKTE

PORT ELLEN 20-year-old (destilliert 1978, abgefüllt 1998), 60,90 Vol%, Rare Malts

Farbe Gold.

Duft Appetitanregend und belebend. Lorbeerbäume. Seetang.

Körper Leicht ölig.

Geschmack Ausdruckstärkere, fruchtige, trockene Aromen. Fruchtiges Olivenöl. Petersilie. Essbarer Seetang.

Abgang Salzig. Rauchig. Eichentönig. Extrem stark pfeffrig.

82 PUNKTE

PORT ELLEN 11-year-old, 64,1 Vol%, Cadenhead

Farbe Blasses Gold.

Duft Nach Laub, leicht sauer.

Körper Leicht ölig.

Geschmack Fruchtig, kräuterartig, Seetang.

Abgang Süß, nach Petersilie. Dann Seetang, Pfeffer. Erwärmend.

79 PUNKTE

Vom selben Abfüller war ein 18-jähriger mit 62,2 Vol% rauchiger, eichentöniger, trockener und mehr pfeffrig, aber etwas weniger komplex. 79 PUNKTE.

PORT ELLEN 1980, 40 Vol%, Connoisseurs Choice

Farbe Tiefes Gold bis Bronze.

Duft Lederartig, nach Eiche.

Körper Leicht ölig.

Geschmack Eichentönig, salzig.

Abgang Ölig. Späte Salzigkeit.

77 PUNKTE

PORT ELLEN 1975, 23-year-old, 52,5 Vol%, Fassstärke, Hart Brothers

Farbe Kräftiges Gold.

Duft Klar. Leicht medizinisch.

Körper Leicht ölig.

Geschmack Sehr süß und nach Petersilie.

Abgang Pfeffrig.

79 PUNKTE

Port Ellen Abfüllungen von Signatory

Wie es scheint, hat sich Signatory, ohne den Markt aufkaufen zu wollen, auf Port Ellen spezialisiert.

1983, 43 Vol%

Farbe von Weißwein; blumiges Aroma; leicht, öliger Körper; klare Anklänge an süße, pikante Vorspeisen, kräuterartig, dann ölig. 77 PUNKTE.

1976, 57,9 Vol%

Gleiche Farbe; trockeneres Aroma, mit Hauch von Torf; fester, mehr seetangartig; leicht holzig; wird im Abgang durch Seetang und Pfeffer lebhafter. 78 PUNKTE.

1975, 43 Vol%

Sehr blass. Blumiges Aroma; sehr leichter Körper; fruchtig und nach Vanille im Geschmack; pfeffriger Abgang. 76 PUNKTE.

23-year-old (destilliert 1975, abgefüllt 1998), 56,1 Vol%, Signatory Silent Stills

Grünliches Gold. Petersilienaroma; leicht, fester Körper; leicht getorft; pfeffriger Abgang. 79 PUNKTE.

OLD PULTENEY

Hersteller Inver House
Region Highlands **Distrikt** Northern Highlands

Adresse Huddart Street, Wick, Caithness, KW1 5BD
Internet www.inverhouse.com **E-Mail** enquiries@inverhouse.com

SEIT DEM BESITZERWECHSEL findet man diesen Whisky wieder häufiger auf den Regalen. Wegen seiner salzigen Note nennt man ihn den »Manzanilla des Nordens«. Die Hersteller von Manzanilla Sherry liefern tatsächlich Fässer an die schottische Whiskyindustrie, und es ist durchaus möglich, dass das eine oder andere Fass für den Pulteney von dort stammt. In der Regel tendiert man hier jedoch zu Bourbonholz. Die Salzigkeit rührt wahrscheinlich eher von der Seeluft her. Pulteney ist in der Küstenstadt Wick beheimatet und damit die nördlichste Destillerie auf dem schottischen Festland. Teile der Stadt wurden 1810 von Sir William Pulteney als Ideal eines Fischereihafens erbaut. Die Old-Pulteney-Destillerie wurde 1826 gegründet und 1959 umgebaut. Old Pulteney war immer ein Bestandteil der Ballantine Blends. Inver House übernahm die Brennerei im Jahre 1995. Der Whisky hat jugendliche Muskeln. Der neue 8-jährige (siehe unten) hat mehr Süße als die vorherigen Abfüllungen gleichen Alters von Gordon & MacPhail.

Stilrichtung Frisch, salzig, appetitanregend. Vor dem Essen.

OLD PULTENEY 8-year-old, 40 Vol%, Inver-House-Abfüllung
Hauptsächlich auf dem französischen Markt zu finden.

Farbe Tiefes sonniges Gold.

Duft Frisch, trocken. Sehr schwacher Torf. Ein Hauch von Seeluft.

Körper Leicht und geschmeidig.

Geschmack Reich an Aromen. Leicht torfig, würzig, nussig; zugleich malzig-süß und salzig. Außerordentlich lebhaft und appetitanregend.

Abgang Fest, nussig. Wieder Süße und Salz. Wie mit Honig geröstete Erdnüsse.

78 PUNKTE

OLD PULTENEY 12-year-old, 40 Vol%

Farbe Tiefes Gelb.

Duft Trocken. Torf, Gras, süßer Ginster.

Körper Leicht, ölig.

Geschmack Leicht. Immer noch Honig und Nüsse, diesmal aber öliger.

Abgang Ölig. Wohltuend. Sehr salzig.

79 PUNKTE

Old Pulteney 15-year-old, Sherry Wood (Fass 1501, Flasche 206), 60,6 Vol%

Farbe Mittlere Eiche.

Duft Reich, nussig, rosinenartig, fondantartig. Vanille.

Körper Mittelschwer bis schwer. Reicher Körper.

Geschmack Klar, süß, nussiger Sherry dominiert, dann kommt der Eigencharakter des Whiskys zum Tragen und balanciert das Ganze aus.

Abgang Torfrauch und Salz. Sehr lang. Therapeutisch.

80 PUNKTE

OLD PULTENEY 1964, 40 Vol%, Gordon & MacPhail

Farbe Bronze.

Duft Marshmallow. Geröstete Nüsse. Plätzchen.

Körper Weich. Erstaunlich leicht.

Geschmack Nussig, keksartig, toastartig, aber etwas leer.

Abgang Ölig, salzig.

77 PUNKTE

Frühere Versionen von Old Pulteney

Ein 15-jähriger mit 40 Vol% von Gordon & MacPhail hatte eine wundervolle Balance zwischen Sherry und Salz. 79 PUNKTE. Eine 17 Jahre alte Abfüllung mit 52,8 Vol%, etikettiert Whalligoe, war leicht, geschmeidig und sehr salzig. 78 PUNKTE. Ein 1961er mit 40 Vol% von Gordon & MacPhail war mehr sherrytönig, aber immer noch sehr gut ausbalanciert. 79 PUNKTE.

ROSEBANK

Hersteller United Distillers
Region Lowland **Distrikt** Central Lowlands

Adresse Falkirk, Stirlingshire, FK1 5BW

Puristen unter den Whiskyliebhabern bestehen darauf, dass ein typischer Lowland Malt dreifach destilliert sein muss. Heute wird nur noch Auchentoshan so hergestellt. Bis vor kurzem galt die Dreifachdestillation allerdings auch noch für Rosebank, der aufgrund seiner Fruchtigkeit viel mit den Whiskys aus Speyside gemein hat. Die Brennerei mit dem idyllischen Namen liegt an den (früher mit Rosen überwachsenen) Ufern des Forth-Clyde-Kanals. Der Wasserweg hat schon lange seine Bedeutung als Verkehrsader verloren, dafür wird das Destillerieareal jetzt von neuen Straßen zerteilt. Die 1790 gegründete Brennerei wurde trotz heftiger Proteste 1993 geschlossen. Auch United Distillers empfand die Entscheidung als schmerzhaft. Seither hat es immer wieder Diskussionen mit British Waterways über die Restaurierung der Brennerei gegeben, die ein Industriedenkmal der Region ist.

Stilrichtung Aromatisch, mit Anklängen an Klee und Kamille. Romantisch. Ein Whisky für Verliebte.

ROSEBANK 8-year-old, 40 Vol%, Distillers Agency

Farbe Bernsteinfarben.

Duft Trocken, grasig-blumig, Potpourriaromen. Trockener Sherry.

Körper Leicht, aber sehr geschmeidig.

Geschmack Trocken, blumig, fruchtig. Wirkt nach Zugabe kleiner Mengen Wasser weniger trocken.

Abgang Trocken.

76 PUNKTE

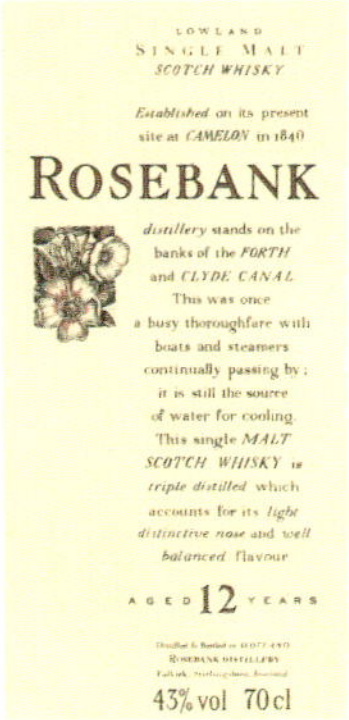

ROSEBANK 12-year-old, 43 Vol%, Flora und Fauna

Farbe Gold.

Duft Grasig-blumig (Klee?), leicht, trocken.

Körper Leicht, geschmeidig, etwas sirupartig.

Geschmack Am Anfang malzige, süßliche Blumigkeit, dann ingwertönig und trocken.

Abgang Grasig und blumig, aber kernig (fast scharf) und trocken.

77 PUNKTE

ROSEBANK 15-year-old, 50 Vol%, Distillers Agency

Farbe Gold.

Duft Blumig.

Körper Erstaunlich weich.

Geschmack Leicht, süßlich, blumig, klare Fruchtigkeit. Sehr appetitanregend.

Abgang Mächtig, weich und lang.

77 PUNKTE

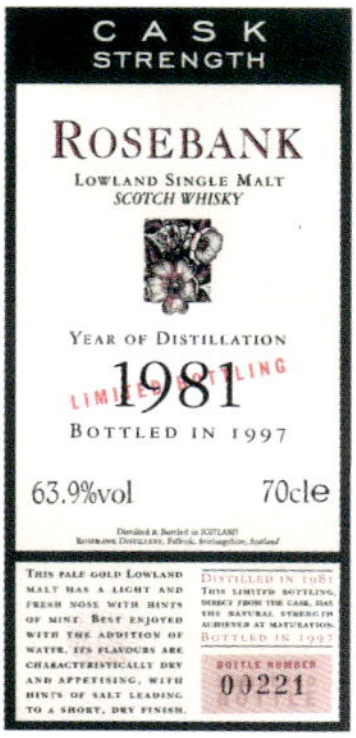

ROSEBANK 1981, 63,9 Vol%, Cask-Strength Limited Bottling

Farbe Zitronengelb.

Duft Beruhigend aromatisch. Klee. Kamille. Trocken.

Körper Weich, schmeichelnd.

Geschmack Cremig, zitronenartig, blumig. Butterblume? Potpourri.

Abgang Wohlriechend, schwach rauchig.

78 PUNKTE

ROSEBANK 19-year-old (destilliert 1979), 60,2 Vol%, Serie Rare Malts

Farbe Vinho Verde.

Duft Unverschämt aromatisch; Potpourri, Kamille. Sehr blumig.

Körper Seidig, sinnlich.

Geschmack Delikate, lebhafte Aromen. Klee, Lavendel, Fenchel.

Abgang Wirklich sehr lang. Pulsierend mit süßen und heißen Aromen. Fängt süß an, entwickelt eine abgerundete Trockenheit.

81 PUNKTE

Einige unabhängige Abfüllungen von Rosebank

ROSEBANK 1990, 46 Vol%, frisches Sherryfass, Murray McDavid

Farbe Kräftiges Gold bis Bernstein.

Duft Sherry, Honig, Zitronen, Butterblumen.

Körper Leicht, aber geschmeidig.

Geschmack Die blumige Jugend und die Frische der Sherrynoten finden zu einer interessanten Harmonie.

Abgang Geschmeidig, appetitanregend. Eine herausfordernde Balance von Süße und Trockenheit.

78 PUNKTE

Eine Abfüllung von Murray McDavid mit derselben Stärke, aber aus einem Bourbonfass, hat eine gute Kräuternote nach grüner Minze, aber die Aromen werden nicht so gut zusammengehalten. 76 PUNKTE.

ROSEBANK 1989, 43 Vol%, Signatory

Farbe Zitronengelb.

Duft Sehr aromatisch. Blumig. Honigtönig.

Körper Cremig.

Geschmack Cremig, nussig, blumig.

Abgang Zitronenartig. Butterblumen, Wohlriechend.

77 PUNKTE

ROSEBANK 1989, 9-year-old, 58,8 Vol%, Cadenhead

Farbe Weißwein bis blasses Gold.

Duft Ausgesprochen blumig. Wohlriechend. Trocken.

Körper Leicht.

Geschmack Blumig, weich, grasartig süß, hin zu einem sanften Abgang.

Abgang Blumig, sehr leicht nussig, nougatähnlich.

80 PUNKTE

ROSEBANK 1988, 40 Vol%, Connoisseurs Choice

Farbe Kräftiges Gold.

Duft Butterblumen, Klee, süßes Gras, Honig und ein Hauch Sherry.

Körper Leicht, weich, geschmeidig.

Geschmack Blumen, die durch Sherrynoten weicher und süßer werden. Honig; sahnig, sehr leichte nussige Trockenheit. Eine kräftige Balance zwischen dem eigenen Charakter des Whiskys und dem Sherry.

Abgang Kandierte Angelikawurzel, honigüberzogene Nüsse.

79 PUNKTE

ST MAGDALENE

Hersteller DCL/UDV (Diageo)
Region Lowlands **Distrikt** Central Lowlands

Adresse Linlithgow, West Lothian, EH49 6AQ

Im 12. Jahrhundert stand hier eine Leprastation und später ein Kloster, bevor etwa 1765 eine Destillerie errichtet wurde. 1983 wurde ihre Produktion eingestellt, ein Teil der Gebäude in Wohnungen umgebaut. Die Destillerie hieß zeitweise Linlithgow, nach ihrem Standort in der Nähe des River Forth.

Stilrichtung Wohlriechend, grasig, geschmeidig. Stärkend.

ST MAGDALENE 19-year-old (destilliert 1979, abgefüllt 1998), 63,80 Vol%, Serie Rare Malts

Farbe Kräftiges Gold bis blasses Bernstein.

Duft Sehr aromatisch. Verbranntes Gras. Wurzelartig. Lakritze. Eiche.

Körper Mittelschwer bis schwer. Feste Öligkeit.

Geschmack Mächtige Aromen. Kernig, lakritzartige Malzigkeit.

Abgang Kräftiger, robuster Torfton, markige Bitterkeit, die durch die entstehenden lebhaften Aromen abgerundet werden.

78 PUNKTE

Eine Abfüllung eines 1970er St Magdalene in der Serie Rare Malts hatte mehr verbranntes Gras, Toffee, Kandis und exotische Früchte. 77 PUNKTE.

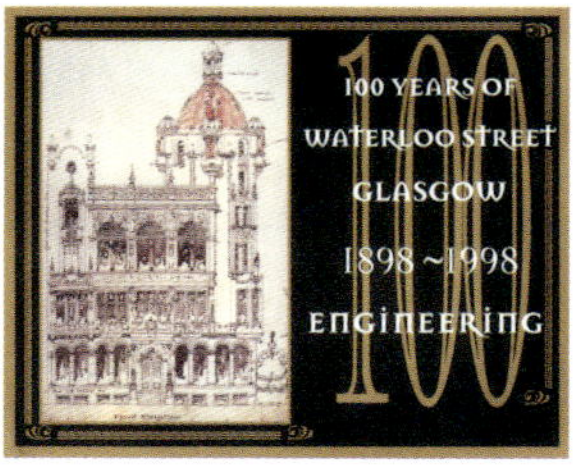

ST MAGDALENE 20-year-old (destilliert 1978), 62,7 Vol%

Zur Feier des 20-jährigen Bestehens der Ingenieurabteilung von UDV.

Farbe Kastanie.

Duft Polierte Eiche.

Körper Mächtig, geschmeidig.

Geschmack Weiniger Sherry. Saftige Eiche. Verbranntes Gras.

Abgang Nussig, sirupartig, rauchig. Delikat.

79 PUNKTE

Einige unabhängige Abfüllungen von St Magdalene

ST MAGDALENE 10-year-old, Cadenhead

Farbe Weißwein.

Duft Leicht torfig, etwas phenolisch.

Körper Leicht sirupartig.

Geschmack Grasig, aber trocken.

Abgang Frisch, trocken. Etwas Torf. Hauch von Holz.

71 PUNKTE

LINLITHGOW 1975, 57,1 Vol%, Signatory Silent Stills

Farbe Helles, kräftiges Gold.

Duft Klar, leicht torfig.

Körper Leicht bis mittelschwer. Fest. Geschmeidig.

Geschmack Grasig, zitronenartig. Ein wahrer Lowländer.

Abgang Wohlriechend. Leinsamenöl. Getreidekörner. Geschmeidig.

75 PUNKTE

Andere Versionen von St Magdalene

Ein 1981er mit 40 Vol% aus der Reihe Connoisseurs Choice von dem Abfüller Gordon & MacPhail ist grasig und süßlich mit exotischen Früchten. 67 PUNKTE. Die Abfüllung von Oddbins, ein 1982er mit Fassstärke, war fruchtig, aber schön wohlriechend und mit rauchiger Balance. 71 PUNKTE. Ein 23-jähriger von Oddbins, ebenfalls Fassstärke, war grasiger und leicht honigtönig, wiederum mit einem rauchigen Abgang. 70 PUNKTE.

SCAPA

Hersteller Allied Distillers
Region Highlands **Distrikt** Orkney

Adresse St Ola, Kirkwall, Orkney, KW15 1SE **Tel** 00 44 / 18 56 - 87 20 71

Gerade wegen seiner unaufdringlichen Art und weil er nur zeitweise hergestellt wird, ist Scapa ein Kult-Whisky. Der Destillerie bei Kirkwall fehlt zum Titel der nördlichsten Brennerei Schottlands eine halbe Meile. Sie wurde 1885 gegründet, und noch heute stehen zwei der ursprünglichen Lagerhäuser. Der Großteil der Destillerie datiert aus dem Jahre 1959.

Das verwendete Wasser ist sehr torfig, dafür wird vollkommen ungetorftes Malz verwendet. Die Destillerie besitzt eine Lomond-Brennblase, die für die leichte Öligkeit des Whiskys verantwortlich sein dürfte. Die Reifung erfolgt in Bourbonfässern. Obwohl der Whisky sehr leicht im Aroma ist, hat er ausgeprägt komplexe Noten von Vanille, die manchmal den Anschein sehr würziger Schokolade und nussiger Salzigkeit vermitteln. Unter seinem Namen wurde der Whisky auch einige Zeit von einem Tochterunternehmen von Allied, Taylor and Ferguson, abgefüllt. Heute wird die Destillerie von Highland Park verwaltet.

Stilrichtung Salz, Heu. Ölige, würzige Schokolade. Nach einem ausgedehnten Spaziergang oder vor dem Essen.

SCAPA 8-year-old, 40 Vol%, Gordon & MacPhail
Heute nur noch selten erhältlich.

Farbe Kräftiges Gold bis Bernstein.

Duft Frisch, meeresbrisenartige Salzigkeit, frisch gemähtes Heu, Heidekraut, etwas Bourboncharakter.

Körper Mittelschwer, seidig.

Geschmack Salzig, leicht scharf, Seetang.

Abgang Ölig, aber trocken. Appetitanregend.

76 PUNKTE

SCAPA 10-year-old, 43 Vol%

Farbe Kräftiges Gold bis Bernstein.

Duft Salz, Heu, Schokolade. Bourbon. Delikate weiche Torfigkeit.

Körper Mittelschwer, seidig.

Geschmack Geschmeidig, Vanille, Schokolade. Abgerundet. Wunderschöne Balance.

Abgang Appetitanregend nach Laub. Abgerundet nach Torf. Verblassender Salzcharakter. Sehr schnell wärmend.

77 PUNKTE

SCAPA 12-year-old, 40 Vol%

Farbe Helles, kräftiges Gold.

Duft Weicher. Heu. Warm.

Körper Leicht. Geschmeidig, salzig.

Geschmack Klar, süßlich. Vanille, Nüsse, Salz.

Abgang Späte Anklänge an Salz und Pfeffer mit einem Hauch Torf.

76 PUNKTE

SCAPA 1988 (Fässer 176, 177, abgefüllt 1998), 43 Vol%, Signatory

Farbe Weißwein.

Duft Salzig. Nach Wurzeln. Schwache, nach Seetang riechende Fruchtigkeit.

Körper Leicht, aber fest, geschmeidig und ölig.

Geschmack Durch den geringeren Holzgeschmack kommen mehr Torfanteile zum Tragen.

Abgang Grasige Süße. Torfigkeit. Salz.

76 PUNKTE

SCAPA 1987, 40 Vol%, Gordon & MacPhail

Farbe Kräftiges Schlüsselblumengelb.

Duft Blättrig. Leicht sauer, Kräuternoten. Torf. Salz.

Körper Leicht, aber sirupartig.

Geschmack Sirupartig, nussig, salzig.

Abgang Nussig, salzig, sehr lang anhaltend. Appetitanregend. Ein komplexer, delikater, sehr wohl ausgewogener Jahrgang.

79 PUNKTE

SCAPA 1986, 40 Vol%, Taylor and Ferguson/Gordon & MacPhail

Farbe Kräftiges Gold bis Bernstein.

Duft Heu. Leder. Wohlriechend.

Körper Geschmeidig, ölig.

Geschmack Nussig. Zitronenartig. Salzig.

Abgang Zitronenartig. Ölig. Lang.

78 PUNKTE

SCAPA 1983, 40 Vol%, Gordon & MacPhail

Farbe Bernsteinfarben.

Duft Salz, Heu, Schokolade. Bourbon.

Körper Mittelschwer, seidig.

Geschmack Geschmeidig, Vanille, Schokolade. Seetangnoten in Richtung Fisch.

Abgang Schokolade, Toffee, Lakritze, Salz. Erinnerung an die salzige Lakritze, die in den Niederlanden und nordischen Ländern verkauft wurde.

78 PUNKTE

Frühere Versionen von Scapa

Ein 1963er von Gordon & MacPhail mit 40 Vol% war wundervoll kräftig, aromatisch und komplex, von Salzwasser über Bourbon bis Schokolade. 79 PUNKTE. Eine 24-jährige Abfüllung von Cadenhead (destilliert 1965, abgefüllt 1990), mit 46,5 Vol%, war salzig und mit Heidekrautnoten. 77 PUNKTE.

THE SINGLETON

Hersteller Justerini and Brooks (Diageo)
Region Highlands **Distrikt** Speyside

Adresse Mulben, Banffshire, EB55 6XS **Tel** 00 44 / 15 42 - 88 50 00

NACHDEM THE SINGLETON 1986 als Single Malt eingeführt wurde, meinten Zyniker: »ein Designer-Whisky«. Der »Einzigartigkeit« suggerierende Markenname ist eine Wortschöpfung, da die Hersteller das Gefühl hatten, der Destillериename Auchroisk sei zu kompliziert für die angehenden Kunden.

Dieser gälische Name bedeutet »Furt über den roten Bach« – gemeint ist der Mulben, der später in den Spey mündet. Eine Quelle mit sehr weichem Wasser gab den Ausschlag bei der Standortwahl. Der Whisky ist süß, mit einem Hauch Anissamen, wie einige Abfüllungen von Cadenhead aus mehrfach benutzten Fässern zeigen.

Abfüllungen von 10- bis 12-jährigem The Singleton sind erhältlich gewesen, einige sogar mit Jahrgangsangabe. Die derzeitige offizielle Version ist weniger sherrytönig als ihre Vorgänger.

Stilrichtung Weich würzig. Likörartig. Nach dem Essen zu genießen.

THE SINGLETON 10-year-old, 43 Vol%

Farbe Bronze.

Duft Leicht nach Sherry, Malz, Lakritze, Anissamen. Sanft malzig. Ein feiner Hauch von Torf.

Körper Mittelschwer. Sehr geschmeidig.

Geschmack Lakritze, Anissamen, leichter Sherry.

Abgang Likörartig, mit einem leicht rauchigen Hintergrund.

78 PUNKTE

SPEYBURN

Hersteller Inver House
Region Highlands **Distrikt** Speyside (Rothes)

Adresse Rothes, Aberlour, Morayshire, AB38 7AG
Internet www.inverhouse.com **E-Mail** enquiries@inverhouse.com

VIELE DESTILLERIEN NEHMEN FÜR SICH IN ANSPRUCH, den schönsten Standort Schottlands zu haben – Speyburn gehört ohne Zweifel dazu. Diese hübsche viktorianische Destillerie bietet von der Straße zwischen Rothes und Elgin einen spektakulären Anblick in ihrem tiefen und ausladenden Tal. Sie wurde 1897 erbaut und hat sich trotz Modernisierungen seither kaum verändert. Anfang der 90er Jahre wurde Speyburn von Inver House übernommen, die den 12-jährigen Flora und Fauna durch einen 10-jährigen ersetzten. Der 21-jährige ist ein ausgezeichneter, typischer Speyside Whisky.

Stilrichtung Blumig, kräuterartig, nach Heidekraut. Aperitif.

In einer Senke im hügeligen Spey-Tal produziert Speyburn einen allzu seltenen, charaktervollen Malt.

SPEYBURN 10-year-old, 40 Vol%

Farbe Goldbarren.

Duft Blumig.

Körper Mittelschwer, sanft.

Geschmack Klar, leicht malzig. Entwickelt frische, kräuterartige Heidekrautnoten.

Abgang Frisch, sehr süß, leicht sirupartig.

71 PUNKTE

SPEYBURN 12-year-old, 43 Vol%, Flora und Fauna

Farbe Blasses Gold.

Duft Sehr trocken.

Körper Mittelschwer, weich.

Geschmack Süße und Malz, kräuterartige Trockenheit nach Heidekraut.

Abgang Trocken, wärmend, aromatisch, ausdrucksstark.

71 PUNKTE

SPEYBURN 21-year-old, 40 Vol%

Farbe Kräftiges pfirsichfarbenes Gold.

Duft Blumig, blättrig, torfig.

Körper Mittelschwer. Sanft. Klarer, guter, langer malziger Hintergrund. Wiederum frische, kräuterartige Heidekrautnoten.

Geschmack Wunderbare Kombination von Malz, Heidekraut und Sherry.

Abgang Nussige Süße, trockener werdend. Späte, torfige Wärme.

76 PUNKTE

Frühere Versionen von Speyburn

Ein 1975er von Cadenhead war grünlich-golden, mit einem Duft nach Laub, sehr leichtem Aroma und einem torfigen Abgang. 69 PUNKTE. Ein 1971er aus der Serie Connoisseurs Choice hatte viel Heidekrauthonig und Malz, mit einem Hauch von bitteren Kräutern. 76 PUNKTE.

SPRINGBANK

Hersteller J. und A. Mitchell
Region Campbeltown **Distrikt** Argyll

Adresse Well Close, Campbeltown, Argyll, PA28 6ET
Tel Besucherzentrum 00 44/15 86 - 55 20 85
Besuche im Sommer nur nach vorheriger Absprache

DER KOMPLEXESTE UND TRADITIONELLSTE Malt aller Whisky-Brennereien Schottlands und Bewahrer des Campbeltown-Stils. Im Jahre 2006 wird ein 1997 destillierter Hazelburn abgefüllt, dessen Name auf eine alte Destillerie in Campbeltown zurückgeht. Schon zum zweiten Mal erlebt ein Campbeltown-Klassiker eine Renaissance: 1985 wurde ein Longrow mit viel Beifall bedacht, der 1972/73 destilliert worden war. Springbank selbst ist in einer Vielzahl von Jahrgängen, Altersstufen und Endreifungen erhältlich, von denen die 1966er Abfüllung aus lokaler Gerste, die über heimischem Torf getrocknet wurde, die berühmteste ist. Nach einer Pause von 33 Jahren wird jetzt erstmals wieder Gerste speziell für Springbank auf einer Farm in Campbeltown angebaut. Die Destillerie besitzt ihre eigene Mälzerei, die vor ungefähr sieben Jahren restauriert wurde und heute wieder Malz herstellt, das mit dem Torf der Insel Islay getrocknet wird. Die Mälzerei hat noch die traditionellen Darreböden und produziert für den Bedarf der Destillerie. All das und die Möglichkeit einer dreifachen Destillation machen Springbank zu einem Juwel unter den Brennereien für Malt Whisky.

Hazelburn wurde durch dreifache Destillation aus ungemälzter Gerste hergestellt und wird als relativ leichter Malt erwartet. Springbank verwendet mittelschwer getorftes Malz und benützt zur Herstellung ein Verfahren, das einer zweieinhalbfachen Destillation entspricht. Zur Herstellung von Longrow wird sehr stark getorftes Malz verwendet und der Whisky zweifach destilliert.

»The mist rolls in from the sea« sang Paul McCartney in seinem berühmten Lied, und der Nebel ist ohne Zweifel auch der Grund für das charakteristische Aroma der Whiskys, die heute in den Lagerhäusern Nummer eins und drei mit ihren irdenen Böden liegen.

In der Stadt gab es ungefähr 30 Brennereien. Die Brennerei Hazelburn soll im Jahr 1796 eröffnet worden sein und über einen Zeitraum von 125 Jahren, mit kleineren Unterbrechungen, produziert haben. Ihre Gebäude befanden sich direkt hinter der Springbank-Destillerie. Viele Destillerien standen an einer Straße, »Longrow« genannt, wo sich heute noch ein Lagerhaus von Springbank befindet. Longrow wurde 1824 gegründet und hat ungefähr 70 Jahre produziert. Eine Familie Mitchell gründete die Riechlachan-Destillerie im Jahre 1825, an einer Stelle, an der zuvor illegal destilliert wurde. Dort entstand wahrscheinlich auch im Jahre 1828 die Springbank-Destillerie, die noch heute dieser sehr zurückgezogen lebenden Familie gehört. Die Destillerie wurde 1880 wieder aufgebaut und seit dieser Zeit hat sich wenig verändert. Da Springbank eine unabhängige Firma mit einer nicht ausgelasteten Abfüllanlage war, kaufte sie 1969 die alteingesessene Firma Cadenhead. In Aberdeen beheimatet, war Cadenhead schon immer als unabhängiger Abfüller tätig.

Keines der beiden Unternehmen unterzieht seine Whiskys einer Kältefiltrierung oder setzt den Whiskys Karamell zur Farbgebung zu. Bedingt durch ihre lange unternehmerische Tätigkeit besitzen beide Firmen ein beträchtliches Lager an Fässern. Springbank wurde sogar vor langer Zeit einmal in einige Akazienholzfässer gefüllt. Als das Holz in der Industrie immer mehr an Bedeutung gewann, hat Springbank vorwiegend Bourbonfässer, die den Charakter des Whiskys betonen, eingekauft. Die meisten Abfüllungen sind mittlerweile allerdings Mischungen, um einen Hauch Süße und Farbe des Sherryholzes zu erhalten. Sollte ein Sherryfass außergewöhnlich gut sein, wird es für Einzelabfüllung benützt.

Stilrichtung Springbank Salzig, ölig, Kokosnuss. Aperitif.

Stilrichtung Longrow Ananasartig, ölig, feuchte Erde. Schlummertrunk.

SPRINGBANK C.V., 46 Vol%

Die Buchstaben C.V. bedeuten schlicht *curriculum vitae*. Die Idee hinter dieser Abfüllung war, die »Lebenszeit« von Springbank, durch Mischen der Alterstufen 8 bis 30 Jahre, zu erfassen. Dies ist eine phantasievolle Umschreibung für solch einen facettenreichen Malt. Da die Brennerei befürchten musste, damit einen »definitiven« Springbank erzeugt zu haben, hat man sich entschlossen, diese Abfüllung wieder vom Markt zu nehmen. Das kurzlebige Experiment wurde so zu einem begehrten Sammlerstück.

Farbe Limonengrün bis Gold.

Duft Sehr komplex. Kokosnusscreme. Kokosnussschale. Gerste. Salz.

Körper Leicht. Ölig.

Geschmack Außerordentlich lebhaft. Sorbetartig. Passionsfrucht. Salz.

Abgang Prickelnd. Eisenartig. Trocken. Erfrischend. Appetitanregend.

84 PUNKTE

SPRINGBANK Rum Cask, 10-year-old, 40 Vol%
Minimal drei Jahre im Rumfass. Wird 2000 abgefüllt.

Farbe Sehr blass. Grünlich.

Duft Ausgeprägt Minze und Toffee.

Körper Leicht bis mittelschwer. Strukturiert.

Geschmack Toffee, Minze, Gewürze, Zitronengras.

Abgang Limonenartig. Toffee. Heiße Pfefferminze. Warm. Rauchiger Torf.

88 PUNKTE

SPRINGBANK 12-year-old, 46 Vol%
Eine neue, sherrytönige Abfüllung, dunkler und reicher als ihre Vorgänger. Bourbonfass, zwölf Jahre alt.

Farbe Walnuss.

Duft Seeluft. Eiche. Sherry.

Körper Leicht bis mittelschwer. Sehr glatt.

Geschmack Sehr salzig, leicht ölig, mit einer sehr langen Entwicklung zur Passionsfrucht.

Abgang Kokosnuss. Toast. Lang, anhaltend.

84 PUNKTE

Eine 12 Jahre alte »100 Proof«-Abfüllung, mit 57 Vol%, hat eine tiefere orangene Farbe; ein wundervolles Salzwasseraroma; einen sehr glatten Körper; einen fruchtigen Geschmack und einen extrem salzigen Abgang. Ein klassischer Springbank. 84 PUNKTE.

SPRINGBANK 21-year-old, 46 Vol%

Farbe Kräftiges Bernstein bis dunkle Eiche.

Duft Seeluft, Sherry, Eiche.

Körper Mittelschwer, fest.

Geschmack Salz, Kokosnuss, Passionsfrucht, nussig und toffeeartig.

Abgang Salzig. Kokosnuss. Fasern. Eiche.

87 PUNKTE

Sonderabfüllungen von Springbank

SPRINGBANK 25-year-old, 46 Vol%, Limited Edition

Farbe Aprikosenfarben.

Duft Seeluft. Sherryfass. Sehr klar.

Körper Cremig.

Geschmack Exzellenter Sherry, aber in Balance gehalten. Walnüsse. Zurückhaltende Ester. Sehr leichte Anklänge an Banane. Kokosnuss. Salz. Salzwasser. Ein großartiger Whisky.

Abgang Salzig. Etwas Torf. Trocken.

95 PUNKTE

SPRINGBANK 1966 (32-year-old), Fassstärke

Aus heimischer Gerste und Torf hergestellt, aber in Bourbon- und nicht wie die vorherige »West Highland«-Version in Sherryfässern gereift.

Farbe Ausgeprägtes schimmerndes Gold.

Duft Klares, süßes Gerstenmalz. Sanfter, süßer Torfrauch.

Körper Cremig, aber fest. Wie ein köstlicher Keks.

Geschmack Reine Malzigkeit. Wechselspiel von cremiger Fülle und keksartiger Trockenheit.

Abgang Späte Spitze von rauchiger Trockenheit.

94 PUNKTE

Sehr alte Springbank-Abfüllungen

Mit dem 25-jährigen in einem Millennium Set erhältlich.

30-jähriger: Kräftige Eichenfarbe; gewaltiges Salzwasseraroma, Eiche und Sherry, wunderschön ausbalanciert. Sherrytöniger, sehr süßer Geschmack; entwickelt ein Islay-typisches Phenol; endet mit einer Süße und einem salz- und pfefferartigen Abgang. Erstaunlicherweise keine Holztöne für dieses Alter. 94 PUNKTE.

35-jähriger: Tiefe, bernsteinfarbene Lichtbrechung; Salzwasser, weiche Eiche und Sherry im Aroma; süßer, lieblicher, klarer Sherry im Geschmack; komplex, entwickelt etwas Kokosnuss und Seetang; salz- und pfefferartig im Abgang. Sehr dichte Aromenvielfalt. 95 PUNKTE.

40-jähriger: Helles, kräftiges Gold; sehr kraftvoll und ausdrucksstark in Islay-typischem Aroma, die anschließende Süße und der kokosnussartige Geschmack wirken wie eine Kapitulation; sanftes Phenol im Abgang. Noch von großartiger Feinheit, aber ein sinkender Stern. 86 PUNKTE.

45-jähriger: Helles Gold; Torf und Seetang im Aroma, wie schon der 40-jährige etwas abfallend durch seine kokosnussartige Süße. 85 PUNKTE.

50-jähriger: Grünliches Gold; leicht getorft; verbranntes Gras und Salzwasser; kokosnussartig und sirupartig; pfeffriger Abgang. 86 PUNKTE.

Frühere Abfüllungen, die heute nur schwer zu finden sind

1980: Kräftige Bronze, salzwasserartiger, würziger; medizinisches Aroma; fester, kerniger, malziger Körper, seetangartiger Geschmack (mehr Islay-artig). Charakteristischer salziger Abgang. 90 PUNKTE.

1979: Grün-golden bis schlüsselblumengelb; Duft nach Stechginster; süß, kokosnussartiger Geschmack; blumiger, salziger Abgang. 85 PUNKTE.

1978: Dunkles Orange; eichentönig, medizinisch, salzwasserartiger Duft; geschmeidiger, malziger Körper; kraftvolle Passionsfrucht und Eisen im Geschmack; Pfeffer und Salz im Abgang. 89 PUNKTE.

1977: Aprikosen- bis orangefarben; süßliches Aroma mit etwas Sherry, weich, ölig, sehr Islay-ähnlich; erwärmend geschmeidiger Abgang. 88 PUNKTE.

1972: Pfirsichfarben; ausgeprägt medizinisches, Islay-typisches Aroma; eichentöniger Geschmack, entwickelt Phenol; seetangartige Süße und Pfeffrigkeit. 88 PUNKTE.

1967: Helles, tiefes Orange; Salzwasser, Kokosnuss, und Eiche in komplexen Aromen; relativ süß, malzig und sherrytönig im Geschmack; spätes, sehr zurückhaltendes Pfeffer und Salz. 86 PUNKTE.

1965: Tiefes Gold; frisches, salzwasserartiges Aroma; ölig; sehr süß, etwas Kokosnuss; salziger Abgang. Lässt Komplexität vermissen. 84 PUNKTE.

1962: Dunkle Eichenfarbe; Aroma nach Kohle; Kohlenstaub im Whisky, aber immer noch die Pfeffer-, buttrigen Malz- und Salztöne, die überleben. Erhält Punkte als archäologisches Experiment. 89 PUNKTE

1958: Bronze- bis kupferfarben; Salzwasser und Passionsfrucht im Duft; sehr süße Umarmung, dann plötzlich eine scharfe Wucht von Islay-typischem Phenol. Nichts zwischen den Extremen. 87 PUNKTE.

Longrow

Longrow wurde seit 1990 in jedem Jahr destilliert. Von 2000 an wird er regelmäßig als 10-jährige Abfüllung erhältlich sein. Ab 2002 werden die Abfüllungen Gerstenmalz aus der restaurierten Mälzerei enthalten. Von 2014 an soll es auch einen 14-jährigen geben. Diese Abfüllungen versprechen schon heute einzigartig zu sein.

LONGROW 10-year-old, 46 Vol%

Farbe Blass, hell. Ausgeprägt grünliches Gold.

Duft Frisch, kiefernartig.

Körper Leicht, ölig.

Geschmack Süß, cremig. Kokosnuss. Dann pfeffrig und kiefernartig.

Abgang Feuer aus Kiefernholz. Plötzliche Woge der Wärme.

88 PUNKTE

LONGROW, 1974, 16-year-old, 46 Vol%

Farbe Kräftiges Gold mit einem Hauch Grün.

Duft Erschlagend. Kiefernartig, erdig, torfig.

Körper Mittelschwer, ölig.

Geschmack Süße, kokosnussartige Öligkeit, ausgeprägt kiefernartig, phenolisch, torfig.

Abgang Salzig, intensive, klebrig, ausgeprägt, lang.

90 PUNKTE

Ein als 18-jähriger vorverkosteter hat mehr Würzigkeit und phenolische Aromen entwickelt. Als 21-jähriger destilliert, ebenfalls 1974, war er geringfügig süßer, komplexer und länger. 91 PUNKTE.

Einige unabhängige Abfüllungen von Springbank

SPRINGBANK 5-year-old, 61,2 Vol%, Adelphi

Farbe Dunkle Eiche.

Duft Schokolade, Kokusnuss-Fondant.

Körper Mittelschwer. Seidig.

Geschmack Süß, fondantartig, erdig, rauchig. Lässt Komplexität vermissen.

Abgang Erdig, salzig, lang.

82 PUNKTE

Scotch Malt Whisky Society, cask 27.43, 8-year-old, 59,3 Vol%
Ausgebaut in Portweinfässern.

Farbe Fast kirschrot. Portweinartig.

Duft Cremige Fruchtigkeit.

Körper Reichhaltig und sirupartig.

Geschmack Kirschähnlich, erdig, dann leicht rauchig.

Abgang Roséfarbener Tafelwein. Gesalzene Cashewnüsse. Ein Aperitif.

84 PUNKTE

SPRINGBANK 1969, 54 Vol%, Signatory

Farbe Kräftiges Gold.

Duft Leicht salzwasserartig und Kokosnuss.

Körper Leicht, ölig.

Geschmack Süßlich. Deutliche Kokosnuss. Ein Hauch von Seetang.

Abgang Rauchigkeit. Süß, dann trocken. Später Anklang an Salz.

85 PUNKTE

Derselbe Jahrgang mit 46 Vol%, abgefüllt von Murray McDavid, ist ähnlich, jedoch etwas trockener. 85 PUNKTE.

SPRINGBANK 1967, 46 Vol%, Murray McDavid

Farbe Kräftiges Gold mit einem grünlichen Ton.

Duft Salzwasser, nach Laub, appetitanregend.

Körper Leicht, ölig.

Geschmack Laubartig, süßlich, kokosnussig. Lässt Komplexität vermissen.

Abgang Laubartig, stielartig, holzig, pfeffrig.

84 PUNKTE

STRATHISLA

Hersteller Chivas (Seagram)
Region Highlands **Distrikt** Speyside (Strathisla)

Adresse Seafield Avenue, Keith, Banffshire, AB55 3BS
Tel Besucherzentrum 00 44/15 42 - 78 30 44

Die älteste Destillerie in Schottlands Norden. Im 13. Jahrhundert nutzten Dominikanermönche eine nahe gelegene Quelle zum Bierbrauen. Das gleiche recht harte und kaum torfige Wasser wird mindestens seit 1786 zur Destillation von Whisky verwendet. Strathisla, hie und da auch als Milltown bekannt, war ursprünglich eine Farmbrennerei. 1820 begann sie die heutige Form anzunehmen, insbesondere nach einem Brand 1876. Im Jahre 1950 wurde sie von Chivas/Seagram erworben. Man arbeitet hier mit leicht getorftem Malz, hölzernen Gärbottichen und kleinen Brennblasen, von denen zwei noch mit Kohle befeuert werden. Gärbottiche aus Holz sind zwar keine Seltenheit, man glaubt aber, dass bestimmte Vorgänge bei der Vergärung eine wichtige Rolle für den Charakter dieses trockenen, fruchtigen, eichentönigen Whiskys spielen. Die einzige offizielle Abfüllung ist der 12-jährige, andere Alterstufen werden von Gordon & MacPhail abgefüllt.

Stilrichtung Trocken, fruchtig. Ein After-Dinner-Malt.

STRATHISLA 12-year-old, 43 Vol%

Farbe Kräftiges, tiefes Gold.

Duft Aprikose. Getreidenoten. Frische, saftige Eiche.

Körper Mittelschwer, abgerundet.

Geschmack Sherrytönig, fruchtig. Mundüberzug. Dann der neckende, süße und trockene Charakter des Strathisla.

Abgang Glatt und beruhigend. Veilchen und Vanille.

80 PUNKTE

STRATHISLA 1982, 40 Vol%, Gordon & MacPhail

Farbe Kräftiges Gold.

Duft Balance von trockener Eiche, mandeltönigem Sherry, leichtem Torf.

Körper Mittelschwer, aber reichhaltig.

Geschmack Honigtöne. Leicht, trockene Eiche.

Abgang Nussig. Leicht holzig. Wärmend.

80 PUNKTE

STRATHISLA 21-year-old, 40 Vol%, Gordon & MacPhail

Farbe Stark gelbes Gold.

Duft Nach Sherry. Sehr komplex. Einige Frucht. Getreideartige Malzigkeit.

Körper Überraschend leicht. Weich und glatt.

Geschmack Erstaunlich honigtönig, aber weniger komplex, als der Duft erahnen lässt.

Abgang Sehr delikate späte Eiche und Torf.

80 PUNKTE

STRATHISLA 1972, 62,6 Vol%, Gordon & MacPhail Cask-Serie

Farbe Kräftiges Gold bis Bronze.

Duft Sherry. Mandeln. Duftig.

Körper Mittelschwer bis voll. Sirupartig, dann trocken.

Geschmack Sherry, Veilchen, blumig, grasig, holzig. Trocken.

Abgang Trocken. Holzig. Ein Hauch von Torf.

79 PUNKTE

Frühere Versionen von Strathisla

Gordon & MacPhail haben sehr viele Abfüllungen mit 40 Vol% herausgebracht. Ein 8 Jahre alter hatte Getreidekörner und Komplexität. 79 PUNKTE. Ein 15-jähriger war glatt und wohltuend. 80 PUNKTE. Ein 1980er war honigtönend und fruchtig. 80 PUNKTE. Unter den verschiedenen Jahrgangsabfüllungen war ein heidekrauttöniger von 1967 herausragend. 81 PUNKTE.

STRATHMILL

Hersteller UDV (Diageo)
Region Highlands **Distrikt** Speyside (Strathisla)

Adresse Keith, Banffshire, AB55 5DQ **Tel** 00 44 / 15 42 - 88 50 00

Die Stadt Keith war früher ein Zentrum der Mehlherstellung. 1891, als die Whiskyindustrie eine ihrer Aufschwungphasen erlebte, wurde eine Getreidemühle in eine Destillerie umgebaut – Strathmill. Drei Jahre später wurde sie von der Firma W. und A. Gilbey übernommen, die 1962 mit Justerini and Brooks zu International Distillers and Vintners (IDV, heute UDV/Diageo) fusionierten.

Man kann also mit Recht behaupten, die Brennerei sei für mehr als ein Jahrhundert im selben Besitz gewesen. Strathmill war für mehrere Jahre zentraler Bestandteil der Dunhill/Old Master Blends (siehe auch Tamdhu); als Single Malt war er nicht vor 1980 in einer Abfüllung der Weinhandelskette Oddbins erhältlich. Dieser köstlich süßen Version folgte schon nach kurzer Zeit eine ähnliche Abfüllung aus dem Hause Cadenhead und heute die unten abgebildete Signatory-Abfüllung. Es ist Zeit für eine »offizielle« Abfüllung der Destillerie.

Stilrichtung Die Antwort der Whisky-Welt auf orangefarbenen Muskat. Geeignet zum Dessert.

STRATHMILL 1985 (butt 2330), 43 Vol%, Signatory

Farbe Weißwein. Wirklich sehr blass.

Duft Dessertäpfel. Orangenschalen. Rosinennoten. Nach Ester.

Körper Mittelschwer. Sirupartig.

Geschmack Süßlich. Sehr fruchtig. Orangen, Äpfel, Birnen. Samenartig.

Abgang Trocken. Apfelschalen. Birnen. Leichter Hauch von Gewürznelken.

80 PUNKTE

TALISKER

Hersteller UDV (Diageo)
Region Highlands **Distrikt** Insel Skye

Adresse Carbost, Isla of Skye, IV47 8SR **Tel** Besucherzentrum 00 44/14 78 - 64 03 14

Einer der individualistischen Single Malts, mit kraftvollem Geschmack und betontem Inselcharakter. Er ist so ausgesprochen pfeffrig, dass einem die Schärfe Schweißperlen auf die Stirn treiben kann. Zu den Geschmacksbeschreibungen, die Blendmeister bei United Distillers verwenden, gehört auch der Satz »Er explodiert am Gaumen« – eine Formulierung, die sicherlich mit dem Gedanken an Talisker erdacht wurde. Ein anderer Verkoster umschrieb ihn als »Lava der Cuillins«. Die Cuillins, das ist die dramatische Berglandschaft auf Skye, der Heimatinsel des Talisker. Im äußersten Westen, an den mit Seetang bewachsenen Ufern von Loch Harport, liegt die Destillerie.

Hier wurde sie, nach einer Reihe von Fehlstarts an anderen Orten, 1831 erbaut und 1900 erweitert. Die meiste Zeit über wurde das Verfahren der Dreifachdestillation angewandt – damals klassifizierte Robert Luis Stevenson den Talisker als ganz eigenen Stil, anlog zu den Islay und Glenlivet Whiskys. 1928 ging die Destillerie zu zweifacher Destillation über, nach einem Brand wurde sie 1960 renoviert.

Einige Malt-Liebhaber trauern immer noch der jugendlich trockenen Bestimmtheit der 8 Jahre alten Abfüllung nach, die durch die jetzige, rundere, ein paar Sommer ältere, ersetzt worden ist. Zusätzlich gibt es noch eine 1986er Abfüllung, die in Amoroso-Sherry-Fässern endgereift wurde.

Unabhängige Abfüllungen sind fast nicht mehr zu finden. Vor langer Zeit gab es einen 14-jährigen von Cadenhead mit 64,4 Vol%, angeblich ohne Sherry, der mit Seeluft, Seetang, einem pfeffrigem Duft und salzigem Geschmack erfüllt war. Ein 15 Jahre alter vom selben Abfüller mit 56,4 Vol% war gelblich-braun, sehr stark mit Sherrynoten behaftet und am Anfang stark vom Fass dominiert und ging dann in erstaunlich lange, destillerieeigene Aromen über. Der 1955 von Gordon & MacPhail mit 53,6 Vol% abgefüllte Talisker hatte eine hellere, aber immer noch tief bernsteinrote Farbe. Es schien, als hätte diese Abfüllung geringfügig weniger Sherry und mehr Eiche und dennoch eine lange Entwicklung.

Die Insel Skye ist auch Heimat einer nicht verwandten Vatted Malt Company, Poit Dubh, und des Blends Te Bheag. Beide sollen angeblich etwas Talisker enthalten, und ihr herzhafter Geschmack scheint dies zu bestätigen. Ein trockener, wohlriechender Blended Whisky mit dem Namen Isle of Skye wird von dem Edinburgher Händler Ian Macleod and Co. vertrieben.

Stilrichtung Vulkanartig. Wärmend im Winter.

TALISKER 10-year-old, 45,8 Vol%

Farbe Helles Bernsteinrot.

Duft Scharf, rauch-akzentuiert, abgerundet.

Körper Kräftig, leicht sirupartig.

Geschmack Rauchig, malzig-süß, herb und mit einer sich entwickelnden Pfeffernote.

Abgang Sehr pfeffrig, mächtig, lang.

90 PUNKTE

TALISKER »Double Matured«, 1986, 45,8 Vol%

Farbe Orange.

Duft Toffee, Bitterschokolade, geröstete Nüsse, mit späten Anklängen an Salz und Pfeffer.

Körper Kräftig, strukturiert.

Geschmack Toffeeähnlich, dann toastartig. Die vielfältige Pracht der Aromen wird durch den plötzlichen Geschmack von Seetang und Pfeffer unterbrochen.

Abgang Mächtig, Salz und Pfeffer.

90 PUNKTE

TAMDHU

Hersteller Highland Distillers
Region Highlands **Distrikt** Speyside

Adresse Knockando, Morayshire, AB38 7RP

BIS ZUM EINTRITT VON THE MACALLAN in die Gruppe von Highland Distillers war Tamdhu das Zugpferd der Speyside Malts. Beide Malts bilden zusammen mit Glenrothes das Rückgrat eines neuen »The Famous Grouse«-Jahrgangs-Malt, und natürlich auch des bekannten Blends gleichen Namens. Seit 1997/98 spielt Tamdhu eine wichtige Rolle in den Blends von Dunhill.

Man kann nur hoffen, dass dieser urbane, milde und zu Süße neigende Malt in Zukunft unter den vielen Single Malts nicht übersehen wird. Die Destillerie, die in der Region Speyside zwischen Knockando und Cardhu beheimatet ist, wurde 1896 gegründet und 1970 weitgehend umgebaut. Ihr Wasser stammt aus dem Bach Tamdhu, der durch Wälder in den Spey fließt. Tamdhu hat eigene Mälzböden vom Typ »Saladin«, die Tamdhu, und auch andere Whiskyhersteller, mit Malz versorgen. Als Hinweis auf diese Art der Mälzerei findet man auf dem Etikett der Eigenabfüllung ein stilisiertes Gerstenkorn. Die Brennerei ist in einem hervorragenden Zustand und pflegt die alte Tradition hölzerner Gärbottiche.

Stilrichtung Mild, urban. Manchmal nach Toffee riechend. Vielseitig.

TAMDHU, keine Altersangabe, 40 Vol%

Farbe Helles Gold.

Duft Blumig, leicht zitronig. Getreidekorn.

Körper Leicht, weich.

Geschmack Klar, süß. Sehr leichte Toffeenoten. Ein sehr gut trinkbarer Malt, der sich als Einführung in die Welt der Single Malts eignet.

Abgang Blumig. Sehr leichter Hauch von Torf.

74 PUNKTE

TAMDHU 8-year-old, 40 Vol%, The MacPhail's Collection

Farbe Gold bis Bernstein.

Duft Ausgeprägte Sherrynoten.

Körper Leicht bis mittel.

Geschmack Attraktives Wechselspiel zwischen Sherry und Malz, dann wohlriechend.

Abgang Eine leichte Berührung von ausbalancierter torfiger Trockenheit.

75 PUNKTE

TAMDHU 13-year-old (destilliert 1984, abgefüllt 1997, 2144), 61,5 Vol%, Adelphi

Farbe Bronze.

Duft Sherrynoten. Nussig. Blumig.

Körper Sirupartig.

Geschmack Intensive Süße, aber balanciert mit wohlriechender Trockenheit. Ein guter Malt nach dem Essen.

Abgang Würzig, komplex. Eine Woge der Wärme.

77 PUNKTE

TAMDHU 1970 (27-year-old, butt 375, abgefüllt 1997), 49,5 Vol%, Signatory, Fassstärke

Farbe Tief bernsteinfarben bis Gelbbraun.

Duft Torfig, buttrig, Sherrynoten, eichentönig.

Körper Mittelschwer, glatt.

Geschmack Fest, eichentönig. Ein Hauch von sirupartiger Süße. Würzig.

Abgang Späte Süße und Rauchigkeit, torfige Trockenheit.

76 PUNKTE

TAMNAVULIN

Hersteller JBB
Region Highlands **Distrikt** Speyside (Livet)

Adresse Ballindalloch, Banffshire, AB37 9JA

WO AUF DER STEILEN TALSEITE DER ALLT A CHOIRE (englisch Corrie) in den Livet fließt, liegt die Tamnavulin-Destillerie, die ihren Namen aus dem gälischen »Mühle auf dem Hügel« ableitet. Ein Teil der alten Liegenschaften wurde früher für die Herstellung von Wolle verwendet. Das gesamte Anwesen, das in den 60er Jahren erbaut wurde, vermittelt einen eher nüchternen Industrieeindruck. Der Whisky ist eine Hauptkomponente der Mackinlay Blends. Tamnavulin wurde 1996, kurz nach der Übernahme von Invergordon durch JBB, stillgelegt.

Die Vorräte reichen aber immer noch aus, um den 12-jährigen überall verfügbar zu halten. Unter allen in und um dieses Tal produzierten Malts ist der elegante Tamnavulin der im Körper leichteste, allerdings nicht im Geschmack. Im Geschmack kommt er etwas mehr zur Geltung als der Malt von Tomintoul, mit dem er am häufigsten verglichen wird.

Stilrichtung Aromatisch, nach Kräutern. Aperitif.

TAMNAVULIN 12-year-old, 40 Vol%

Farbe Vinho Verde.

Duft Sehr aromatisch. Ein Hauch von Torf, Heu, Heidekraut und Kräuternoten. Leicht medizinisch.

Körper Wirklich sehr leicht, aber glatt.

Geschmack Zitrone, blühende Korinthe. Weinig. Wermutähnlich.

Abgang Aromatisch. Wacholder?

76 PUNKTE

Ein 10 Jahre alter, der heute nur noch schwer zu finden ist, war insgesamt geringfügig leichter. 76 PUNKTE.

TAMNAVULIN 22-year-old, 45 Vol%

Farbe Tief bernsteinfarben bis Kupfer.

Duft Mandelartiger Sherry, Wacholdernoten und Eiche.

Körper Leicht, aber fest.

Geschmack Sherry. Zitronenhaut, stielartig. Aromatisch.

Abgang Würzig. Knusprig.

77 PUNKTE

TAMNAVULIN 24-year-old, 45 Vol%, Serie Stillman's Dram

Farbe Kräftiges Gold.

Duft Vanillenschote. Gras. Leicht nach Torf.

Körper Leicht, aber fest.

Geschmack Wacholder, grasig, leicht getorft. Klarere Aromen ohne den Sherry des 22-jährigen.

Abgang Knusprig. Zitrone und Wacholder. Appetitanregend.

78 PUNKTE

Die 27 Jahre alte Abfüllung aus der Serie Stillman's Dram, die 1996 herausgebracht wurde, war sherrytöniger, mit einer angenehmen Balance zwischen Nuss und Pfeffer. 78 PUNKTE.

TAMNAVULIN 1988 (abgefüllt 1997), 58,9 Vol%, Gordon & MacPhail Cask Serie

Farbe Helles, grünliches Gold.

Duft Gras und Wacholder.

Körper Erstaunlich vollmundig und rund. Ölig.

Geschmack Grasig, getreideartig, haferartig, cremig.

Abgang Grasig. Steinig.

77 PUNKTE

TEANINICH

Hersteller UDV (Diageo)
Region Highlands **Distrikt** Northern Highlands

Adresse Alness, Ross-shire, IV17 0XB **Tel** 00 44/13 49 - 88 50 01

ZWEI ABFÜLLUNGEN IN DER SERIE DER RARE MALTS haben etwas mehr Aufmerksamkeit auf diesen Malt aus einer eher im Hintergrund stehenden Destillerie gelenkt. Hat dieser Whisky nur durch seinen schwer auszusprechenden Namen (»Tie'nninick«) keine Beachtung bekommen? Wohl kaum, denn es gibt andere Destillerienamen, die dem der gälischen Sprache nicht mächtigen Schwierigkeiten bei der Aussprache bereiten. Ungewöhnlich ist es auch nicht, dass dieser Whisky nicht als Single Malt bekannt geworden ist, weil er hauptsächlich in Blends (Robbie Burns, Haig Dimple und dem VAT 69) Verwendung findet.

Die Brennerei wurde 1817 gegründet, 1899 und in den 60er und 70er Jahren modernisiert. Dieser Malt sollte viel mehr Aufmerksamkeit genießen. Whisky-Touristen aufgemerkt: Teaninich liegt in Alness, nicht weit entfernt von der Dalmore-Destillerie und Glenmorangie.

Stilrichtung Robust, Toffeearomen, würzig, laubartig. Ein Malt zur Stärkung oder nach dem Essen.

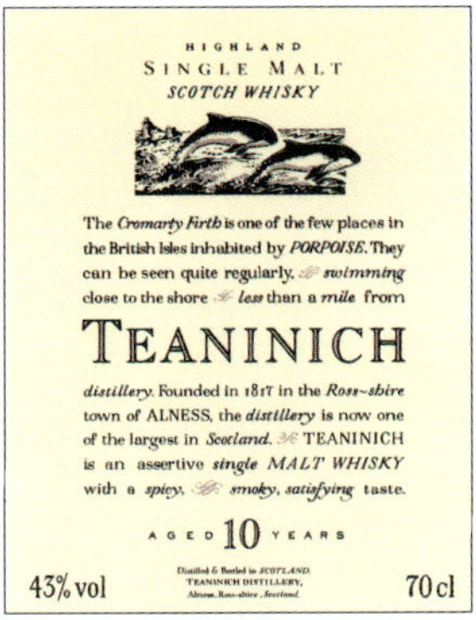

TEANINICH 10-year-old, 40 Vol%, Flora und Fauna

Farbe Blasses Gold.

Duft Mächtig, frisches Aroma. Fruchtig. Spuren von Apfel, laubartig, rauchig.

Körper Mittelschwer, reichhaltig.

Geschmack Fruchtig, erstaunlich nach Laub, leicht torfig. Funken sprühend im Geschmack.

Abgang Nach Laub und Kräutern. Abgerundet.

74 PUNKTE

TEANINICH 23-year-old (destilliert 1973, abgefüllt 1997), 57,1 Vol%, Rare Malts

Farbe Leuchtendes Gold.

Duft Kräuter, Laub, ölig.

Körper Mächtig, glatt, fest.

Geschmack Lederartig, Geschützmetall.

Abgang Kurz, wärmend, robust.

76 PUNKTE

TEANINICH 23-year-old (destilliert 1972, abgefüllt 1998), 64,95 Vol%, Rare Malts

Farbe Kräftiges Gold.

Duft Weihrauch, Bergamotte, Sandelholz.

Körper Mächtig.

Geschmack Reichhaltig, toffeeartig, nussig, gezuckerte Mandeln.

Abgang Entwickelt eine blättrige, leicht holzige, bambusartige Trockenheit.

75 PUNKTE

TEANINICH 24-year-old (destilliert 1973, abgefüllt 1997), 56,6 Vol%, Adelphi

Farbe Deutlich grünliche Spur.

Duft Honigmelonen. Laubartig. Leicht lederartig.

Körper Mächtig, fest.

Geschmack Lederartig, grasig, torfig.

Abgang Würzig, senfartig, torfig.

75 PUNKTE

Frühere Versionen von Teaninich

Eine 17 Jahre alte Master-of-Malt-Abfüllung mit 43 Vol% war kräuterartig, erdig und torfig. 72 PUNKTE. Eine 1982er Connoisseurs-Choice-Abfüllung mit 40 Vol% war mehr toffeeartig und cremig. 76 PUNKTE.

TOBERMORY

Hersteller Burn Stewart
Region Highlands **Distrikt** Insel Mull

Adresse Tobermory, Isle of Mull, Argyllshire, PA75 6NR
Tel Besucherzentrum 00 44/16 88 - 30 26 47
Internet www.wallace-malt.co.uk

DIE DESTILLERIE FÜHRT IHRE URSPRÜNGE bis auf das Jahr 1795 zurück und hatte in der Zeit bis heute viele Besitzer und eine wechselhafte Geschichte. In den Jahren zwischen 1972 und 1975 wurde von den Besitzern ein hervorragender Malt produziert.

Die unterschiedlichen Besitzer haben den Namen Tobermory nicht nur für Malts, sondern auch für Blends und Vatted Malts verwendet. Seit der Wiedereröffnung 1989/90 ist der Malt klar erkennbar als Single Malt etikettiert. Diese Version hat eine leichte Torfigkeit, die ausschließlich aus dem verwendeten Wasser stammt. Zur Produktion wird nur ungetorfte Gerste verwendet. Der Name Ledaig wurde einige Jahre für die getorfte Version dieses Malt Whisky verwendet. Heute wird wieder Ledaig hergestellt, wobei der Grad der Torfigkeit langsam erhöht wird. Die Verkostung einer zwei Jahre alten Probe aus der laufenden Produktion 1999 hatte einen grasigen Beginn, dem ein Schwall an Torfigkeit folgte.

Seit dem Verkauf und der Umwandlung der Lagerhäuser in Appartements ist auch der maritime Charakter von Tobermory verschwunden. Der Malt reift heute in den Lagerhäusern der Destillerie Deanston in Zentralschottland, die zur selben Gruppe gehört.

Stilrichtung Leicht torfig, Minze, süß. Ein Malt zur Stärkung.

TOBERMORY 10-year-old, 40 Vol%

Farbe Kräftiges Gold.

Duft Leichter, aber deutlicher Hauch von Torf. Einige Süße.

Körper Leicht bis mittelschwer. Sehr mild.

Geschmack Leicht nach Torf. Genüssliches Wechselspiel von Malzigkeit, nussiger Trockenheit und einer toffeeartigen, leicht minzigen Süße.

Abgang Leicht, weich, süßer werdend.

69 PUNKTE

LEDAIG, keine Altersangabe, 42 Vol%

Farbe Gold.

Duft Appetitanregend torfig, dann leicht würzig und süß.

Körper Kräftiger, cremiger, öliger.

Geschmack Fest, appetitanregend trocken. Ein Hauch von verbranntem Gras. Toast. Nussiger Malzcharakter. Gezuckerte Mandeln.

Abgang Sehr nach Minze.

72 PUNKTE

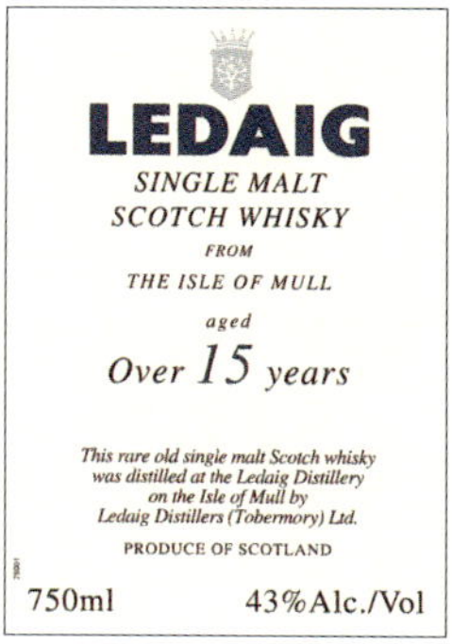

LEDAIG »Over 15 years«, 43 Vol%

Farbe Gold bis Bronze.

Duft Weich, kräftiges Torf.

Körper Leicht, aber glatt.

Geschmack Etwas zu dünn. Toffee, dann würzig.

Abgang Süß, rauchig, kräftiger Torf. Ein Hauch von Seeluft ist in dieser Abfüllung verblieben.

73 PUNKTE

LEDAIG 1979, 43 Vol%

Farbe Schwaches Gold.

Duft Steinig, leicht grasig und torfig.

Körper Leicht bis mittelschwer, geschmeidig.

Geschmack Gras, leicht rauchige Süße. Verbranntes Gras. Etwas Torf.

Abgang Vanille, Gras. Delikat torfig.

72 PUNKTE

LEDAIG »Over 20 years«, 43 Vol%

Farbe Blass bernsteinfarben.

Duft Leicht muffig.

Körper Cremig.

Geschmack Stumpfer Beginn, aber etwas von verbranntem Gras, Creme und sich entwickelnder Minze.

Abgang Späte Torfigkeit.

71 PUNKTE

LEDAIG 1974, 43 Vol%

Farbe Blasses Gold.

Duft Klare, knusprige, trockene Torfigkeit.

Körper Leicht, glatt.

Geschmack Klar nach Toffee.

Abgang Minzig, grasig, sehr leicht torfig.

VORVERKOSTET

Frühere Versionen von Ledaig

Von diesem Malt gab es in der Vergangenheit einige sehr gute Abfüllungen von unabhängigen Abfüllern. Ein 18 Jahre alter, mit 55,2 Vol% von James MacArthur, der in der Mitte der 90er Jahre abgefüllt worden ist, war voller Inselcharakter. 79 PUNKTE. Der von Gordon & MacPhail 1973 mit 40 Vol% abgefüllte Malt war intensiv torfig und phenolisch. 76 PUNKTE. Ebenfalls in den 90er Jahren wurde eine Abfüllung der Scotch Malt Whisky Society mit 60,2 Vol% herausgebracht, die reich an Torf war, einen lederartigen Duft und einige Süße hatte. 75 PUNKTE. Eine Version mit 43 Vol% von Oddbins war ähnlich, mit einem Hauch von Meer. 75 PUNKTE.

TOMATIN

Hersteller Takara, Shuzo and Okura
Region Highlands **Distrikt** Speyside (Findhorn)

Adresse Tomatin, Inverness-shire, IV13 7YT
Tel Besucherzentrum 00 44/18 08 - 51 14 44
E-Mail info@tomatin.co.uk

Die Destillerie, 315 Meter über dem Meeresspiegel oberhalb des Flusses Findhorn gelegen, war die erste Destillerie Schottlands im Alleinbesitz eines japanischen Unternehmens. Tomatin wurde 1897 gegründet und erlebte Jahre der Expansion von den 50ern bis in die 70er Jahre. In dieser Periode wuchs sie zur größten Malt-Destillerie Schottlands. Auf der Basis dieser Größe produzierte Tomatin während der Boomjahre einen breitschultrigen Malt als Füllstoff für zahllose Blends. Nicht der komplexeste Malt, aber sehr viel geschmackvoller, als weithin bekannt ist. Für den Einsteiger, der von leichteren Single Malts zu etwas imposanteren übergehen möchte, lohnt der Aufstieg zu Tomatin. Als nächster Schritt bietet sich der von Tomatin aufgekaufte, berühmte Blend The Antiquary an.

Stilrichtung Malzig, würzig, reich. Zur Stärkung oder nach einem ausgedehnten Essen.

TOMATIN 10-year-old, 40 Vol%

Farbe Kräftiges Gold.

Duft Appetitanregend frisch und klar, mit einer leichten malzigen Süße und einem Hauch von trockener, duftender Rauchigkeit.

Körper Mittelschwer, mild und weich.

Geschmack Süß, aber nicht ausschließlich überwältigend. Attraktive Balance von ingwerartiger, duftender Trockenheit.

Abgang Leicht kernig. Nussig. Sehr leichter Torf.

75 PUNKTE

TOMATIN 12-year-old, 43 Vol%

Farbe Kräftiges Gold bis Bronze.

Duft Malzig. Leichte Rosinen. Würzig. Parfüm. Hauch von anisartigem Sherry?

Körper Mittelschwer, butterartig.

Geschmack Klar, süß. Malzig. Karamellbonbons. Nussig. Sehr wohlgerundet.

Abgang Wohltuend, wärmend. Würzig. Ingwerartig.

76 PUNKTE

TOMATIN 30-year-old, 43 Vol%

Farbe Walnuss.

Duft Saftige, nussige Süße.

Körper Kräftig und abgerundet.

Geschmack Komplex. Karamellbonbon, nussig. Leicht getorft.

Abgang Zigarrenähnliche, rauchige Duftnoten.

79 PUNKTE

Frühere Versionen von Tomatin

Eine »offizielle« 25 Jahre alte Abfüllung, mit 43 Vol%, war würziger und mit Anklängen an Bergamotte. 78 PUNKTE. Von Cadenhead stammt eine 13 Jahre alte Abfüllung mit 60,4 Vol%, die schärfer und trockener ist. 74 PUNKTE. Eine Connoisseurs-Choice-Abfüllung von 1968 mit 40 Vol% war fruchtig und orangentönig. 75 PUNKTE. Ein 1964er aus derselben Reihe war sogar noch fruchtiger, aber trockener. 74 PUNKTE. Eine Abfüllung von Signatory von 1966 mit 43 Vol% war aromatisch, parfümartig und mit einem Geschmack nach Toffee. 75 PUNKTE.

TOMINTOUL

Hersteller JBB
Region Highlands **Distrikt** Speyside (Livet)

Adresse Ballindalloch, Banffshire, AB3 9AG

Das Dorf Tomintoul (sprich: »Tom-in-T'aul«) ist das Basislager für Kletterer und Wanderer in der Gegend um die Flüsse Avon und Livet, bei Cromdale, den Ladder Hills und den Cairngorm Mountains. Es sind ein paar Meilen vom Ort Tomintoul bis zur heutigen Destillerie, an einem Waldrand nahe dem Avon. Die Destillerie wurde 1960 erbaut und hat ein modernes Erscheinungsbild. Die hier produzierten Whiskys tragen hauptsächlich zu den Blends von Whyte & Mackay bei. Die wilde Umgebung steht im Kontrast zu der Eleganz des Malts. Tomintoul hat das leichteste Aroma im ganzen Distrikt, obwohl er mehr Körper als sein Nachbar Tamnavulin aufweist.

Stilrichtung Delikat, grasig, parfümig. Aperitif.

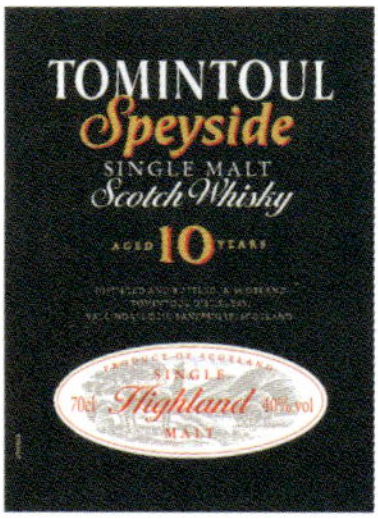

TOMINTOUL 10-year-old, 40 Vol%

Farbe Kräftiges, sonniges Gold.

Duft Grasig, Zitronengras, Orangenblütenwasser.

Körper Leicht, mild, glatt.

Geschmack Süßliche, gemahlene Gerste. Potpourri.

Abgang Lebhaft und lang anhaltend sanft. Nussig. Zitronengras.

77 PUNKTE

Andere Versionen von Tomintoul

Eine nur schwer zu findende »offizielle« Abfüllung mit 24 Jahren und 40 Vol% schmeckt süßlich nach Sherry, aber immer noch blumig. 78 PUNKTE. Eine 23 Jahre alte Abfüllung mit 54,3 Vol% von Adelphi ist grün-golden, leicht kräuterwürzig, aber nussig und süßlich. 77 PUNKTE. Eine 26 Jahre alte Abfüllung mit 55,5 Vol% vom selben Abfüller ist voller in der Farbe, mit einem Anflug von Sherry und überraschender Torfigkeit. 78 PUNKTE.

TORMORE

Hersteller Allied Distillers
Region Highlands **Distrikt** Speyside

Adresse Advie, unweit von Grantown-on-Spey, Morayshire, PH26 3LR
Tel 00 44 / 18 07 - 51 02 44

Architektonisch die prachtvollste aller Malt-Destillerien, mit einem Whisky von entsprechender Kultiviertheit. Tormore bietet einen schier unglaublichen Anblick. Mit dem Glockenspiel im Glockenturm und einem schmucken See könnte Tormore als Heilwasser-Kurbad durchgehen. In gewisser Weise ist sie das auch, denn hier wird das »Wasser des Lebens«, im Gälischen »uisge beatha«, produziert. Tormore, unterhalb der Cromdale-Hügel gelegen, mit weitem Blick über den Spey, wurde von Sir Albert Richardson, dem Vorsitzenden der Royal Academy, 1958/60 als Vorzeigeobjekt konzipiert und war die erste im 20. Jahrhundert in der Region Speyside vollständig neu erbaute Malt-Whisky-Destillerie. Ursprünglich war der Whisky nur für den Long John Blend vorgesehen, wurde dann aber später in den Ballantine Blends eingesetzt. Liebhaber von Tormore beschrieben ihn als aromatisch, süß und leicht trinkbar. Aber bei seiner »metallischen« Festigkeit ist Vorsicht geboten.

Stilrichtung Nussig, fest, mild. Vielseitig. Am besten zur Stärkung getrunken.

TORMORE 10-year-old, 40 Vol%

Farbe Kräftiges Gold

Duft Bemerkenswert nussig. Mandeln.

Körper Mittelschwer, mild und fest, strukturiert.

Geschmack Weich, wohlausgewogen, mit honigartiger Süße und toastartiger Trockenheit.

Abgang Vollmundig und gut abgerundet.

76 PUNKTE

TULLIBARDINE

Hersteller JBB
Region Highlands **Distrikt** Midlands

Adresse Blackford, Perthshire, PH4 1DG

AUF DEN HÜGELN VON OCHIL, IN DER NÄHE VON GLENEAGLES, liegen die Moore von Tullibardine. Das Wasser von Highland Spring entspringt in Blackford. Schon mindestens seit dem 12. Jahrhundert wird hier Wasser aus den umliegenden Hügeln zum Brauen verwendet. Im Jahre 1488 entstand dort das Bier zur Krönung von König James IV. in Scone. Wahrscheinlich wurde hier schon Ende des 17. Jahrhunderts Whisky hergestellt, aber erst 1949 wurde die heutige Destillerie errichtet. Baumeister war Delmé Evans, dessen funktionaler Stil auch bei den Destillerien von Glenallachie und Jura zu sehen ist. Der Whisky von Tullibardine fand unter anderem in den Blends von Scots Grey und Glenfoyle Verwendung. Seit 1995 ist die Destillerie stillgelegt.

Stilrichtung Weinig, wohlriechend. Passt zu Pistazien vor dem Essen. Mehr sherrytönige Versionen mit einem Dessert auf Honigbasis (Baclava?).

TULLIBARDINE 10-year-old, 40 Vol%

Farbe Helles Gold

Duft Weich, zitronig, malzig, süßlich.

Körper Mittelschwer, fest, ölig, mild.

Geschmack Vollmundig, mit klarer, grassig-nussiger und buttriger Süße. Nur mittelsüß. Entwickelt sich zu einer fruchtigen Weinigkeit.

Abgang Süßlich, appetitanregend. Vanilleschotenartige Würze.

76 PUNKTE

TULLIBARDINE 27-year-old, 45 Vol%

Farbe Kräftiges Gold bis Bronze.

Duft Ein Hauch von Sherry. Dann aussagekräftig, wohlriechend, einladend verlockend.

Körper Mittel, mild, klar.

Geschmack Durch den Sherry sehr weich. Immer noch grasartig, aber leicht nussiger.

Abgang Zitronengras. Honigtönig, aber trocken. Nussig.

77 PUNKTE

TULLIBARDINE 30-year-old, 45 Vol%, Stillman's Dram

Farbe Bernsteinfarben.

Duft Trockener Honig.

Körper Mittelschwer bis schwer. Rund.

Geschmack Honig, Butter, Nüsse, sherryartige Süße.

Abgang Nach Sherry. Süß. Nussig. Würzig.

77 PUNKTE

TULLIBARDINE 1972 (22-year-old), 53,5 Vol%, Signatory

Farbe Helles Schlüsselblumengelb.

Duft Frisch. Grasig. Nach Kräutern.

Körper Leicht. Fest. Ölig.

Geschmack Grasig. Zitronig. Ein Hauch von Stroh.

Abgang Trocken. Grasig. Leicht holzig.

76 PUNKTE

Vatted Malts

Konzerne mit großen Namen für Blended Scotch Whiskies zeigen wieder vermehrt Interesse an diesem Whisky-Stil. Beispiele sind Century von Chivas (mit 100 Whiskys) und Johnnie Walker Pure Malt (Green Label) mit grünem Etikett. Durch die Abrundung von 100 Elementen zeigt Century (79 PUNKTE) eine blumig-fruchtige Nussigkeit, feste cremige Malzigkeit und den Duft der klassischen Speyside Malts von Chivas Brothers.

Johnnie Walker Pure Malt (80 PUNKTE) versucht sanft und glatt zu sein, kann aber seinen maritimen Charakter nicht verbergen: Salz, Pfeffer, Seetang, exotische Gewürze, Zitrone und Mandeln. Ein Gegenpart zu dem robusten und aggressiven Black Label Blend.

Whyte & Mackays Muttergesellschaft JBB hat einen Vatted unter dem Namen The Corriemhor Cigar Reserve herausgebracht, der alle vier Regionen Schottlands in sich vereint. Er ist rauchig, trotzdem leicht und wirkt gegenüber dem Dalmore Cigar Malt zurückhaltend.

Da Vatted Malts weder zu den Blends noch zu den Single Malts gehören, sind sie auf dem Markt meist nur von kurzer Lebensdauer. Einige der Besten sind von Händlern oder Supermarktketten nur hergestellt worden, um die Malts einer bestimmten Insel oder Region herauszustellen. Einer dieser Händler, Loch Fyne Whiskies, ist sogar so weit gegangen, dass er regelmäßig ein Fass, wie bei der Sherryherstellung vom Solera-System bekannt, immer wieder neu auffüllt. Das hat einige kräftige, sherrytönige, aber salzige Whiskys hervorgebracht. Unter dem Etikett »Das lebende Fass« ist dies ein Vatted, der sich in kontinuierlicher Veränderung befindet.

Grain Whisky

Grain Whisky wird in großen Mengen in acht Destillerien hergestellt. Die im Süden liegende Girvan-Destillerie bietet einen Single Grain mit sehr viel Holzextrakt an: den süßen, saftigen Black Barrel (71 PUNKTE). Invergordon im hohen Norden stellt einen 10 Jahre alten sehr leichten Single Grain mit einem Hauch von Vanillearoma her (70 PUNKTE). Cameron Bridge in Fife offeriert einen Single Grain mit Sherry- und Karamellnoten (70 PUNKTE). Ein einmaliger Single Grain von außerhalb Schottlands ist der im schwäbischen Owen/Teck aus Gerste und ökologischem Weizen hergestellte Whisky der Brennerei Gruel: sirupartig, mit Apfel und frischem Holz (63 PUNKTE).

Andere Single Malts

Eine stetig wachsende Zahl von Nationen offeriert Malt Whiskys. Die jüngeren Produzenten sind naturgemäß weniger brillant wie die der schon etablierten Whiskynationen Irland und Japan.

Australien
Cradle Mountain Malt Whisky, 43 Vol%, destilliert in Ulverstone, Tasmanien; Farbe Weißwein, erdig-fruchtiges (Apfelkern?) Aroma und eine Trockenheit von Gerste. 61 PUNKTE. Dieser Whisky ist mit Schottlands Springbank zu einem lebhaften Vatted namens Antipodean Double Malt (54,4 Vol%) verschnitten worden. 66 PUNKTE.

Sullivan's Cove Single Malt; 40 Vol%, destilliert in Hobart, Tasmanien; kräftiges Gold, weich, lederartig und trocken. 63 PUNKTE.

Tschechische Republik
King Barley Malt Whisky, über 12 Jahre alt, 43 Vol%, aus Dolany; pfirsichfarben, ein Hauch von Torf, grasartiges, nussiges Aroma; klare, sirupartige, malzige Süße, würziger Abgang. 67 PUNKTE.

Deutschland
Sonnenscheiner Single Malt Whisky, 40 Vol%, aus Witten; hergestellt aus schottischem Malz in einer modifizierten Destillationskolonne. Wird im Frühjahr 2000 zum zehnjährigen Bestehen der Destillerie herausgebracht. Er ist leuchtend grün-gold, mit einem weichen torfigen, leicht medizinischen Aroma; der Whisky hat einen cremigen, öligen Körper und einen überwältigend fruchtigen, esterigen Abgang mit Birnen und Torf. VORVERKOSTET.

Irland
Bushmills Malt, 10-year-old, 40 Vol%; Gold, süßes Aroma; karamelliger Geschmack; cremiger, öliger Leinsamen im Abgang. 75 PUNKTE.

Bushmills Malt, 16-year-old, 40 Vol%; mehr von einem gebrannten Karamellcharakter, mit Anklängen an gebrannte Mandeln. 83 PUNKTE.

Bushmills Millennium ist ausgeprägt zitrus- und gewürztönig, obwohl jedes Fass unterschiedlich ist. Der Whisky wurde 1975 destilliert und in den 90er Jahren in first-fill-Bourbonfässer umgefüllt. Fassstärkenabfüllung. 83 PUNKTE.

Coleraine Single Malt, 57,1 Vol%; ein 34 Jahre alter Whisky einer längst aufgegebenen Destillerie. Etwas Toffee, Frucht und Gewürze, aber mit einer groben, sonnenblumenartigen Trockenheit. 77 PUNKTE.

Connemara, 40 Vol%; ein öliger, parfümartiger, ausgesprochen rauchiger, süßlich-grasiger Whisky, der aus getorftem schottischem Malz von Cooley hergestellt wird. 81 PUNKTE.

Knappogue Castle 1991, 40 Vol%; ebenfalls von Cooley; sauber, seidenartig, leicht haferartig und sehr süß. 76 PUNKTE.

Locke's Malt, 40 Vol%; ein wärmender, pfirsichtöniger Vatted aus der gleichnamigen Destillerie. 76 PUNKTE.

Tyrconnell, 40 Vol%; ebenfalls von Cooley, mehr getreideartig, mit einem Hauch von Holzkohle. 74 Punkte.

Japan

Kirin Seagram 20th Anniversary Pure Malt Whisky (40 Vol%); ohne Altersangabe, pfirsichfarben, weiches Blumenaroma, leicht, buttrig-malziger Geschmack, staubige Trockenheit und Duft im Abgang. Sehr leicht, speziell in der Mitte, aber elegant. 75 PUNKTE.

Kirin Seagram Fuji-Gotemba Single Barrel (Nummer 56182), 20-year-old; orangefarben; Marmelade und Toast im Aroma, ölige Malzigkeit, die mit dem klaren torfigen Abgang wundervoll ausbalanciert ist. 78 PUNKTE.

Nikka Single Malt Whisky, 10-year-old, 43 Vol%; warmer goldener Farbton; trocken, appetitanregendes Aroma; klarer, würziger Geschmack und ein robuster torfiger Hintergrund. 76 PUNKTE.

Nikka Miyagikyo 12-year-old; teilweise eine kräftige Farbe und eine festere, nussige Sherrynote. 77 PUNKTE.

Nikka Hokkaido 12-year-old, 43 Vol%, aus Yoichi; bronzerot; nussiger Sherry und kerniges Malz, mit einer erdigen Torfigkeit, die im Mund zerkrümelt. Erstaunliches Wechselspiel. 78 PUNKTE.

Nikka Single Cask 10-year-old (destilliert in Yoichi 1998), 62,3 Vol%; kräftiges Orange; sehr stark nach Sherry duftend und rosinenartige Süße, Ingwerwürze und später Rauch gegen einen relativ leichten Körper. Sehr lebhaft. 78 PUNKTE.

Nikka Cask Strength Whiskys, jünger als ein Jahr; sehr bleich, grünliches Gold; spritig, aber nussig und fruchtig. 65 PUNKTE. 5-jähriger: helles Gold, klar, malzig und süß, mit einem Hauch von würziger Trockenheit im Abgang. 71 PUNKTE. 10-jähriger: pfirsichfarben, elegantes Wechselspiel zwischen Malz und wohlriechendem Rauch. 76 PUNKTE. 15-jähriger: bronzefarben; mit Duft erfüllt, sherryähnlich, sehr wohl ausbalanciert. 79 PUNKTE.

Suntory Pure Malt Serie
10-year-old, aus der Yamazaki-Destillerie, 40 Vol%; weich, kräftiges Gold; frisches, klares Aroma, knusprig nussig, malziger Geschmack; sehr sanfte Grastöne im ruhigen Abgang. 76 PUNKTE.

10-year-old, aus der Hakushu-Destillerie, 40 Vol%; helles Gold; trockener im Aroma und fester am Anfang, aber etwas reicher im Malz-Charakter, mit einem Hauch von Marshmallows; sehr leicht torfiger Abgang. 76 PUNKTE.

12-year-old, aus Yamazaki, 43 Vol%; kräftiges Gold bis Bronze, appetitanregende Grasnoten in Aroma und Geschmack; sanfte malzige Süße; wärmender Abgang. 77 PUNKTE.

12-year-old, aus Hakushu, 43 Vol%; hell, kräftiges Gold; appetitanregendes Torfaroma; lebhaftes Wechselspiel von malzigen und würzigen Noten. Sehr appetitanregend. 78 PUNKTE.

18-year-old, aus Yamazaki, 43 Vol%; orangefarbenes Bernstein; klare Eiche, Toast und Sherry im Aroma; leicht sirupartig; mehr Toast- und Gewürznoten. Beherrscht, aber komplex. 79 PUNKTE.

Zwei Suntory-Editionen, die heute nur noch schwer zu finden sind: 1981 Kioki Jikomi, aus Hakushu East, »destilliert über direkter Flamme und in Douglastanne vergoren«; helles Gold; rund, mit Torf, Malz und speziell fruchtigem Geschmack, der fast erfrischend ist. 78 PUNKTE. 1991 Kodaru Jikomi, ein Vatted Malt aus Yamazaki und der Hauptdestillerie Hakushu, »durch Bambuskohle filtriert«: kräftiges orangefarbenes Bernstein; süßlich, mit einer leichten, escheähnlichen Trockenheit und einem wärmenden Abgang. 73 PUNKTE.

Neuseeland
Lammerlaw Single Malt, 43 Vol%, keine Altersangabe, aus Dunedin; sonnig golden; leicht, klarer Torf, Gras und Aprikose im Aroma; fest, malzig; warmer Abgang, bei dem der Torf wiederkehrt. 70 PUNKTE.

Pakistan
Murree Single Malt, 43 Vol%, keine Altersangabe (8–10 Jahre): schwach grünliches Gold; grasig, blumiges Aroma und Abgang, mit zuckerartigem, nach »gekochten Süßigkeiten« schmeckendem Charakter, Vanille und eine sirupartige Malzigkeit. 62 PUNKTE.

Vereinigte Staaten
Old Potero Single Malt, 62,3 Vol%, aus San Franzisco; helles tiefes Orange; nussige Eiche und Orangenmarmelade im Aroma; Honig, Datteln, Minzetee; übermäßig mächtig. Ursprünglich als 1-jähriger abgefüllt. Hier als 3-jähriger, noch nicht ausgereift, verkostet. Dieser Malt wird in der Anchor-Steam-Brauerei hergestellt.

Lagerung und Präsentation von Malt Whisky

Whisky reift in der Flasche nicht nach, kann aber über die Zeit seine Frische verlieren. Lagern Sie die Flaschen aufrecht und vermeiden Sie direktes Sonnenlicht oder Temperaturschwankungen. Nach drei oder vier Jahren kann Whisky, der sich in einer höchstens halb vollen Flasche befindet, durch Luftsauerstoff oxidieren und sich dann zersetzen.

Das Aroma des Malt Whisky kommt am besten in einer Sherry Copita oder einem speziellen Verkostungsglas zum Tragen. Ein sehr schwerer, reicher Whisky wird seine Beschaffenheit am besten unverdünnt hervorbringen. Der kleinste Tropfen Wasser kann aber zusätzlich das Bukett verstärken.

Malt Whisky zum Essen

Selbst mit Wasser ist Whisky ein kräftiges Getränk zum Essen, und dennoch kann die Kombination sehr gut passen. Nach Seetang, Pfeffer oder Salz schmeckende Malts sind eine natürliche Ergänzung zu Sushi. In dem Londoner In-Restaurant Mitsukoshi hat Chefkoch Yoshihiro Motohashi, der schon für den Kaiser von Japan gekocht hat, Oban zu Eiern mit fliegendem Fisch, Lagavulin zu Kabeljau in karamellisierter Miso und den pfeffrigen Talisker mit rohem Thunfisch servieren lassen. Salzige, rauchige Whiskys sind eine natürliche Ergänzung zu Räucherlachs. Aberdeen-Angus-Rind und schottisches Wild brauchen kräftigere Malts. Christopher Zefiro präsentierte den farnartig duftenden Bowmore zu Wachtel und Chicoree und Rindfleisch in Kräuterkruste (Aberdeen Angus?) mit dem nach Heidekraut riechenden Highland Park.

Malt Whisky und Zigarren

Und was ist mit der After-Dinner-Zigarre? Die Zigarre ist der natürliche Partner eines rauchigen Whiskys oder eines kräftigen Malt nach dem Dinner. Der Dalmore Cigar Malt, mit seiner Vielseitigkeit in Kraft und Rauch, ist für diesen Augenblick geschaffen worden. Bei einer Whisky- und Zigarren-Verkostung im Londoner Hilton wurde der blumige Rosebank mit einer Macanudo, der parfümartige Glendullan mit einer würzigen Santa Damiona und der nach frischem Laub duftende Teaninich mit einer aromatischen Cohiba Coronas Especiales gereicht. Eine Studie des *Whisky Magazine* schlägt den rauchigen Ardbeg zu einer Cohiba Robusto, den kräftigen Talisker Amoroso Finish zu einer zedernartigen Romeo y Julieta und den 21-jährigen Glenfarclas mit einer heißen, pfeffrigen Bolivar Corona Gigantes vor.

Bezugsquellen in Deutschland, der Schweiz und Österreich

Deutschland

Scoma
Scotch Malt Whisky GmbH
Am Bullhamm 17
26441 Jever
0 44 61 - 91 22 37
(Laden und Versandhandel)

Celtic Whisk(e)y
Bulmannstraße 26
90459 Nürnberg
09 11 - 45 09 74 30
(Laden und Versandhandel)

The Whisky Store
St. Heinricher Straße 2b
82402 Seeshaupt
0 88 01 - 23 17
(Laden und Versandhandel)

Dudelsack
Laden & Versand Whisky
Treibgasse 6
63739 Aschaffenburg

tara Whisk(e)y
Schleißheimer Straße 151
80797 München
0 89 - 30 79 78 80
(Laden und Versandhandel)

The House of Whiskies
Schnepker Straße 32
28857 Syke-Schnepke
0 42 42 - 15 37
(Großhandel)

Hanseatische Weinhandels-
gesellschaft mbH & Co. KG
Am Neustadtsbahnhof 3
28199 Bremen
04 21 - 50 63 38
(Großhandel)

Caledonian Connection
Peisserstraße 3
85053 Ingolstadt
08 41 - 6 90 56

Schweiz

Verband des schweizerischen
Spirituosengewerbes (VSS)
Engestraße 3
3000 Bern 26

United Distillers & Vintners, S.A.
Route de Cossonay, 194
1020 Renens
0 21 - 6 31 30 80

Nessi
Finest Malt Whiskys
Hausversand
Dorfstraße 2
4222 Zwingen
0 61 - 7 61 78 88

L. van der Heijden
Weine und Spirituosen AG
Freienhofgasse 5
3600 Thun
0 33 - 2 22 00 50

Österreich

Bundesgremium des Wein- und
Spirituosengroßhandels
Wiedner Hauptstraße 63
1040 Wien
02 22 - 5 01 05 30 00

Asbach Austria
Stephansplatz 10
1010 Wien
02 22 - 1 53 36 30 00

Register

Weiterführende Literatur

Stefan Gabányi:
Schumann's Whisk(e)y Lexikon,
Wilhelm Heyne Verlag,
München 1997

Michael Jackson:
Whisky – Scotch, Malt, Irish, Canadian, Bourbon, Tennesee Sour Mash, Die Whiskys der Welt,
Hädecke, Weil der Stadt 1997

Charles MacLean:
Malt Whisky,
Wilhelm Heyne Verlag,
München 1998

Graham Moore:
Malt Whisky – 75 große Marken,
Delius Klasing, Bielefeld 2000

Jim Murray:
Whisky & Whiskey – Malt, Scotch, Irish, Canadian, Bourbon und alle anderen Whiskys der Welt,
Droemer Knaur, München 2000

Graham Nown:
Malt Whisky – Ein Geschenk der Natur,
Müller Rüschlikon, Cham 1998

Walter Schobert:
Malt Whisky Guide – Führer zu den Quellen,
Hädecke, Weil der Stadt 2000

Walter Schobert:
Das Whisky Lexikon,
Krüger, Frankfurt am Main 1999

Danksagung

Mein Dank gilt all jenen, die schon bei früheren Auflagen dieses Buches mitgewirkt haben, wie auch den folgenden Personen:
Dominique Anderson, Takahiro Asano, Kathy Badrick, M.P. Bhandara, Trisha Booth, David Boyd, Derek Brown, Andrew Carney, Neil Clapperton, Jim Cryle, Robin Dods, Gavin J.P. Durnin, Leslie Duroe, Rachel Dutton, Hans Jürgen Ehmke, Mike Green, Malcolm Greenwood, Christian Gruel, Robert Hicks, Sandy Hislop, Ian Kennedy, Cathy Law, Bill Lumsden, Nicola Mackinlay, David MacLennan, James MacPherson, Fritz Maytag, Anthony McCallum, Jim McEwan, Nina McKellar, Gerry McSherry, Jim Milne, Euan Mitchell, Gordon Mitchell, Shuna Mitchell, Petr Mlíka, Rainer Mönks, Sarah Moody, Nick Morgan, B.A. Nimmo, Richard C. Paterson, Lucy Penrose, Donna Pitwell, Steve Poore, Lucy Pritchard, Rebecca Richardson, David Robertson, Mr. Alex W. Ross, Tadashi Sakuma, Charlie Sharpe, Jacqui Stacy, David Stewart, Ian Stothard, Dr Jim Swan, Andrew Symington, Linda Thomson, Stuart Thomson, Jim Turle, Gordon Wright, Vanessa Wright.

Im Laufe der Jahre haben mir zahllose weitere Mitarbeiter aus der Branche geholfen, wofür ich sehr dankbar bin.

Dorling Kindersley danken Steve Gordon für die Fotografie, Jane Bolton für die redaktionelle Hilfe, Margaret McCormack für das Register und Lovell Johns Limited für die Karten.

Alle Fotografien stammen von Ian Howes mit folgenden Ausnahmen: halber Titel und halbe Titelseite, Steve Gorton; Seite 11, United Distillers; Seiten 13, 15, 25, 39, 155, 161 & 244, Michael Jackson; Seite 14, unten links, Glenmorangie Distillery Ltd.; Seite 67, Gordon & MacPhail; Seite 122, Campbell Distillers Ltd.; Seite 208, Glenturret; Seite 220, Charles Tait Photographic. Zusätzliche Etiketten- und Flaschenabbildungen von Steve Gorton.